空間と政治

原　武史

空間と政治（'22）

装丁・ブックデザイン：畑中　猛

s-33

まえがき

本書は、放送大学で二〇二二年度から開講されるテレビ科目「空間と政治」の印刷教材です。この科目は、御厨貴「権力の館を考える」の後継科目に当たり、筆者が二〇一七年度から開講しているラジオ科目「日本政治思想史」を発展させたものです。

まずは「権力の館を考える」との共通点と相違点につき触れておきましょう。共通点としては、空間に対する関心があります。印刷教材で政治学者の御厨貴はこう述べています。

> 政治家や官僚それに経済人といった権力者はwhenとwhere、すなわち「いつ」、「どこで」という問いを自らの中に内在化させて常に行動している。彼等は「時間と空間」とが交錯する中に身を投じながら、意思表示をし意思決定をする。その際に形成される意思決定のスタイルは、「時空」構造の中でも、とりわけ「空間」によって規定されることが多いのではあるまいか。(『権力の館を考える』、放送大学教育振興会、二〇一六年)

本書でもこの視点を共有しています。2章と3章で取り上げる大極殿や紫宸殿、江戸城本丸御殿、明治宮殿(皇居)などは、まさに天皇や将軍を主体とする「権力の館」でした。紫宸殿については、『権力の館を考える』の11章で建築史家の井上章一も取り上げています。

一方、相違点もあります。本書の対象となる空間は、必ずしも「権力の館」だけではありません。4章から15章までの各章で取り上げるのは、神社、聖堂、学問所、宿場町、街道、橋、駅、鉄道、列車、公園、広場、公民館、団地、療養所、宿泊施設など、一見権力とは関係がないように見える国内のさまざまな空間です。これらの空間に現れたり、空間を利用したり、そこに暮らしたりする（権力者だけでなく、一般国民を含む）人々を通して政治を考察する視点は、「権力の館を考える」にないものです。

これまでの日本政治思想史の研究は、特定の思想家のテキスト解釈が中心でした。そのなかで一九八六（昭和六一）年に発表された政治学者、渡辺浩の論文「『御威光』と象徴―徳川政治体制の一側面―」（『東アジアの王権と思想』、東京大学出版会、一九九七年所収）は、江戸時代に大名や将軍が往来する街道や殿中儀礼が行われる江戸城本丸御殿といった空間のなかで視覚化される政治思想に着目した研究として、先駆的な意義をもつものでした。

筆者はこの論文に影響を受けて、初の単著である『直訴と王権　朝鮮・日本の「一君万民」思想史』（朝日新聞社、一九九六年。韓国・知識産業社、二〇〇〇年）を上梓して以来、一貫して空間と政治の関係に関心をもってきました。二〇〇三年に刊行された『皇居前広場』（光文社新書。現在は『完本　皇居前広場』として文春学藝ライブラリーより刊行）では、自ら「建築学のこれまでの成果に政治学を融合させた『空間政治学』の試み」と位置付けました。そうした関心は、印刷教材『日本政治思想史』（放送大学教育振興会、二〇一七年。改訂版は二一年）の2章「総論2　空間と政治」に受け継がれています。

本書は、抽象的な政治思想に満足することなく、日本の国内にある個別具体的な空間を通して政治思想を読み取ろうとする試みです。そのために、前述した「権力の館」の所在地に当たる奈良、京都や東京の都心だけでなく、栃木県の日光、長野県の木曽、埼玉県の大宮、大阪府の梅田、枚方、三重県の伊勢、島根県の出雲、京都府の綾部、東京都の国立、新宿、清瀬、西東京、東久留米といった全国各地を訪ね歩くことになります。史料や資料のほかに地図や写真を適宜掲げることで、あたかも現場に居合わせているかのような臨場感を皆さんが味わいながら、政治に関する新たな知見を得られるよう、極力努めたつもりです。

なお本書には、前掲『日本政治思想史』の記述と重なる箇所があることをあらかじめお断りしておきます。また行幸、行幸啓、行啓、御所、御召列車などの皇室用語はそのまま用いることにしました。年の表記は旧暦が使われた明治五（一八七二）年までは人物の生没年を除いて元号優先、太陽暦に変わる一八七三（明治六）年以降は西暦優先としました。引用文の旧漢字はすべて新字体に改めました。

二〇二二年一月

原　武史

目次

11 出雲大社／大本神苑 215

12 国立／新宿 236

13 香里団地 256

14 清瀬／ひばりが丘団地／滝山団地 274

15 「平成」の空間 294

1　なぜ「空間と政治」なのか

《目標&ポイント》 政治というのは具体的な空間を必要とします。西洋や中国、朝鮮では、あるべき政治の理念があり、その理念にふさわしい空間が人工的に設計されたのに対して、日本ではそうした理念が弱かったことを概説します。

《キーワード》 議会、ポリス、アゴラ、皇城、南面、天壇、自然、人為

1．政治空間とは何か

東京都千代田区に永田町という地名があります。国会議事堂や総理官邸、総理公邸、議員会館、自民党本部などが集まるこの場所は、日本政治の中枢部として知られています。ですから「永田町」という言葉は、単なる地名としてではなく、国家権力の中枢という意味で使われることも少なくありません。同じような外国の例としては、韓国・ソウルの汝矣島（ヨイド）、中国・北京の中南海、ロシア・モスクワのクレムリンなどが挙げられるでしょう。

永田町に集まっているのは、国民から選ばれた国会議員や首相、閣僚、政党幹部などです。国民に代わって議員が政治を行うシステムは、代議制（間接民主主義）と呼ばれています。日本やイギリスのように首相が国会議員のなかから指名される議院内閣制か、米国や韓国のように大統領を国民から直接選

出する大統領制かという違いはありますが、いまや代議制は世界各国に共通する政治システムとして定着しています。

国会では、衆議院にせよ参議院にせよ、さまざまな審議や議決が行われ、その模様はしばしばテレビでも放映されます。また総理官邸では、内閣の閣僚を集めて閣議が開かれます。いずれもれっきとした政治空間であり、「権力の館」にほかなりません。けれどもそうした場所で、国民自身が直接政治を行うわけではありません。日本国憲法に定められた国民主権の原則に照らし合わせれば、永田町は決して、唯一の政治空間ではないはずです。

もちろん政府や国会のほかに、地方自治体や地方議会もあります。例えば新宿西口には東京都庁舎や都議会議事堂がありますが、地方議会もまた代議制を前提としている点では、永田町の国会と変わりません。

よく考えてみましょう。主権者である国民は、全面的に首相や閣僚、政党の党首、国会、地方議会の議員、ないしは知事や市町村長などに政治をゆだねているわけではありません。国民自身が自発的に要求を掲げたり、国政や地方行政に対して抗議や支持の意思を示したりする集会やデモもまた、政治活動の一種といえるからです。その場合には人々が集まる空間、例えば集会所や広場、公園、公会堂、講堂などが政治空間になりますし、人々がデモ行進をすれば道路もまた政治空間になり得ます。

政治の担い手は、決して選挙で当選した議員に限られるわけではないのです。それどころか潜在的には、複数の人々が同時に存在しているすべての空間が政治空間になり得ます。なおSNSのようなネット空間でも政治的な意見が交わされることがありますが、その空間はあくまでも仮想的であり、人々が実際に対面しているわけではないので、ここで言う空間には含まれません。

そもそも日本で代議制が確立されたのは、一八九〇（明治二三）年に帝国議会ができてからでした。

それ以前の日本人にとっては、議会という制度を理解すること自体が至難のわざでした。幕末にヨーロッパを訪れた福澤諭吉（一八三五〜一九〇一）は、「わからないから選挙法とは如何な法律で議院とは如何な役所かと尋ねると、彼方の人はただ笑っている、何を聞くのかわかり切ったことだというような訳け。ソレが此方ではわからなくてどうにも始末が付かない。また、党派には保守党と自由党と徒党のようなものがあって、双方負けず劣らず鎬を削って争うているという。何のことだ、太平無事の天下に政治上の喧嘩をしているという」（『新訂福翁自伝』、岩波文庫、二〇〇八年）と回想しています。

2．政治思想が空間をつくる1——西洋

西洋でも、はじめから代議制が確立されていたわけではありません。フランスの思想家ジャン・ジャック・ルソー（一七一二〜七八）は、『社会契約論』で「代表者という考えは近世のものである」と述べています（桑原武夫、前川貞次郎訳、岩波文庫、一九五四年）。

西洋の政治空間の起源をたどってゆくと、古代ギリシアにたどりつきます。政治哲学者のハンナ・アレント（一九〇六〜七五）は、『革命について』でこう述べています。

> ギリシア人は、公民であるのでなければだれも自由ではありえないと考えた。したがって暴君も独裁者も家長も、たとえ彼らが完全に解放されていて他人の意志に従っていないばあいでさえ、自由ではないと考えられた。ヘロドトスが自由を無支配と同一視したとき、その論点は支配者自身は自由ではないというところにあった。他人を支配することによって、支配者は本来なら自由でありえた公民の仲間から自ら去ったからである。いいかえれば、彼は政治的空間そのものを破壊したのであり、その結果、彼自身にとっても彼が支配した人びとにとっても、もはや自由は存在しないので

> ある。このようにギリシアの政治思想において自由と平等との相互結合が強調された理由は、自由が、人間活動のすべてではないにしろ、そのある部分に明示されているものと考えられ、これらの活動は他人がそれを見、それを判断し、それを記憶しているばあいにのみあらわれ、現実のものとなるからであった。自由人の生活は他人の存在を必要としたのである。したがって自由そのものには、人びとの集まる場所すなわち集会所、市場、都市国家など固有の政治的空間が必要であった。
> （志水速雄訳、ちくま学芸文庫、一九九五年。傍点引用者）

アレントによれば、古代ギリシアにおける自由は、一人の人間によっては実現できず、他者の存在を前提としました。対等な関係にある複数の人々がいることによってこそ、自由は実現できるのであり、そのためには「固有の政治的空間」を必要としたのです。政治思想が空間をつくるという関係が、ここにはあります。

とりわけ重要な政治空間は、都市国家すなわちポリスでした。建築家の山本理顕（りけん）は『革命について』によりつつ、「ポリスは自由と平等が実現されるように、建築的に計画されていたのである。政治的自由と平等は建築的に計画され設計されなくてはならないものだったのである」と述べています（『権力の空間／空間の権力　個人と国家の〈あいだ〉を設計せよ』、講談社選書メチエ、二〇一五年）。自然と人為が区別されたうえで、普遍的な政治思想を実現させるための空間が人工的に設計されたわけです。

図1-1は、古代ギリシアのポリスの一つ、エーゲ海に臨んだミレトスの中心部の地図です。市場や道路、公衆浴場などに交じって「北のアゴラ」と「南のアゴラ」があります。アゴラは広場を意味し、ストアと呼ばれる回廊に囲まれていました。

ミレトスだけではありません。アテナイやスパルタなど、どのポリスにも必ずアゴラがありました。

図１－１　ミレトスの中心部地図〔山本理顕『権力の空間／空間の権力』講談社選書メチエ，2015年より〕

ルソーは、「ギリシャ人のもとでは、人民のなすべきすべてのことが、人民自身によってなされた。人民は絶えず広場に集会した」（前掲『社会契約論』）と述べましたが、市民を主体とする直接民主政治が行われたこの広場こそ、アゴラにほかなりません。アゴラでは、民会（エクレシア）と呼ばれる総会も開かれました。山本理顕は、「ストアで囲まれたアゴラは自由に議論する広場であった。市民はアゴラで議論し、ストアで聴衆に訴えたのである」（前掲『権力の空間／空間の権力』）と述べています。

ただしアテナイでは、民会の会場が後にアゴラからプニュクスと呼ばれる丘に変わりました。またここでいう「人民」や「市民」から、女性や奴隷は排除されていました。フランスの思想家、バンジャマン・コンスタン（一七六七～一八三〇）は、「アテナイに奴隷民がいなかったなら、二万人のアテナイ市民たちも日々公共的広場に集まって討議するようなことはできなかったでしょう」（『近代人の自由と古代人の自由　征服の精神と簒奪他一篇』、堤林剣・堤林恵訳、岩波文庫、二〇二〇年）と述べましたが、それは女性も同様でした。女性や奴隷の空間はオイコスと呼ばれる私的空間に閉じ込められ、アゴラやプニュクスに出ることはできなかったからです。古代ギリシアでは、自由や平等という政治思想を実現するために公的空間が設計されましたが、政治の主体はあくまでも成年男子だったのです。

古代ギリシアの哲学者、アリストテレス（前三八四～前三二二）は、「国家がよく治められるためには、市民が日常不可欠なことから解放された閑暇の状態にあらねばならない」と述べています（『政治学』、牛田徳子訳、京都大学学術出版会、二〇〇一年）。「日常不可欠なこと」というのは、女性や奴隷が従事するオイコスでの労働を意味しています。「市民」すなわち成年男子がなすべきは、ポリスでの言語的コミュニケーションだったのです。なぜなら「動物のなかで人間だけが言葉をもつ。（中略）人間に独自な言葉は、利と不利を、したがってまた正と不正を表示するためにある。なぜなら、人間だけが善と悪、正と不正、その他を知覚できるということ、これが他の動物と対比される人間の特性にほかならないから」（同）でした。

国家の規模が大きくなると、ポリスで行われたような直接民主政治は不可能になります。このため西洋ではローマ帝国の成立以来、東洋と同様、国王や皇帝を主体とする君主政治（王政ないし帝政）が定着しますが[(1)]、英国では中世に生まれた身分制議会（上院と下院）が王権に対抗してしだいに権力を獲得し、一八世紀には議会政治が確立されました。言語的コミュニケーションは、主に議会で行われるようになるのです[(2)]。

その一方、人民主権にふさわしい政治空間として、議会が唯一絶対のものではないという思考もまた生き続けます。ルソーは、「イギリスの人民は自由だと思っているが、それは大まちがいだ。彼らが自由なのは、議員を選挙する間だけのことで、議員が選ばれるやいなや、イギリス人民はドレイとなり、無に帰してしまう」（前掲『社会契約論』）と述べています。しかし同時に、「都市国家がきわめて小さくないかぎり、主権者が、その権利の行使を保存することは、われわれの国では今後は不可能である、とわたしは思う」（同）とも述べているように、自らの思想が小さな都市国家でしか実現できないことも自覚していました。

ドイツの哲学者、イマヌエル・カント（一七二四〜一八〇四）は、『永遠平和のために』（中山元訳、光文社古典新訳文庫、二〇〇六年）で「代議制なしではその国家体制がどのようなものでも、専制的で暴力的なものとなるのである。古代の共和国はこのことを知らなかったので、つねに悪しき専制へと堕落せざるを得なかったのである」と述べています。ここにはルソーとは対照的な議会に対する見方が語られています。

一九世紀になると、空間に規定されない代議制こそが最善だという考え方がより本格的に台頭します。例えば英国の思想家、ジョン・スチュアート・ミル（一八〇六〜七三）は、「一つの町よりも大きな社会では、公共の事務の何かごく小さな部分以外に全員が参加することは不可能だから、完全な統治体制の理想は、代議制でなければならない」（『代議制統治論』、関口正司訳、岩波書店、二〇一九年）と断言しています。

それでも、政治思想が空間をつくるという発想が消えたわけではありません。ドイツの政治哲学者で、ナチス・ドイツに協力したカール・シュミット（一八八八〜一九八五）は、「近代の大衆民主主義は、民主主義として、統治者と被治者の同一性を実現しようと努めるものであるが、議会制は、その行く手に、もはや理解し得ない、時代遅れの制度として横たわっているのである」（『現代議会主義の精神史的地位』、稲葉素之訳、みすず書房、二〇〇〇年）と述べています。実際にナチス・ドイツでは、ニュルンベルクの党大会会場をはじめとする新しい政治空間がつくられ、大規模な集会が開かれたほか、道路でも街頭行進が行われました。それは理性的な討議にもとづく代議制とは異なる大衆民主主義のための空間、すなわち「ファシスト的公共空間」の成立を意味しました（佐藤卓己『ファシスト的公共性　総力戦体制のメディア学』、岩波書店、二〇一八年）(3)。

ルソーにせよシュミットにせよ、自らが理想とする政治思想にふさわしい空間は何かという問題意識があるのがわかるでしょう。こうした問題意識は、直接民主政治が行われた古代ギリシアから代議制民主主義が定着した二〇世紀まで一貫していました。そして二一世紀になっても、代議制を否定し、通りや広場を人々で埋めつくす新たな民主主義を生み出しているのです（アントニオ・ネグリ、マイケル・ハート『叛逆　マルチチュードの民主主義宣言』、水嶋一憲・清水知子訳、ＮＨＫブックス、二〇一三年を参照）。

3．政治思想が空間をつくる2——中国、朝鮮

一人の皇帝を主体とする君主政治が長く続いた中国では、西洋とは全く異なる政治空間が生まれました。東洋史学者の宮崎市定（いちさだ）（一九〇一～九五）は、『雍正帝（ようせいてい）　中国の独裁君主』（中公文庫、一九九六年）のなかで、明清時代に首都となった北京について述べています。

> 今日北京の町を訪れる人は、明代の規模をそのまま受けついだ荘厳な清朝故宮宮殿の建築もさることながら、何よりもまずその広いのに驚くことであろう。縦三キロ、横二・五キロにわたる皇城

の敷地は天子一個人の生活の場所にはあまりに広すぎる。しかし敢てこの広さを要求したことについてはやはり相応な理由がある。天子の宮殿は数千年来の中国流の独裁皇帝の権力を象徴したものなのだ。

独裁君主は出来るだけ人民との間に距離をつくらねばならなかった。大臣さえも天子に謁見するためには皇城第一門の大清門（だいしんもん）を潜（くぐ）ってから、約二キロの道のりを歩いて、その間に七つの門を通り過ぎねばならなかった。いわんや一般の人民は天子とは全く別の世界に住んでいるようなものだ。彼等を直接支配している県の知事でさえ憚（はばか）り多くて滅多に近づきがたい存在だ。県知事の上には府知事があり、府知事の上には道台（どうだい）というのがあり、道台の上には省の布政使（ふせいし）という財務官があり、またその上に総督があり、そこから中央政府へ移ると各省大臣に相当する各部尚書があり、その上に宰相株の内閣大学士と大本営出仕に相当する軍機処大臣があり、そのまた上に奥深く天子がましますというわけである。**垂直に高さを計っても平面に距離を計っても、人民と天子との間には広大な空間が横たわっているのだ。**（傍点引用者）

政治学の概念でいえば、宮崎の言う「独裁」（dictatorship）は「専制」（despotism）に言い換えられるべきでしょう。どちらも強大な権力をもつ支配者が独断的に行う政治体制を意味しますが、独裁がナチス・ドイツのように、民主政治の延長線上にあり、国民によって支持された近代以降の政治体制であるのに対して、専制は国民の参加が認められない古代以来の政治体制であるからです。

そうした問題があるとはいえ、宮崎の文章は古代ギリシアのポリスとはあまりにも対照的な中華帝国の政治空間を、とても生き生きと描いています。その特徴を一言でいえば、専制君主である皇帝一人のための空間であり、複数の成年男子が政治の主体となる広場はありません。自由で平等な人々の存在は、はじめから想定されていないのです。

仁義礼智信といった徳を最高度に兼ね備えているはずの皇帝は、「天」から「命」を与えられた「天子」とされています。こうした思想は、儒教に由来しています。

中国では西洋と異なり、春秋戦国時代に生まれた儒教が支配イデオロギーとして定着しました。儒教の経典の一つである『論語』は、儒教を大成した孔子（前五五二または前五五一～前四七九）の言葉を集めたものですが、その為政第二にはこうあります。

> 子曰く、政を為すに徳を以てすれば、譬えば北辰の其の所に居て、衆星のこれに共うが如し。（原文は古典中国語）

先生が言われました。政治を行うには、徳をもって行う。そうすれば、あたかも北極星が自分の位置を定め、多くの星がそちらに顔を向けるようになるものだ。

孔子のこの言葉にしたがえば、皇帝がいる場所は北極星と同じく、宇宙の中心であるべきなのです。ここから皇帝は、自らを北に位置させ、南を向くべきだという思想も出てきます。儒教経典の一つである『易経』説卦伝には、「聖人南面して天下を聴き、明に嚮ひて治む」とあります。[4]

図1-2は、清朝の首都、北京の皇城を中心とした当時の地図です。塀に囲まれた皇城の内部には、濠と城壁に囲まれた紫禁城（現・故宮博物院）があります。ちなみに紫禁城の「紫」は宇宙の中心である紫微垣（北極星）に由来する天子の色を意味し、「禁」は禁域を意味します。

皇城の南から北に向かって、門や宮殿が一直線上に整然と並んでいるのがわかるでしょう。宮崎が述べたように、皇帝に拝謁を許される大臣ですら、南から北に向かってひたすら歩いてゆかなければなりませんでした。

いくつもの門をくぐり抜けた先には、宮殿中の宮殿というべき太和殿がそびえています。そこには玉座が設置され、皇帝が南面しているわけです。古代ギリシアのポリスとは異なり、ここでは南北の方位が大きな意味をもっています。

太和門と太和殿の間には、約三万平方メートルもの巨大な広場があります。皇帝の即位などの重要な儀式のさいには、この広場に科挙で選抜されたさまざまなランクの官僚が集まり、皇帝に相対しました。同じ広場でも古代ギリシアのアゴラとは異なり、皇帝の権威を演出するための空間であり、言語的コミュニケーションは想定されていません。ただし自然と人為が区別され、理想とされた政治思想を実現させるための空間が人工的に設計されていること、また皇帝となった武則天（六二四〜七〇五）のような例外はあるにせよ、女性が政治空間から排除されて

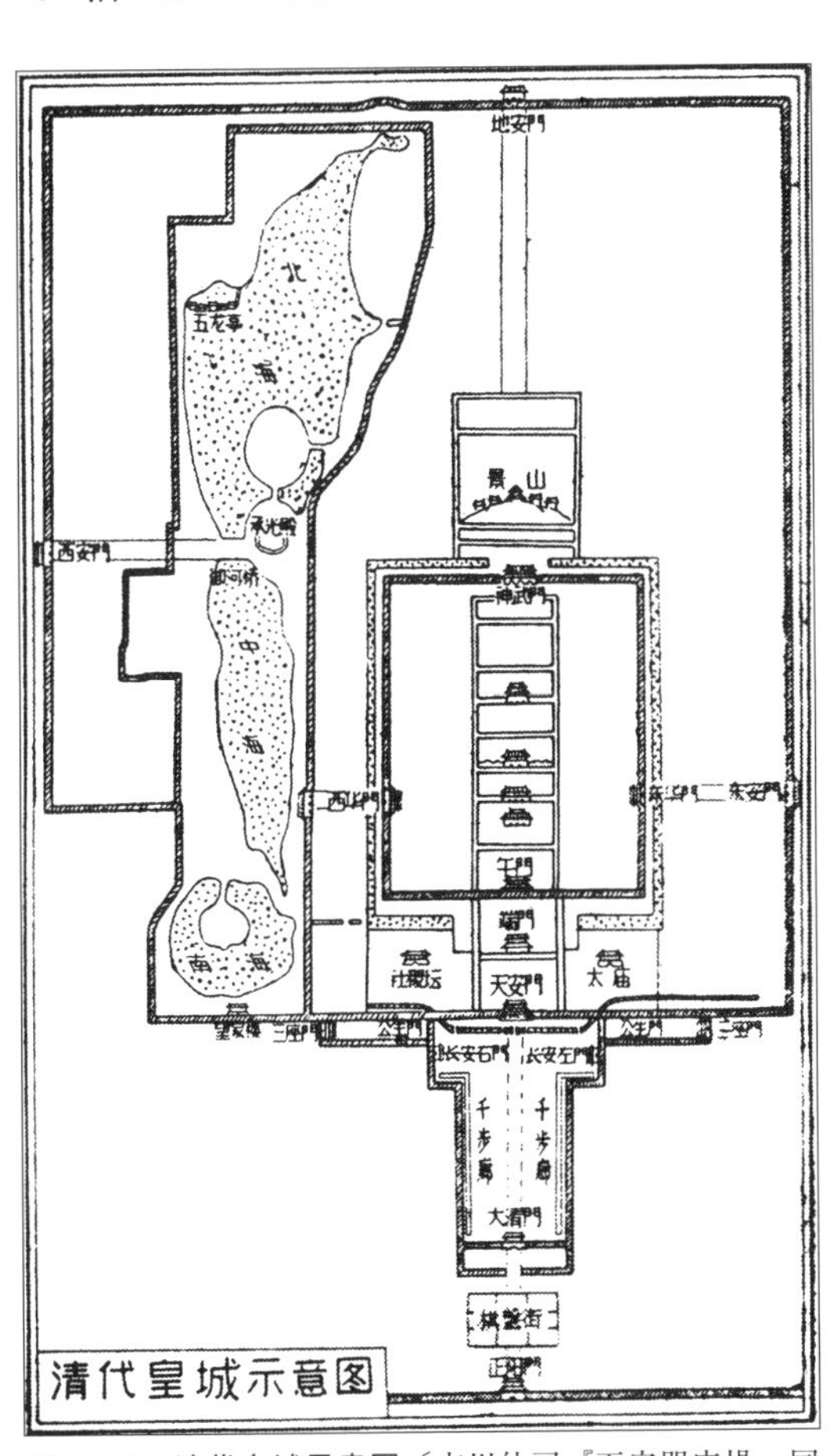

図1－2　清代皇城示意図〔市川紘司『天安門広場　国民広場の空間史』筑摩書房，2020年〕

いることはアゴラと共通しています。

これだけ立派な皇城を築いても、その政治空間は一つの王朝の永続的な支配を正当化したわけではありませんでした。なぜなら儒教には、天子が徳を失った場合、易姓革命が起こって王朝が交代するという考え方があるからです。あくまでも思想が空間をつくり出すのであって、その逆ではないのです。実際に現在の北京の皇城は、明の時代に整備されましたが、明が滅んだあとには清の皇帝が君臨する空間になりました。

中国を中心とする東アジアの国際秩序に組み込まれた朝鮮王朝では、中国以上に儒教、それも朱子学が支配イデオロギーとして定着しました。このため、首都ソウル（漢城）の王宮（景福宮や昌徳宮など）は、北京の皇城よりも規模が小さいとはいえ、皇城と同じく南北の方位を重視した構造になっています。儀式が行われた景福宮の正殿、勤政殿にせよ、昌徳宮の正殿、仁政殿にせよ、国王の玉座は南面しているからです[5]。北京の皇城のような濠はなく、門の外はすぐに一般の道路に面していて、中国よりも民との距離が近いことがわかります。

これは「民は惟れ邦の本にして、本固ければ邦寧し」（『書経』五子之歌。原文は漢文）や「民貴しと為し、社稷之に次ぎ、君軽しと為す」（『孟子』尽心章句下。同）といった儒教の民本思想が、中国よりも朝鮮で重視されたことの現れといえます。実際に十八世紀の英祖（一六九四〜一七七六）や正祖（一七五二〜一八〇〇）の時代には、門の前に人々が集まり、国王が人々の訴えを聴くなど、広場に相当する空間で言語的コミュニケーションが交わされました（原武史『直訴と王権　朝鮮・日本の「一君万民」思想史』、朝日新聞社、一九九六年）。

北京には、皇城の南側に天壇（現・天壇公園）がありました。天壇では、皇帝が「天」に対する祭祀（郊祀。祭天とも呼ばれる）を行いました。皇城や紫禁城が皇帝と人民の関係を可視化した政治空間だとすれば、天壇は「天」と皇帝の関係を可視化した政治空間にほかなりません。これもまた、儒教の政治思想にもとづく空間だったわけです。

郊祀は皇帝だけが行うことのできる祭祀とされたため、朝鮮では一五世紀後半以降、長らく行われませんでしたが、一八九七（光武元）年の大韓帝国の成立に伴い、ソウルに天壇に当たる圜丘壇（ウォングダン）が再建され、初代皇帝となった高宗（コジョン）（光武帝。一八五二〜一九一九）が郊祀を復活させました。しかし日本の支配が強まると、郊祀は再び行われなくなりました。現在はソウルのウェスティン朝鮮（チョソン）ホテルの裏手に圜丘壇が残っています。

このように、北京もソウルももともと儒教の政治思想にもとづいて都市が設計されているのです。たとえ清朝や大韓帝国が滅亡しても、儒教の政治思想は生き残り、今日の中華人民共和国の首都、北京や大韓民国の首都、ソウルの政治空間にまで影響を与えています。(6) この点では西洋と同じく、思想が空間をつくっています。

4．日本の政治思想と政治空間

では西洋や中国、朝鮮と比較した場合、日本の政治空間には思想史的にどのような特徴があるといえるでしょうか。個々の空間については次章以下で詳しく触れますので、ここではごく簡単に概要だけを述べたいと思います。

律令制が確立された古代の日本では、同時代の中国からの影響にもとづき、天皇の支配を正当化するための政治空間が首都につくられました。持統天皇（六四五〜七〇二）が築いた藤原宮、元明天皇（六六一〜七二一）が築いた前期平城宮、聖武天皇（七〇一〜七五六）が築いた恭仁（くに）宮や後期難波宮や後期平城宮、桓武天皇（七三七〜八〇六）が築いた長岡宮や平安宮。これらの宮城（大内裏）はすべてそうです。

いずれも、中国の皇城と同様、直線状の区画に仕切られ、北端には天皇が即位式などの重要な国家的儀式を行う大極殿が築かれました。宮城（大内裏）の正門（大伴門ないし朱雀門）は南にあり、臣下は門をくぐり、南面している天皇と相対したのです。ここには儒教からの思想的影響を明らかに認めることができます。

しかし他方、中国との違いもまた明らかと言わなければなりません。中国で女性が皇帝となったのは武則天だけでしたが、古代の日本では推古天皇（五五四〜六二八）から称徳天皇（七一八〜七七〇）まで、六人八代の女性天皇が在位しました。

また中国の皇城に比べると、日本の宮城の規模は小さかったうえ、大極殿には高御座が置かれました。高御座に天皇が昇ることは、『古事記』や『日本書紀』に記された天孫降臨の神話（アマテラスの孫のニニギが高天原から降りてくるという神話）を再現するという、中国にはない意味を帯びていました。日本では、天皇は「天」から「命」を受けているという正統性の観念が弱く、超越的な「天」よりもアマテラスから連綿と続く世俗的な血のつながりのほうが重視されました。このため中国や朝鮮とは異なり、易姓革命はない代わりに、七世紀から一九世紀までは天皇の譲位が恒例化しました。自分の子や孫に皇位を譲った天皇は、上皇や法皇としてしばしば権力をもったことから、中国のような専制にはほとんどなりませんでした。

平安時代には、摂関政治や院政、そして武家政治が行われ、藤原氏や上皇、法皇、平氏ら天皇以外の人間が権力をもつことで、大極殿が本来もっていた政治的意味が失われてゆきました。大極殿自体も平安末期に焼失してからは再建されませんでした。

天皇家の支配の正統性にこだわったのは、中国の皇帝にならって郊祀を行った桓武天皇や、即位に際して即位灌頂と呼ばれる密教の修法を初めて取り入れたとされる後三条天皇（一〇三二～七三）など、ごく一部にとどまりました。このことは、正統性を誇示する空間をわざわざつくらなくても、皇位の継続が可能になったことを意味しています。

　王朝の正統性が大きな問題となったのは、南朝と北朝のどちらが正統かが問題となった南北朝時代でした。北畠親房（一二九三～一三五四）の『神皇正統記』は南朝正統論を唱えた書物としてよく知られていますが、王朝の正統性を担保していたのは、アマテラスから伝わる三種の神器でした。つまり具体的な空間が想定されていたわけではなかったのです。

　大極殿なきあと、即位式は太政官庁で行われていましたが、戦国時代以降は内裏のほぼ中央に建てられた紫宸殿が、大極殿に代わる役割を果たすようになります。しかし紫宸殿も、天皇の権力縮小に比例するようにして規模が縮小され、天明八（一七八八）年の京都大火で内裏もろとも焼失しました。光格天皇（一七七一～一八四〇）の強い決意のもとで紫宸殿が平安時代の規模に戻されたのは、江戸時代後半の寛政二（一七九〇）年になってからでした。

　平氏を滅ぼした源氏の棟梁、源頼朝（一一四七～九九）は、京都とは別に、鎌倉という政治都市をつくりました。確かに頼朝は平安京の朱雀大路を参考にして若宮大路を建設しましたが、古代の大内裏のように儒教思想の影響を受けるかたちで政治的首都をつくるのではなく、敵の侵入を防ぐのに適しているという軍事的な発想から、三方を山に囲まれ、南だけ海に面した自然の地形をそのまま利用したのです。ここには、自然と人為をしっかりと区別し、一人の人間の支配を正当化する儒教に相当するイデオロギーを見いだすことはできません。

　徳川家康（一五四三～一六一六）が公儀（幕府）を開いた江戸は、武蔵野台地と低湿地にまたがっており、鎌倉とは明らかに地形が異なっています。けれども戦国時代の延長的発想から、敵の侵入を防ぐことを第一に政治的首都が設計された点は、鎌倉と共通しています。台地上に築かれた江戸城や、城を囲む二重の濠（内濠と外濠）は、まさにそれを表しています。

江戸城の濠や府内の道は、北京の皇城の濠や城内の道とは異なり、曲がりくねっていました。本丸御殿などの建物も、南北の方位を意識して築かれたわけではありません。建築史家の陣内秀信は、次のように述べています。

江戸城とそれを受け継ぐ皇居は、諸外国の城、宮殿とはまったく違う姿を見せる。台地に川の浸食で刻まれた牛ヶ淵、千鳥ヶ淵などの谷戸状の窪地がある元々の凸凹地形を基本的には活かしつつも、必要に応じ高度な技術で人工的に大きな改変も加え、内濠と外濠という水空間があたかも自然体に近い有機的な形で二重に巡る特徴ある構造を生み出した。権力にものをいわせ、軸線、対称形といった堅い発想の幾何学的形態を示す西洋やアジアの宮殿や城とはまったく異なる、自然と対話する独自の柔らかいコンセプトでつくられた、まさに水の空間の美学がすぐれて日本的なイデア（理念）のもとに誕生した。（陣内秀信＋法政大学陣内研究室『水の都市　江戸・東京』、講談社、二〇一三年）

江戸城は、北京の皇城のように「権力にものをいわせ、軸線、対称形といった堅い発想の幾何学的形態」とは全く異なり、自然に逆らわない構造になっていると言うのです。自然と人為を区別しない発想が、ここにも現れているといえます。

確かに、大名が将軍に会うために門をいくつもくぐり抜けなければならない江戸城の構造そのものは、北京の皇城と似ています。けれども両者の間には、決定的な違いがありました。一方は儒教という言説化したイデオロギーが人工的な空間をつくっているのに対して、他方は自然の地形を生かした城の空間が結果として儒教のような言説化したイデオロギーとは異なる政治思想を生み出しているからです。

天皇が京都から東京に移った明治以降も、政府は江戸城の西ノ丸を皇居としてそのまま使用しました。濠の内側に高貴な人物がいるという感覚は、確かに江戸時代から受け継がれましたが、それだけではイデオロギーになりません。日本では近代になっても、天皇の権威を演出するための空間を人工的につくり出すという発想が弱く、天皇の神格化が強まった昭和初期ですら、宮城（現・皇居）前広場や二重橋（正門鉄橋（てつばし））など、既存の施設を活用しただけでした。一九四〇（昭和一五）年一一月に宮城前広場で開催された「紀元二千六百年式典」のように、広場に天皇と皇后が着座する宮殿を建てる場合でも、式典が終わればすぐに解体しました。[7] この点は、しばしば「ファシズム体制」という概念で一くくりにされる同時代のドイツやイタリアに比べると、きわめて大きな違いとして指摘することができます。

5．本書のねらい

これまでの政治思想史の研究では、西洋、日本を問わず、有名思想家を中心とする言説化された思想を追うことに重点が置かれてきました。そこでは自由、平等、権力、人権、民主主義、平和といった、特定の空間に拘束されない普遍的な概念が主な考察の対象とされました。

しかし日本政治思想史に関する限り、それだけでは十分でないのです。もちろん日本でも西洋や中国、朝鮮と同様、言説化された思想が空間をつくる場合がある一方、空間が言説化されない思想をつくる場合も少なくないからです。空間そのものを考察の対象とし、あたかも思想家の原典を精読するかのごとく、具体的な空間をテキストのように読み解く必要があるゆえんです。

本書では、主に近現代に力点を置きながら、日本のなかのさまざまな空間を取り上げます。もちろんそれぞれの空間に関する研究書は、これまでもありました。しかし哲学や社会学の研究書では、例えば「ニュータウンとは何か」という原理的な問題にこだわるあまり、きわめて抽象的な記述が目立ちました。具体的にどこのニュータウンを指しているのかが明らかにされないまま、読者がそれをわかっているという前提のもと、抽象度の高い文章が連続するような場合も珍しくありませんでした。

本書では、空間や政治に関する原理的抽象的な議論はなるべく避ける代わりに、次章以下で個別具体的な空間を取り上げたいと思います。「政治とは何か」をあらかじめ厳密に定義づけたうえで、それに適合する空間を導き出すような演繹的な方法ではなく、個別具体的な空間をなるべく広く取り上げることを通して、「政治とは何か」という普遍的な問いに迫ろうとする帰納的な方法をとるということです。

このアプローチは、文系の哲学や社会学よりはむしろ、理系の建築史や都市史のほうに比較的近いといえます。「空間と政治」に対する理解を深めるには、そのほうがふさわしいように思われます。

最近では、政治学から建築史に接近した研究成果ばかりか、逆に建築史から政治学に接近した研究成果もまた、若手研究者により次々と出されています。前者の例としては佐藤信『近代日本の統治と空間　私邸・別邸・庁舎』(東京大学出版会、二〇二〇年)が、後者の例としては長谷川香『近代天皇制と東京　儀礼空間からみた都市・建築史』(同)や市川紘司『天安門広場　国民広場の空間史』(筑摩書房、二〇二〇年)が挙げられます。「空間と政治」というテーマは、文系理系を問わず、注目を浴びつつあるのです。

注

(1) 西洋では、西洋の君主政治をmonarchy、東洋の君主政治をdespotismとして区別する傾向がありました。前者は君主が法のもとにあるために君主の権力が制限されるのに対して、後者は君主が法を制定するために権力が制限されないという違いがあります。ただこうした区別は、実態を必ずしも反映したものとはいえません。また西洋の君主政治には東洋同様、君主の地位が世襲で決まっている世襲王政と、君主が選挙で選ばれる選挙王政がありました。イギリス、フランス、ロシアなどは前者のタイプ、ポーランド、ハンガリー、神聖ローマ帝国などは後者のタイプといえます。

(2) ただし言語的コミュニケーションが交わされたのは、議会が唯一ではありません。ドイツの政治哲学者、ユルゲン・ハーバーマスは、市民的公共圏が確立される空間として、コーヒーハウスやサロンに注目しています(『公共性の構造転換　市民社会の一カテゴリーについての探究』第二版、細谷貞雄・山田正行訳、未来社、二〇〇三年)。

(3) その一方で、政治に参加するのは男性が主体であり、女性は家庭での労働に従事すべきだとする思想もまた根強く残りました。西洋諸国で女性政治家の割合が急増したのは、一九九〇年代になってからでした。現在では、スウェーデン、フィンランド、スペイン、ノルウェー、フランス、アイスランド、ベルギー、デンマーク、オーストリア、イタリア、ポルトガル、ベラルーシ、モナコ、スイス、イギリス、オランダ、ドイツで下院の女性議員の比率が三〇%を超えています。

(4) この一節は「明治」という元号の典拠にもなっています。

(5) 一九二六(大正一五)年には、この南北軸の線上に当たる勤政殿の前に朝鮮総督府庁舎が建てられました。建築史家の五十嵐太郎は、これを「朝鮮総督府の空間的な介入」と呼んでいます(前掲『権力の館を考える』)。なお朝鮮と同じく中国を中心とする東アジアの国際秩序に組み込まれた琉球王国では、首里城正殿に「御差床(うさすか)」と呼ばれる国王の玉座が置かれていましたが、玉座は南面ではなく、西面していました。このことは、琉球では朝鮮よりも儒教の影響が小さかったことを意味しています。

(6) 例えば北京の天安門広場は、王朝時代にあった南北に並ぶ門の一つ、天安門の前にあった広場を、一九四九年の中華人民共和国の成立とともに大改造し、天安門を解体することなく広場と一体化させたものです。(前掲『天安門広場』を参照)。

（7）光華殿と呼ばれるこの仮宮殿は、いったん解体されてから小金井大緑地（現・小金井公園）に移され、現在では江戸東京たてもの園のビジターセンターになっています。

1. 西洋における空間と政治の関係について考えてみよう。
2. 中国や朝鮮における空間と政治の関係について考えてみよう。
3. 空間と政治という観点から見た西洋や中国、朝鮮と日本の違いについてまとめてみよう。

参考文献

ハンナ・アレント『革命について』（志水速雄訳、ちくま学芸文庫、一九九五年）
山本理顕『権力の空間／空間の権力　個人と国家の〈あいだ〉を設計せよ』（講談社選書メチエ、二〇一五年）
佐藤卓己『ファシスト的公共性　総力戦体制のメディア学』（岩波書店、二〇一八年）
宮崎市定『雍正帝　中国の独裁君主』（中公文庫、一九九六年）
『論語』（金谷治訳注、岩波文庫、一九九九年）
陣内秀信＋法政大学陣内研究室編『水の都市江戸・東京』（講談社、二〇一三年）
渡辺浩『東アジアの王権と思想』（東京大学出版会、一九九七年）

2 大極殿／高御座／紫宸殿

《目標＆ポイント》 古代の宮城で中国の影響を受けながら天皇が即位する空間として築かれた大極殿や天孫降臨の神話と関わる高御座、そして大極殿なきあとにそれに代わる空間となる紫宸殿の変遷を通して、空間と政治の関係を考えます。

《キーワード》 大極殿、太極殿、高御座、大嘗宮、即位灌頂、紫宸殿、光格天皇、柳田國男

1．復原された平城宮第一次大極殿

奈良市の近鉄大和西大寺駅を降り、奈良県道１０４号を東に向かって歩いて行ったところに、平城宮跡があります。和銅三（七一〇）年に藤原京から遷都された平城京の北部中央に位置した平城宮（大内裏）があったところです。

平城宮には、天皇の居住空間である内裏や、天皇の政治空間である大極殿などがありました。平成になってから復原工事が進められ、一九九八（平成一〇）年に朱雀門が、平城遷都一三〇〇年に当たる二〇一〇（平成二二）年に平城宮の正門に当たる第一次大極殿が復原されたほか、二〇二二年には大極殿院南門も復原されました。

聖武天皇の時代には、平城京から恭仁京、難波京、紫香楽宮に転々と都が移され、再び平城京に

図2－1　平城宮第一次大極殿。著者撮影

戻ってきましたが、天平一二（七四〇）年に恭仁京へ遷都するまでの大極殿を「第一次大極殿」、紫香楽宮から平城宮に都を戻したあとの大極殿を「第二次大極殿」と呼んでいます。なお、第二次大極殿は第一次大極殿の東側に位置していますが、台座の前に「大極殿阯」と刻まれた石碑が建っているだけで、建物は復元されていません。

1章で触れたように、大極殿は古代の宮城における中心施設で、元日の朝賀や天皇の即位式、外国使節との面会などの国家儀式の際に天皇が出御しました。大極殿の内部には玉座に当たる高御座（たかみくら）が置かれ、天皇が昇って南面しました。ここには儒教にもとづいて皇帝が南面した中国からの影響を認めることができます。

そもそも大極殿という名称自体、中国で三国時代の魏から唐の前期にかけて都に築かれ、皇帝が政治を行った太極殿（たいきょくでん）に由来しています。太極というのは儒教の経典の一つである『易』繋辞伝に「易に太極有り。これ両儀を生ず。両儀は四象を生じ、四象は八卦を生ず」とあるように、あらゆる物の実在を規定する唯一の根源を意味します。両儀というのは陰陽のことです。「極」は天の中心である北極星を意味するとされています。

平城宮の第一次大極殿は、正門に当たる朱雀門の真北約八〇〇メートルにあり、正面の長さが約四四メートル、側面の長さが約二〇メートル、地面からの高さが約二七メートルもある堂々とした建築物です（図2－1参照）。直径七〇センチの朱色の柱が四四本、屋根瓦が約九万七〇〇〇枚も使われているという点からも、その大きさを知ることができます。

黒色の瓦で覆われた屋根は二重の形式になっていて、左右の両側面に三角形の切り妻が顔を出した入母屋造りになっています。上の屋根と下の屋根にはさまれた中央部には、「大極殿」と記された扁額がかかっています。

大極殿は、持統天皇が築いた藤原宮や桓武天皇が築いた長岡宮、平安宮にも建てられました。第一次大極殿は平城遷都を行った元明天皇により建てられましたが、当初は第一次大極殿を用いていた聖武天皇も、遷都した恭仁宮や後期難波宮や紫香楽宮に大極殿を築いたほか、天平一七（七四五）年に平城京に都を戻すと、第一次大極殿のすぐ東側に第二次大極殿を築いています。ここは国家儀式に加えて天皇の政務の場でもありました。しかし復元されたのは平城宮の第一次大極殿だけで、あとはすべて何も残っておらず、せいぜい石碑が立っているだけです。

大極殿は都が移るたびに解体、移築を繰り返していましたから、同じ建築物が藤原宮や恭仁宮などにもあったと思われます。ただし当時の設計図や参考になるような絵画が残っていないため、当時の建築物を忠実に復元することはできません。平城宮の第一次大極殿も、これまでの発掘調査をもとに大きさやかたちを推定して建てられました。

とはいえ、いま平城宮跡を訪れてみると、当時の政治空間がいかなるものであったのかを体感することができます（図2-2参照）。

第一次大極殿に行くには、まず平城宮の正門で、南を守る中国の伝説上の鳥にちなんだ朱雀門をくぐらなければなりませんでした。朱雀門の北には、平城京を南北に貫く朱雀大路を延長するかのように、平城宮の中心軸に当たる道が続いていました。現在、近鉄奈良線の線路が横切っているこの道を北に向かうと、儀式の際に臣下が並んだり、宴会が行われたりした中央区朝堂院（第一次朝堂院）が見えてきます。ここは現在、空き地になっています。

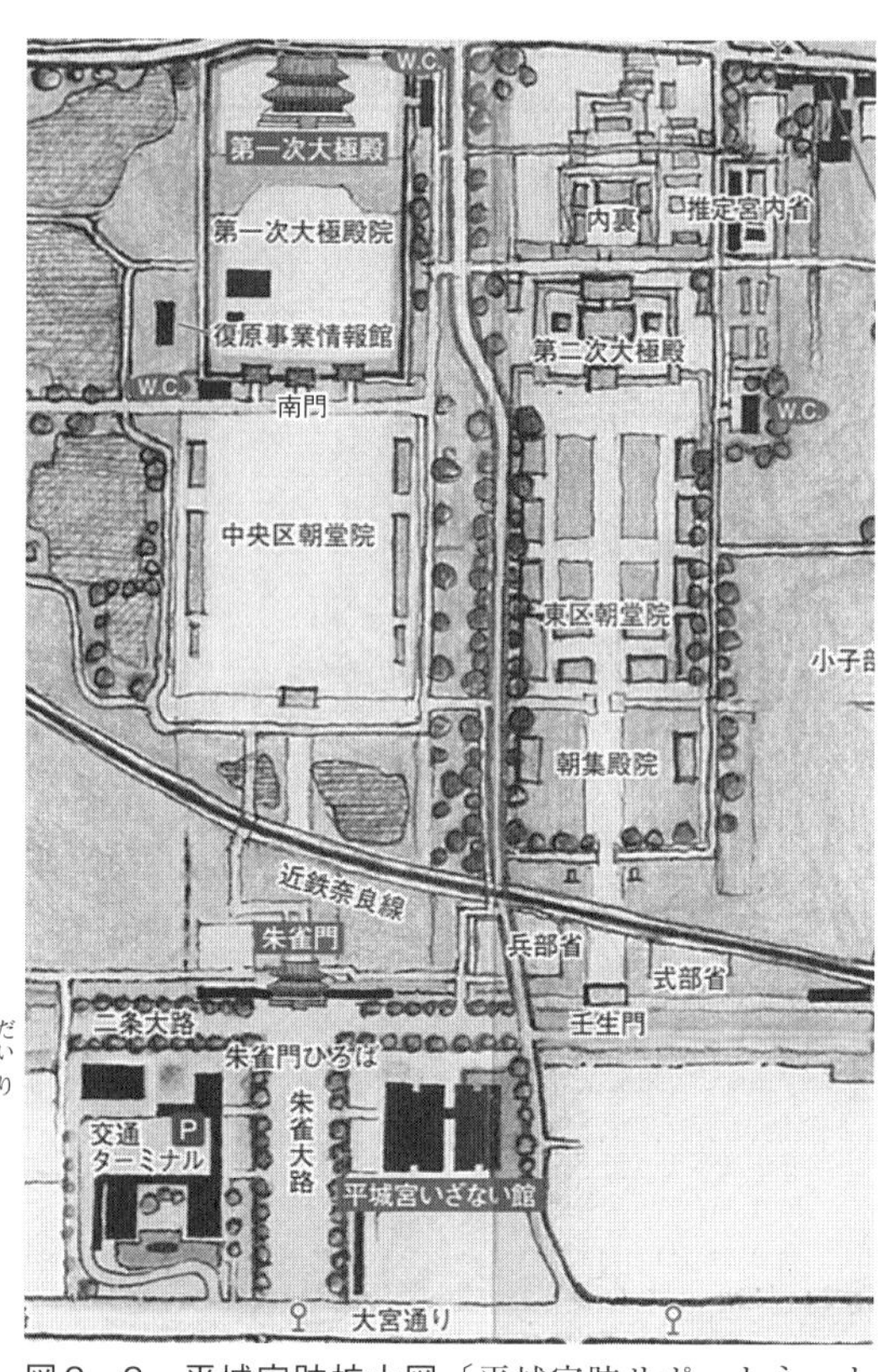

図2-2　平城宮跡拡大図〔平城宮跡サポートネットワーク〕

さらに北に向かい、大極殿院と呼ばれる南北約三二〇メートル、東西約一八〇メートルの回廊に囲まれた区画の正面入口となる南門をくぐると、ようやく第一次大極殿が眼前に迫ってきます。第一次大極殿院には、儀式の際に貴族が整列した広場があり、その向こうの一段高いところに第一次大極殿がそびえているのが見えたはずです。

第一次大極殿の東側、第二次大極殿の北側には内裏がありました。ここは天皇の住まいで、国家儀式や政務の際には内裏から大極殿に移ったわけです。

第一次大極殿は、唐の長安城大明宮（太極宮から移された宮城）にある正殿の一つで、皇帝の即位や元日、冬至の儀式、外国使節の謁見などが行われた含元殿にならってつくられたとされています。含元殿は儒教思想にもとづいてつくられていますので、第一次大極殿にも儒教からの影響を認めることができます。

つまり大極殿は、王朝の正統性を可視化する空間になっているのです。今日の私たちは、中国とは異なり、王朝が交代しなかったことを知っていますが、少なくともこの時点ではそうではなかったことを踏まえる必要があります[1]。

第一次大極殿が用いられたのは、元明、元正（げんしょう）（六八〇～七四八）、聖武という三人の天皇の時代でした。このうち二人が女性天皇だったことに注意する必要があります。当時の日本は、東アジアのなかで最も女性が権力をもっていたのです[2]。

2. 高御座と大嘗祭

二〇一九（令和元）年一〇月二二日に東京の皇居宮殿の正殿松の間で行われた即位礼正殿の儀では、松の間に高御座と御帳台が置かれ、天皇が高御座に、皇后が御帳台（みちょうだい）に上がり、天皇が高御座で「おことば」を読み上げて即位を内外に宣言しました。こうした形式が整えられたのは、一九一五（大正四）年一一月に行われた大正天皇の即位礼からです。

高御座の起源は、持統天皇が築いた藤原宮にまでさかのぼることができます。本来は大極殿の中央に設けられた天皇の玉座を意味しており、即位の際には天皇が昇って南面し、即位宣命が下され、官人が北面して礼拝します。そして儀式が終われば撤去されたとされています。復元された平城宮の第一次大極殿には、実物大の高御座のイメージ模型が置かれています。

なぜ大極殿に高御座が置かれたのでしょうか。大極殿に象徴される中国由来の儒教思想に加えて、天皇の即位を『古事記』によって神話的に意味付ける必要があったからです。法制史学者の水林彪は、こう述べています。

> それは、高御産巣日神（たかみむすびのかみ）・天照大御神（あまてらすおおみかみ）の命を受けて、両神の孫にあたる天つ日子番能邇邇芸命（あまつひこほのににぎのみこと）が、「天の石位（いわくら）」を離れ、「日向の高千穂」に天降り、その地に宮を造営して、そこに「坐」すことに

なったという、天孫降臨の物語である。『古事記』の天孫降臨神話は、全体として、大極殿における即位儀の祭儀神話であるが、「天の石位」を地上において再現したものが「高御座」であろう。

（「高御座」、原武史・吉田裕編『岩波　天皇・皇室辞典』、岩波書店、二〇〇五年所収）

天孫降臨というのは、アマテラス（天照大御神）（およびタカミムスビ（高御産巣日神））の孫とされるニニギ（天つ日子番能邇邇芸命）が、天上世界である高天原から地上世界に降りてきたことを意味しています。

同様の物語は、『日本書紀』巻第二神代下にも見られます。その本文（本書）に、「時に、高皇産霊尊、真床追衾を以て、皇孫天津彦彦火瓊瓊杵尊に覆ひて、降りまさしむ。皇孫、乃ち天磐座を離ち、且天八重雲を排分けて、稜威の道別に道別きて、日向の襲の高千穂峯に天降ります」（さて、タカミムスビは、玉座を覆うフスマでニニギを包んで降らせられた。ニニギは天の磐座を離れ、天の八重雲を押しひらき、勢いよく道を踏み分けて進み、日向の襲の高千穂の峯にお降りになった）とある通りです。天皇が高御座に昇ることは、記紀に描かれた天孫降臨の物語を再現することを意味していたのです。

しかし高御座では、朝廷の儀式だけが行われたわけではありませんでした。天平九（七三七）年一〇月には、聖武天皇が当時猛威をふるっていた天然痘の流行を鎮め、国土安寧を祈るため、高御座を仏の玉座とする法会を行っています。また神護景雲二（七六八）年の大極殿御斎会（大極殿に高僧を集め、『金光明最勝王経』を講義させ、国家の安泰と五穀の豊作を祈願した法会）では高御座に仏像が安置され、称徳天皇（七一八～七〇）が高御座の北東に座しています。

歴史学者の松本郁代は、「古訓のタカミクラが表す属性が、そこに座す者の属性を規定するものであったとすれば、仏像を捉えていた属性も天皇と同様、天や天下を統治する『位』として捉えていたことになる」と述べています（『天皇の即位儀礼と神仏』、吉川弘文館、二〇一七年）。高御座がこうした空間になることで、大極殿は一種の仏堂に変貌したのです。

大極殿で即位の儀式が行われたあとには、仮設の建物である大嘗宮が朝堂院の南庭に建てられ、ここで大嘗祭が行われました。『日本書紀』巻第二九天武天皇の二年一二月五日条に、「大嘗に供奉れる中臣・忌部及び神宮の人等、并て播磨・丹波、二つの国の郡司、亦以下の人夫等に、悉に禄賜ふ」、また同書巻第三〇持統天皇の五年一一月一日条に、「大嘗す。神祇伯中臣朝臣大嶋、天神寿詞を読む」とあるように、大嘗祭は天武、持統天皇の時代に整備されたとされています。藤原宮跡や平城宮跡では、大嘗宮の遺構も見つかっています[3]。

大嘗祭は、新天皇が旧暦の冬至に新穀を祖先神のアマテラス（天照大神）に供えて収穫を感謝するとともに、自らもそれを食する祭祀です。冬至に行われる点で、中国皇帝が皇城の南郊に築かれた天壇で行う郊祀に似ています。

しかし北京の天壇公園に明らかなように、天壇が永続的な建物だったのに対して、大嘗宮は仮設の建物でした。また天壇の「天」は儒教的な概念であり、きわめて抽象的な理念だったのに対して、大嘗宮で迎えるアマテラスは具体的な女神であり、神と天皇が同じ空間で同じもの（米などの新穀）を食べるとされていた点も違いました。古代文学者の工藤隆は、「多くのものが中国風に塗り替えられていく一方、それへの抵抗感も生じていた。天皇が関わる神祭りの儀式である大嘗祭を大々的に行うことで、自然と密着したヤマト的なものを残そうとしたと考えられる」と述べています（『朝日新聞』二〇一九年一一月八日）。

しかも日本では、皇帝や国王の終身在位を原則とする中国や朝鮮とは異なり、飛鳥時代から譲位が繰り返されます(4)。持統天皇の時代からは、譲位した天皇が太上天皇と呼ばれるようになります。これが後の上皇です。太上天皇は、大宝元（七〇一）年の大宝律令制定に際して、「儀制令」天子条に条文化されました。歴史学者の中野渡俊治（なかのわたり）は、「退位した君主の存在を基本法内に規定し、恒常的な存在を想定したのは、古代日本が規範とした中国にも見られず、日本の特色である」と述べています（『古代太上天皇の研究』、思文閣出版、二〇一七年）。

天皇と太上天皇の二者が存在するということは、天皇の権力が絶対的ではないことを意味します。儒教では「天」から「命」を与えられる「天子」はあくまでも一人であり、中国ではその一人の支配を正当化するための空間が確立されたのに対して、日本ではたとえ即位式や大嘗祭を行っても、そうした空間が確立されなかったことになります。

3. 大極殿から紫宸殿へ

長岡京に遷都した桓武天皇は、母方が渡来人系で中国文化に親しんでいたせいか、中国皇帝を意識して譲位せず、従来の即位式や大嘗祭とは別に、長岡京の南郊に天壇を設け、歴代天皇として初めて郊祀を行いました(5)。壬申の乱以来の天武の皇統が断絶し、天智の皇統が再興されたことを王朝の交代に擬したからだと言われています。

しかし桓武は、すぐに長岡京から平安京に遷都しており、平安宮では郊祀を行っていません。桓武以降は文徳天皇のときに一度郊祀が行われただけでした。天壇に相当する空間は、日本ではついに確立されなかったのです。

桓武天皇が築いた平安京は、平城京と同じく唐の都、長安・洛陽をモデルとしています。ただし京都御所が現在の土地に固定したのは、南北朝時代のことでした。それ以前の中心はもう少し西側にありました。都の中央には幅約八五メートルの朱雀大路が南北を貫き、その北端には朱雀門がそびえ立ち、平安宮（大内裏）へと続いていました(6)。

平安宮は現在の京都市上京区の千本下立売を中心に東西一・一キロ、南北一・五キロの地域に当たり、朝堂院、豊楽院、内裏などからなっていました（図2-3参照）。朝堂院の正殿が大極殿です。大極殿があった千本丸太町の交差点付近には、一八九五（明治二八）年に平安遷都一一〇〇年を記念して建てられた「大極殿遺阯」の石碑が残っています（図2-4参照）。

平城宮との最大の違いは、桓武が政務の中心であった大極殿・朝堂院から内裏を完全に切り離し、本来は天皇の生活空間であった内裏に政務の場を移したことにありました。これに伴い、天皇は京都の外

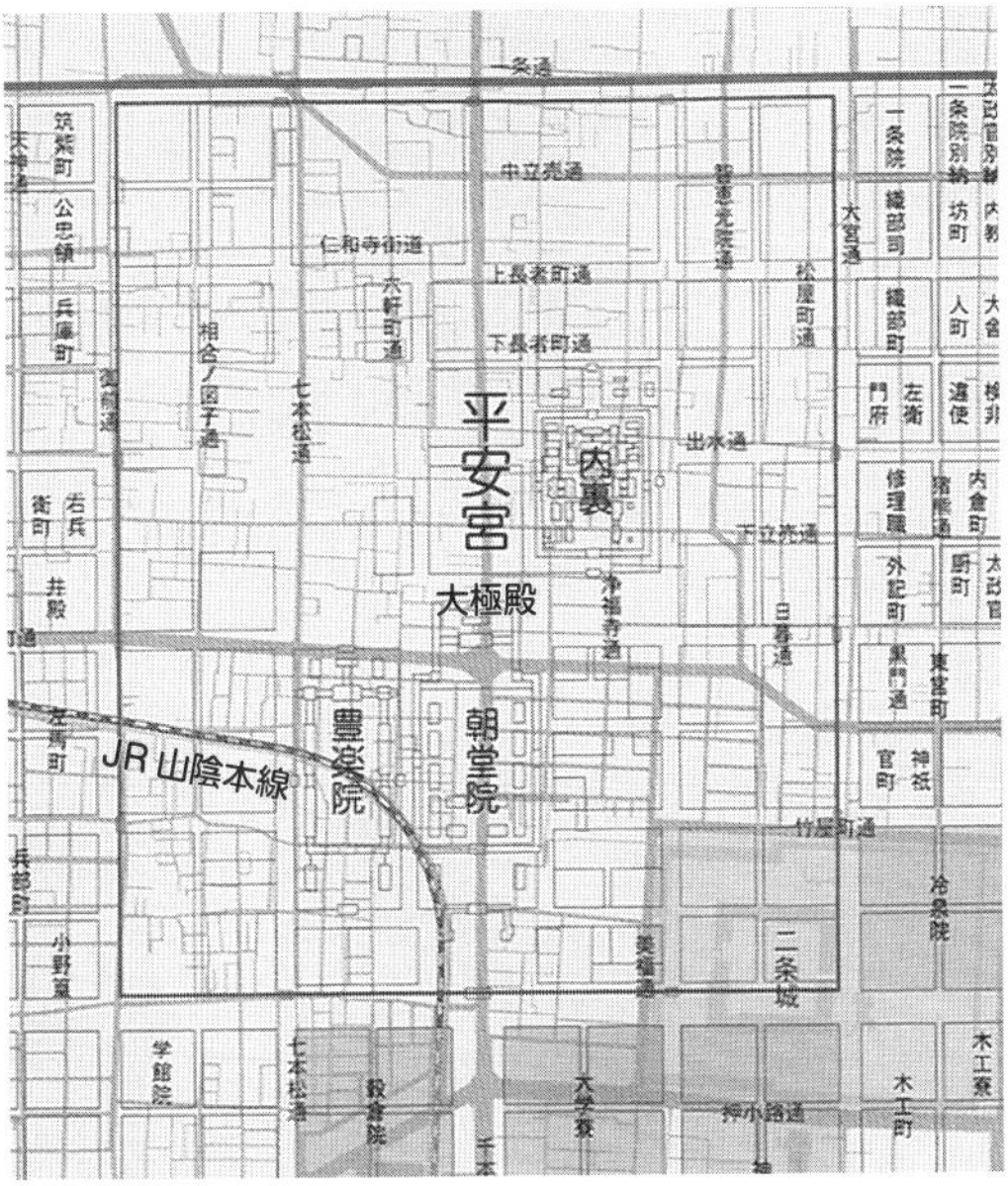

図2-3 平安宮復元図

図2-4 平安宮大極殿遺阯の石碑。著者撮影

はもちろん、大極殿にすら出ることが少なくなり、内裏にこもるようになりました。天皇が大極殿に出るのは天皇の即位式や新年の朝賀の式などだけになりましたが、即位式のときは玉座に当たる高御座が置かれ、天皇が昇って南面しました。

しかし平安中期以降、高御座の意味が変化します。そのきっかけとなったのは、十歳にも満たない幼帝の相次ぐ即位でした。天皇の母親（その多くは藤原北家の出身）が、即位式に際して天皇とともに高御座に昇るようになるのです。

例えば藤原道長（九六六〜一〇二七）の長女として生まれ、一条天皇（九八〇〜一〇一一）の中宮（皇后）となり、敦成（あつひら）親王（後一条天皇。一〇〇八〜三六）を産んだ藤原彰子（九八八〜一〇七四）は、後一条が九歳で即位したとき、皇太后として幼い天皇とともに高御座に昇っています。歴史学者の東海林亜矢子は、「天皇位を象徴する高御座における母后同座は、天皇との同輿（行幸に際して天皇と同じ輿に乗ること―引用者注）以上に、母后ただ一人のみの尊貴性を強烈に位置づけ天皇の後見としての母后の機能を可視化させるものである」と述べています（「摂関期の后母―源倫子を中心に」、服藤早苗編著『平安期の女性と政治文化―宮廷・生活・ジェンダー』、明石書店、二〇一七年所収）。高御座という空間が、天皇ではなく、「母后ただ一人のみの尊貴性を強烈に位置づけ」るための空間へと変わってしまったのです。

しかも、このときは公卿たちが至近距離から即位式の模様を見物しています。寛弘八（一〇一一）年に行われた三条天皇（九七六〜一〇一七）の即位式では、「衆庶」すなわち見物人が押し合いへし合いし、大極殿南庭に設けられた龍尾壇（りゅうびだん）（装飾性のある欄干。一段高い壇になっている）の欄干とともに落ちたという記録すらあります。

中国にならい、天皇の支配の正統性を誇示するための建物だった大極殿は、いまや「衆庶」が即位を見物するための空間へと変質してしまったのです。歴史学者の藤森健太郎は、「天子南面・臣下北面を結ぶ君臣関係の軸はすっかり弱いものになってしまった」と述べています（『古代日本の即位儀礼』、吉川弘文館、二〇〇〇年）。これは結局、日本では中国ほど儒教のイデオロギーが定着しなかったことを意味しています。

後三条天皇は、藤原北家を外戚とせず、藤原氏との政治的つながりを断ち切る形で親政を行いました。後三条は桓武を意識していたと言われており、郊祀を行った桓武同様、自らの皇位の正統性を新たにつくり出そうとしました。ただしそのイデオロギーを、儒教ではなく仏教に求めた点で、桓武とは異なっていました。

後三条は治暦（じりゃく）四（一〇六八）年の即位に際して、後に「即位灌頂（かんじょう）」と呼ばれる密教の修法を初めて行ったとされています。即位灌頂というのは、即位式の前に藤原氏の嫡流である摂関家、主に二条家の人物から印明（いんみょう）（印相と真言）を伝授され、即位式で天皇が実修することを意味します。鎌倉時代に伏見天皇（一二六五〜一三一七）が行ったことが知られていますが、その始まりは後三条の即位式に見出されます。このとき後三条は、大日如来のような印を結んだとされています。仏法が衰退する末法の時代に、後三条は真言密教が盛んな「大日」の「本国」であることを示すことで、揺らいでいた天皇の支配の正統性を構想したのです（前掲『天皇の即位儀礼と神仏』）。

当時は大極殿が焼失していたため、後三条は太政官庁で即位式を行いました。即位灌頂は郊祀とは異なり、正統性を可視化する天壇のような空間を必要としなかったのです。ちなみに中国では、皇帝の即位に際して即位灌頂が行われた形跡はありません。

その後、大極殿はいったん再建されましたが、安元三（一一七七）年の火災以降は再建されませんでした。このときの火災を、鴨長明（一一五五〜一二一六）は「風はげしく吹きて、しづかならざりし夜、戌の時許、都の東南より火出で来て、西北にいたる。はてには朱雀門、大極殿、大学寮、民部省などまで移りて、一夜のうちに塵灰となりにき」（『方丈記』、光文社古典新訳文庫、二〇一八年）と述べています。中国の儒教の影響を受けた大極殿という建築物に象徴される天皇王権は、飛鳥時代に形成され、仏教の影響が強まる平安後期に終末を迎えたわけです。

それは中国とは異なり、儒教の易姓革命によって王朝が交代する可能性がなくなったことを意味しているようにも見えます。

大極殿が完全に焼失してからは、天皇の即位などの重要な儀式は、太政官庁を経て、内裏のほぼ中央にある紫宸殿で行われるようになります。紫宸というのは、天子の御殿を意味しています。紫宸殿は大極殿のモデルとなった含元殿と同様、中国の唐の時代に大明宮（皇城）に築かれた宮殿に名付けられたのが始まりとされています。

紫宸殿では大極殿と同様、高御座が置かれ、天皇が南面するよう設計されました。この点に関する限り、儒教の思想が残っていましたが、即位式が紫宸殿に移ってからも、即位灌頂の儀式は幕末までずっと受け継がれることになります。

一方、大嘗祭は、平安宮でも朝堂院の南庭で行われ、大極殿が焼失してからもだいたい同じ場所に大嘗宮が建てられましたが、戦国時代の文正元（一四六六）年から江戸時代の貞享四（一六八七）年までの間は中断し、即位式だけが存続しました。大嘗祭が中断した時代は、天皇の権力が最も衰えた時代と一致しています。

さらに、平安後期から続く院政により天皇の譲位による皇位継承が常態化したことは、即位式や大嘗祭の比重を低下させることを意味しました。皇帝や国王の終身在位を原則とした中国や朝鮮とは、この点が大きく違っていました。

4. 紫宸殿の縮小と再興

平安京の内裏は火災で数回焼け、安貞元（一二二七）年に造営中の内裏を含む平安宮のほぼ全体が焼失してからは再建されることもなく、天皇は里内裏（仮御所）を転々としました。この間、紫宸殿は一時期を除いて寝殿などを代用していました。前述のように南北朝時代、正確にいえば北朝の一代に当たる光厳天皇（一三一三～六四）の時代に現在の京都御所の所在地が内裏となり、紫宸殿も再建されましたが、その規模は縮小されました。

天正一五（一五八七）年には、豊臣秀吉（一五三七～九八）がかつての平安宮の跡地（内野）に京都の拠点となる聚楽第を築城しました。秀吉は大坂からここに移り、後陽成天皇（一五七一～一六一七）を招いて饗応しました。しかし関白職を譲った豊臣秀次（一五六八～九五）が聚楽第から追放されると、秀吉は秀次の痕跡を消し去るべく、聚楽第を徹底的に破却しました。このため、正確な所在地はわかっていません。

図２－５　京都御所・紫宸殿。著者撮影

江戸時代になると、紫宸殿で行われた天皇の即位式を、大勢の庶民が南庭で堂々と見物するようになります。女性天皇だった明正天皇（一六二四～九六）の即位式の模様を記した『明正院寛永御即位記』には、「天子南面ノ位ヲ受サセ給ヒテ、百官万民ニ始テ龍顔ヲ見ヘサセ給フ御事ナリ」という一文があります（森田登代子『遊楽としての近世天皇即位式　庶民が見物した皇室儀式の世界』、ミネルヴァ書房、二〇一五年）。

このときの絵画史料（「御即位行幸図屛風」）が宮内庁に所蔵されています。これを見ると、確かに大勢の庶民が紫宸殿の南庭に入り、天皇の即位式を自由に見物しているのがわかります。なかには授乳をしている母親の姿まで見られます。ここからは、天皇の即位を正当化するいかなるイデオロギーも感じとることはできません。

しかし天明八（一七八八）年の京都大火によって、内裏は再び灰燼に帰しました。光格天皇は、紫宸殿や儀式の際に使われた清涼殿を、平安京の内裏を復元させる形で再建しました。安政元（一八五四）年にまた焼け落ちましたが、翌年には同じものを復元させています。これが現在の京都御所で見ることのできる紫宸殿や清涼殿です（図2−5参照）。

江戸時代の天皇は、内裏に事実上幽閉され、幕府（公儀）の統制を受けていました。にもかかわらず、なぜ幕府は、平安時代に建てられた紫宸殿の再興を認めたのでしょうか。この点につき、建築史家の井上章一はこう述べています。

> 建築は、政治的なメッセージを伝える、その有力なメディアになりえない。それが世を惑わし、幕藩体制を揺さぶる可能性は低いと、判断することもできた。だから、幕府も建築の意匠面では、王朝の自由を縛らなかったのだと思う。（中略）
>
> 幕府当局も、建築には甘かったのだと言うしかない。あるいは、つぎのようにも言えそうな気がする。ふだんは隠している思いを、王朝も建築には思う存分ぶつけることができた。武家政権などできる前の、王朝の理想像をあらわすことも可能になったのだ、と。（「関西の館②　紫宸殿・清涼殿」、前掲『権力の館を考える』所収。一部改変）

井上の指摘は、次のように言い換えることができるでしょう。徳川政権は、空間と政治が結び付くとは考えていなかった。紫宸殿をもとのかたちに再興することが、失われた天皇の権力を回復させることにつながるとは考えていなかったのだ。けれども光格天皇は、具体的な空間を通して王朝の理想像を示そうとしたのではなかったか。

非常に面白い指摘だと思います。次章で詳しく触れますが、当時の幕府が具体的な空間にいかなるイデオロギーをも見いだそうとしなかったことは、江戸城の構造を見てもよくわかります。光格天皇は、一方で即位灌頂を受け継ぎつつ、他方で正統性を誇示する平安時代の政治空間を再興しようとしたようにも思われるのです。ただ光格天皇といえども、平安以前の大極殿をよみがえらせるまでには至りませんでした。

5.「紫宸殿の儀」と平安神宮大極殿

慶応三（一八六八）年一二月に王政復古の大号令を発した明治新政府も、大極殿を復活させることはありませんでした。慶応四年八月に行われた明治天皇の即位式では、前代までの天皇と同様、紫宸殿が用いられました。この点では新政府も幕府と同じく、イデオロギーにふさわしい空間をつくることに熱心ではなかったといえます。ただし仏教色を一掃したために即位灌頂は行われず、一般の見物人もいなくなりました。明治四（一八七一）年一一月には、旧江戸城西ノ丸の吹上地区に大嘗宮を造営し、大嘗祭が行われました。

一八八九（明治二二）年に制定された旧皇室典範では、第一一条に「即位ノ礼及（および）大嘗祭ハ京都ニ於テ之ヲ行フ」とあるように、即位の礼と大嘗祭を京都御苑で連続して行うことが規定されました。これに伴い、天皇が東京に移ってからも、大正と昭和の即位の礼は京都御所で、大嘗祭は京都御所に隣接する仙洞御所(7)で行われました。

一九〇九(明治四二)年に皇室令の第一号として公布された登極令では、附式で即位の礼の手順が細かく規定されました。なかでも注目すべきは、即位の礼の中心行事に当たる「紫宸殿の儀」で天皇が高御座に、皇后が御帳台にそれぞれ昇ることが規定されたことです。御帳台は高御座を一回り小さくしたような舞台で、大正に入ってから高御座とともに新たにつくられました。一九一五(大正四)年と一九二八(昭和三)年に行われた大正天皇(一八七九〜一九二六)と昭和天皇(一九〇一〜八九)の即位の礼に際しては、高御座と御帳台が紫宸殿に並べられました。

つまり大正以降、即位の礼は天皇の即位とともに皇后の即位を内外に宣言する儀式へと大きく変わったのです。ただし大正の即位の礼のときには、貞明皇后(一八八四〜一九五一)が崇仁親王(後の三笠宮。一九一五〜二〇一五)を懐妊していたため京都に行くことができず、大正天皇だけが高御座に昇っています。

即位の礼は、京都の空間全体を大きく変えました。大正の即位の礼に合わせて京都駅が改築され、京都駅と京都御苑を結ぶ烏丸通が拡張されたからです。即位に際して天皇が馬車で通行する烏丸通は、「行幸通」と認識されました(小林丈広、高木博志、三枝暁子『京都の歴史を歩く』、岩波新書、二〇一六年)。

大正、昭和ともに、紫宸殿の儀は一一月一〇日に行われました。大正は午後三時三〇分、昭和は午後三時に首相(大正は大隈重信、昭和は田中義一)が高御座に昇った天皇に向かって万歳を三唱すると、その瞬間に植民地を含む全国で、すべての国民が京都に向かって万歳を三唱しました。大正の式典に参列した森鷗外(一八六二〜一九二二)は、「[大隈]伯階を下りて萬歳旗の下に至り、萬歳を三呼す。参列者皆これに応ず。時正に午後三時三十分なるを以て、全市の寺院は鐘を打ち、諸工場は汽笛を鳴らす」と述べています(「盛儀私記」、『鷗外全集』第二十六巻、岩波書店、一九七三年所収)。

このとき初めて、紫宸殿という具体的な空間の限界を超え、天皇と臣民が一体となる「想像の政治共同体」（ベネディクト・アンダーソン『増補　想像の共同体』、白石さや・白石隆訳、NTT出版、一九九七年）が生まれたといえるでしょう。同じ時間に全国民から万歳を受ける天皇は、「時間支配」の主体になっていると見ることもできます[8]。

大嘗祭のあり方も、大正以降、大きく変わりました。旧皇室典範と登極令により、即位の礼と連続して京都で行われるようになり、長い時間をかけて大規模な大嘗宮が築かれ、「大嘗宮の儀」では多くの来賓が参列するようになりました。それが終わると、二条離宮（現・二条城）に参列者が招かれ、天皇と酒食をともにする「大饗の儀」が開かれました。

森鷗外と同様、大正の式典に参列した柳田國男（一八七五〜一九六二）は、ひそかに書かれた「大嘗祭ニ関スル所感」（『柳田國男全集』13、ちくま文庫、一九九〇年所収）のなかで、大嘗祭のあり方を、「此ノ祭ニ参列スル人員余リニ多クシテ之ガ為メ古例ヲ超過シタル大建築物」を必要としたとして、厳しく批判しています。

柳田によれば、大嘗祭というのはもともと一日か二日ないしは一昼夜の間に大嘗宮を急造して行うものでした。そこには大極殿や紫宸殿とは異なり、自然と密着したヤマト的なものの残影があったといえるかもしれません。ところが「大建築物」を築いたことで即位の礼との違いがなくなり、本来秘儀であるはずの祭祀が見せ物に近くなってしまったのです。古代からの思想的意味は完全に失われてしまいました。

実は一八九五（明治二八）年に京都で開かれた第四回内国勧業博覧会のシンボル・パビリオンとして、桓武天皇を祭神とする平安神宮が創建された際、大極殿が外拝殿として約八分の五の大きさに復元されました[9]。一九二一（大正一〇）年三月から九月にかけて、皇太子裕仁が訪欧し、九月三日に帰国しましたが、九月一三日にはこの大極殿で「京都市奉祝会」が開かれ、南庭に三万六〇〇〇人の市民が集まりました。高御座こそありませんでしたが、皇太子は大極殿に昇り、「おことば」に当たる令旨を読み上げました。

> 殿下は入江〔為守〕侍従長の捧ぐる畏き令旨を御声朗かに読ませられると雨中に殿下の玉音のみ高く響き渡り千年の歴史に輝く大極殿上唯一人燦として我が日の御子は玉の如くに輝かせ給ひ列居る奉祝者は只管恐懼の外はなく秘かに涙に咽ぶ者も限りなかつた。（『大阪朝日新聞』一九二一年九月一四日夕刊）

平安時代以来、大極殿が久しぶりに政治空間としてよみがえったのがわかるでしょう。同年一一月二五日に大正天皇が体調悪化のために旧皇室典範と摂政令にもとづいて引退させられ、皇太子裕仁が摂政、すなわち事実上の天皇になることを踏まえれば、大極殿で前倒しして即位式を行ったように見えなくもありません。「千年の歴史に輝く大極殿」という言い回しからは、明治になって規模を小さくして復元されたはずの大極殿が、あたかも平安時代からずっとそこにあったかのような伝統的建築物と見なされていたことがわかります。

前述のように、裕仁は天皇になると、京都で即位の礼を行い、京都御所の紫宸殿で御帳台に昇った香淳皇后（一九〇三～二〇〇〇）と同時に高御座に昇り、即位を内外に宣言しました。しかし紫宸殿が用いられたのは、このときが最後になりました。平成以降の即位の礼は、東京の皇居宮殿の正殿松の間で行われたからです。

これに伴い、高御座に昇った天皇が南面することはなくなりました。天孫降臨の物語を再現する高御座という空間だけが、古代から受け継がれたわけです。

注

（１）奈良時代には、宇佐神宮の神託により道鏡（七〇〇?～七七二）が皇位につく可能性がありましたが、和気清麻呂（七三三～七九九）が勅使として参向し、この神託が虚偽であることを上申したため、その可能性はなくなりました。

（２）この点に関しては、原武史『〈女帝〉の日本史』（ＮＨＫ出版新書、二〇一七年）を参照。

（３）第二次大極殿の南側にある東区朝堂院（第二次朝堂院）では、宝亀二（七七一）年に行われた光仁天皇の大嘗祭で建てられた大嘗宮の遺構が地表に表示されています。

（４）第三五代皇極天皇（五九四～六六一）から第一一九代光格天皇（一七七一～一八四〇）まで、合わせて五八人の天皇が退位しています。

（５）『続日本紀（しょくにほんぎ）』延暦四（七八五）年一一月一〇日条に、桓武天皇が交野（かたの）柏原で行ったという記述があります。この「交野柏原」は現在の大阪府枚方（ひらかた）市とされていますが、正確な場所はわかっていません。

（６）京都市平安京創生館には、一〇〇〇分の一の縮尺で作成された「平安京復元模型」が展示されています。

（７）仙洞御所というのは、上皇など退位した天皇の御所を意味します。京都の仙洞御所の建築群は嘉永七（一八五四）年の火災後は再建されず、現在は庭園だけが残っています。

（８）この「時間支配」に関しては、原武史「戦中期の〈時間支配〉」（『増補版　可視化された帝国　近代日本の行幸啓』、みすず書房、二〇一一年所収）を参照。

（９）平安神宮は当初、かつての平安宮があった千本丸太町に計画されましたが、用地買収に失敗し、当時は郊外であった岡崎に建てられました。

1．大極殿はどういう点で中国から影響を受けたのかについて考えてみよう。
2．高御座や大嘗宮はどういう点で日本固有の空間といえるのかについて考えてみよう。
3．大極殿と紫宸殿の共通点と相違点につきまとめてみよう。

参考文献

原武史・吉田裕編『岩波　天皇・皇室辞典』（岩波書店、二〇〇五年）
松本郁代『天皇の即位儀礼と神仏』（吉川弘文館、二〇一七年）
藤森健太郎『古代天皇の即位儀礼』（吉川弘文館、二〇〇〇年）
工藤隆『大嘗祭―天皇制と日本文化の源流』（中公新書、二〇一七年）
藤岡通夫『京都御所〔新訂〕』（中央公論美術出版、一九八七年）
森田登代子『遊楽としての近世天皇即位式　庶民が見物した皇室儀式の世界』（ミネルヴァ書房、二〇一五年）
井上章一「関西の館①　紫宸殿・清涼殿」（御厨貴編『権力の館を考える』、放送大学教育振興会、二〇一六年所収）
柳田國男「大嘗祭ニ関スル所感」（『柳田國男全集』13、ちくま文庫、一九九〇年所収）

3 江戸城／宮城／皇居

《目標&ポイント》 徳川将軍家の政治・生活空間である江戸城は、いかにして天皇や皇后の政治・生活空間である宮城へと引き継がれたのか。その断絶面と連続面を探るとともに、宮城が戦後に皇居として存続する過程にも注意を払います。

《キーワード》 本丸御殿、表、奥、大奥、西ノ丸御殿、明治宮殿、南面、宮中三殿、新宮殿

1．旧江戸城を歩く

東京都千代田区の皇居の東側に、皇居東御苑と呼ばれる約二一万平方メートルの庭園があります。宮内庁が管轄し、一九六八（昭和四三）年から一般公開されています。

皇居東御苑は、江戸城の内濠である桔梗濠、蛤濠、蓮池濠、乾濠、平川濠、大手濠に囲まれています。これらの濠にかかる大手門橋、平川橋、北桔橋（きたはねばし）のいずれかを渡り、大手門、平川門、北桔橋門の各門から入園することができます。

江戸城は、天正一八（一五九〇）年に徳川家康（一五四二〜一六一六）が入城して改築し、三代将軍の徳川家光（一六〇四〜五一）の時代まで拡大を重ねました。皇居東御苑は本城と呼ばれた江戸城の中心に位置していて、本丸や二ノ丸がありましたが、本丸の天守は明暦（めいれき）三（一六五七）年に、本丸御殿は

文久元（一八六一）年に、二ノ丸御殿は慶応三（一八六七）年に焼失して以来、再建されていません。つまり家康が築城させ、一五代将軍の徳川慶喜（一八三七〜一九一三）が大政奉還したことでも知られる京都の二条城などとは異なり、入園しても江戸城がどういう空間だったかを立体的に実感することはできないわけです。

とはいえ、いくつかの建物が現存ないし復元されています。例えば三ノ丸に位置する大手門。ここは江戸城の正門で、高麗門（現存）と渡櫓門（わたりやぐらもん）（復元）からなり、かつてはこの門から諸大名が将軍に謁見するため登城しました。

大手門をくぐると、右手に宮内庁が所管する博物館「三の丸尚蔵館」があり、その先には三段積みの石垣にはさまれた大手三の門の跡が見えてきます。門そのものは現存していませんが、この門は下乗門とも呼ばれ、御三家（水戸、尾張、紀州藩主）以外の大名はここで乗り物を降りなければなりませんでした。

大手三の門を通ると、三ノ丸から二ノ丸に入ります。入ってすぐ右側には、幕府の下級武士たちの詰所で、門を警備する同心番所（現存）があります（かつては門の外側にありました）。同心番所の先で道は大きく左に曲がり、四段積みの石垣が視界をさえぎりますが、石垣にはさまれた道を進むと左側に百人番所（同）が見えてきます。ここは江戸城最大の検問所で、百人あまりの役人が交代で警護に当たっていました。

二ノ丸から本丸に向かう道は四つありましたが、諸大名の登城道となったのが、百人番所の先を右に曲がるルートです。このルートにはまず、五段積みの石垣にはさまれた中之門がありました。本丸の正面玄関に当たりましたが、現在は門の跡だけが残っています。ここを抜けると、登城に際しての最後のチェックポイントに当たり、ほかの番所より身分の高い与力や同心が警備していた大番所（復元）が見えてきます。

大番所を過ぎると、なだらかな曲線を描く、道幅の広い坂を上ることになります。この坂の途中で、中雀門（御書院門）の跡が見えてきます。本丸へと至る最後の城門です。ここを向けてなお坂を上ると、ようやく視界が開け、本丸跡に到達します（図3－1）。

政治学者の渡辺浩はこう述べています。

> 大名などの行列は、まず大手門、内桜田門等の門前の橋の手前、下馬所にさしかかる。多くの供はその場に残され、乗物は少数の家来のみを従えて（中略）、大手三の御門の前、下乗橋に至る。ほとんどの大名はここで乗物を降りる。あとは徒歩である。供の数も一段と減る（中略）。この小行列はその後、繰り返し曲がりながら、中の御門、中雀門を通過し、坂と石段を登っていく。曲折する登りと多数の城門は本来軍事目的であろう。しかしその空間の仕組みは、日光東照宮等の参道とも類似する。曲折を繰り返しつつ奥へと進入し、上昇していくほど、人数は限られ、空間は一段と尊厳と権威の度を強めるのである。（「『御威光』と象徴―徳川政治体制の一断面―」、『東アジアの王権と思想』、東京大学出版会、一九九七年所収）

図3－1　江戸城本丸跡。著者撮影

これを前章で見た平城宮第一次大極殿と比較してみると、その違いは明らかでしょう。いくつもの門を抜ける点では共通しても、中国の太極殿をモデルとし、直線状で左右対称に設計された朱雀門から大極殿へと至る道とは異なり、江戸城の大手門から本丸へと至る道は曲がりくねっていて先が見えず、奥へ行くほど上ってゆきます。「空間は一段と尊厳と権威の度を強める」のは、決して平城宮第一次大極殿のように、儒教のような言説化したイデオロギーが最高権力者の支配を正当化しているからではなかったのです。

2．本丸御殿の構造

東京都墨田区にある江戸東京博物館の「江戸ゾーン」には、幕末の江戸城の本丸・二ノ丸御殿を二〇〇分の一に復元した模型が展示されています（『江戸東京博物館常設展示図録［模型編］―模型で見る東京』、東京都江戸東京博物館、二〇一七年）。

本丸御殿は、幕府の政庁で、御玄関、松之廊下（大廊下）、大広間、白書院、黒書院などがある「表」、将軍の日常生活や執務が行われ、御座之間や御休息之間などがある「奥（中奥）」、将軍の正室に当たる御台所（みだいどころ）などが生活し、御台所居室や長局がある「大奥」に分かれ、大奥に隣接して天守台がありました[1]。白鳥濠によって本丸御殿と隔てられた二ノ丸御殿は、おおむね前将軍の御台所や生母などの居所として機能し、本丸御殿と同様、「表」「奥」「大奥」からなり、表・奥と大奥とは廊下で結ばれていました。

本丸御殿の表と奥、そして大奥の広敷向（ひろしきむき）は、将軍と男性役人が活動する「男の空間」、大奥の長局向（ながつぼねむき）と御殿向（ごてんむき）は御台所と奥女中が活動する「女の空間」であり、奥と大奥の間は初期には石垣で、中期以降は土手と銅塀で厳重に仕切られ、将軍だけが廊下（御鈴廊下）を通って双方を行き来できました。このことは1章で触れた古代ギリシアのポリスと同様、女性が政治から遠ざけられていたことを意味するように見えます。しかし実際には、奥と大奥が空間的に隣接していることが、女性が隠然と権力を振るう

図3－2 江戸城本丸(手前)・二ノ丸(奥)御殿復元模型〔『江戸東京博物館常設展示図録』模型編〕

温床となりました[2]。
本丸御殿の図面を見た渡辺浩は、こう分析しています。

上から眺めた図面は、一見複雑怪奇な迷宮である。無数の四角い部屋と廊下がゴタゴタと隣接し、迷路のように連結し、その原理は左右対称でもなく、並行でもなく、雁行ともみえない（中略）。いくつかの中庭はあるが、全体の構成が見通しの中で顕現する前庭や広場もない。ヴェルサイユ宮殿は勿論、隣国清朝の北京紫禁城と比べても、その対照は著しい。（前掲「『御威光』と象徴」）

復元模型で見ると、ここで記されたような本丸御殿の異様な構造がいっそうよくわかります（図3－2参照）。本丸御殿には大極殿や紫宸殿などに見られたような、空間を規定するいかなる法則性も見いだすことはできません。即位の際に天皇が昇った高御座に相当するような玉座もなければ、儒教のイデオロギーにもとづいて将軍が南面するように設計されているわけでもありません。つまり、思想が政治空間をかたちづくっているわけではないのです。

この点から見ると、織田信長（一五三四～八二）が築いた安土城のほうが、まだしも大極殿との類似性がありました。歴史学者の藤田達生は、安土城の大手門から北に延びる大手道は南北軸になっており、その延長線上に天守が位置すること、本丸が宮城だとすれば、その中枢に位置する天守は大極殿に当たることを指摘しています（『藩とは何か「江戸の泰平」はいかに誕生したか』、中公新書、二〇一九年）。

江戸城本丸御殿で将軍が儀式を行ったり、大名や旗本に謁見したりする場所は、「表」の黒書院、白書院、大広間でした（図３‐３参照）。「奥」から黒書院が最も近く、大広間が最も遠い配置になっています。元禄四（一六九一）年に長崎から江戸に参府するオランダ商館長の使節に同行し、大広間で五代将軍の徳川綱吉（一六四六～一七〇九）に謁見したドイツ人医師のエンゲルベルト・ケンペル（一六五一～一七一六）は、こう述べています。

最初の部屋はかなり広く、幕府の高官の座所で、比較的小さい大名や公使や使節に謁見する場所である。しかし、最後のもう一つの部屋は、大広間よりは狭く、奥深く一段高くなっている。そこはちょうど部屋のすみで、数枚の畳が敷いてある高くなった所に将軍が、体の下に両足を組んで坐っていたが、その姿がよく見られないのは、十分な光がそこまで届かなかったし、また謁見があまりに速く行なわれ、われわれは頭を下げたまま伺候し、自分の顔をあげて将軍を見ることが許されぬまま、再び引下がらなければならないからである。（『江戸参府旅行日記』、斎藤信訳、平凡社東洋文庫、一九七七年）

ケンペルと同様のことを、別の外国使節も述べています。八代将軍徳川吉宗（一六八四～一七五一）の将軍襲職を賀して享保四（一七一九）年に来日した朝鮮通信使に随行し、大広間で謁見した申維翰（シンユハン）（一六八一～？）もまた、「余と相去ること三、四間をへだてるにすぎないが、その坐所が奥深く、左右には珠簾（しゅれん）や彩帷を設けているうえに、殿内の見通しがよくないため、そのひととなりを詳見することはできなかった」（『海游録』、姜在彦（カンジェオン）訳注、平凡社東洋文庫、一九七四年）と述べているからです。

ケンペルも申維翰も、将軍と会話を交わすことはもちろん、将軍の姿をよく見ることすらできなかったと言っています。空間は複雑にこみ入っていて、将軍を直接見ることができないよう、設計されているのです。申は「はなはだ奇怪なことである」（同）と述べています。歴史学者の杉本文子は、次のように分析しています。

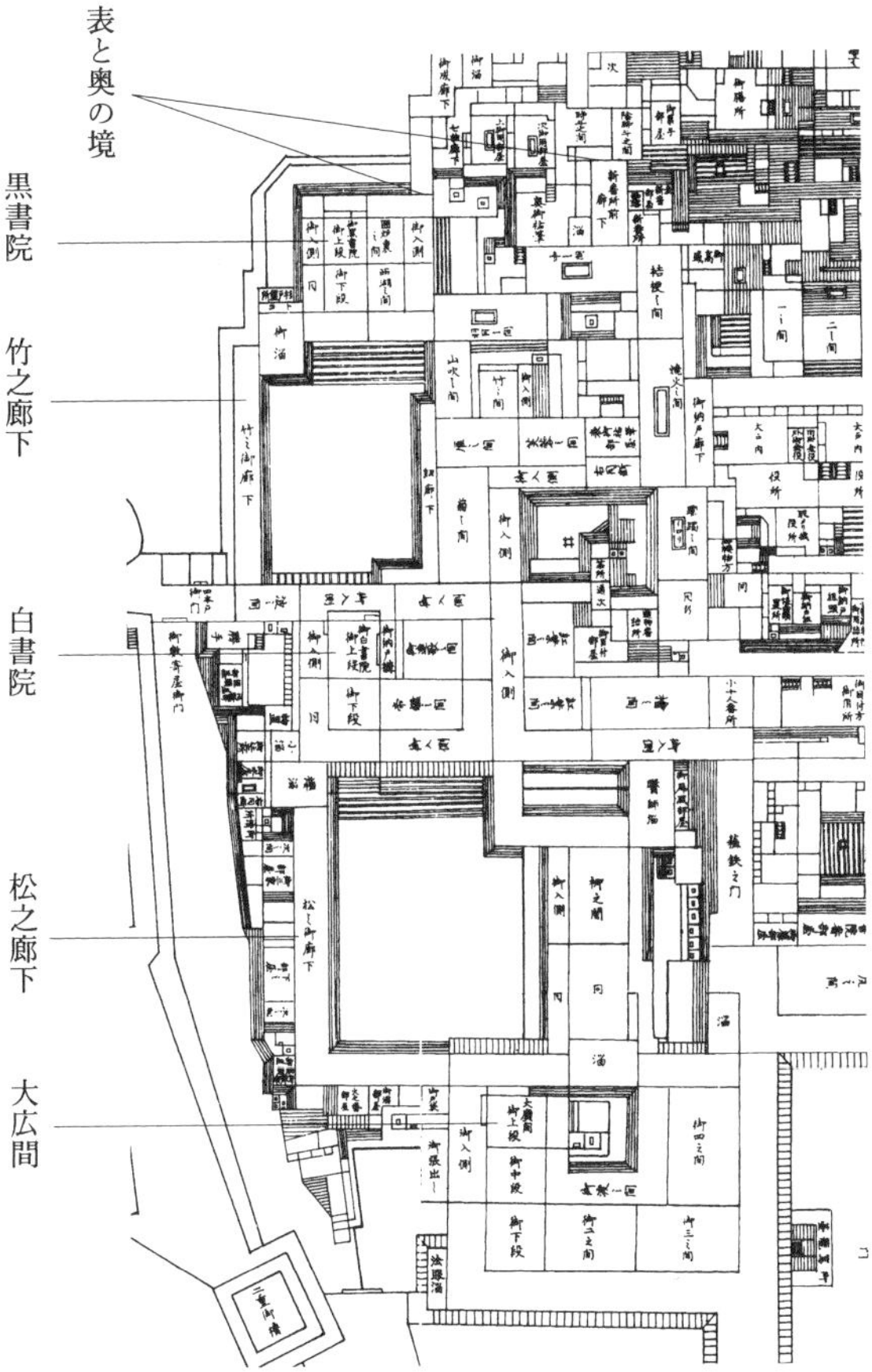

註　「御本丸表中奥絵図」（『徳川礼典録附図』所収）により作成

図3-3　江戸城本丸御殿の黒書院・白書院・大広間付近図

〔深井雅海『江戸城』中公新書，2008年〕

　表向きの儀礼ホールの代表ともいえる大広間は、将軍の座する上段から中段・下段・二の間・三の間・四の間・入側（いりかわ）と序列づけられ、床の高さ・天井の高さ・内部仕様まで差異が設けられた、儀礼空間の代表であった。部屋のどの場所で謁見できるかは、官位によって定められていた。具体的な儀礼の場においては将軍との距離が重要であった。たとえば、国持大名毛利家当主（当時侍従）の年始の大広間での将軍との謁見は、下段の下から一畳目という、将軍とは約一六メートルも離れた位置での「謁見」であり、白書院で謁見する御三家の場合と比べ約二倍の距離があったと考えられる。（『近世政治空間論――裁き・公・「日本」』、東京大学出版会、二〇一八年）

毛利家当主が座っている指定の位置からは、おそらく将軍は全く見えなかったでしょう。これを同時代の中国（清）皇帝と比較してみると、両者の違いは明らかになります。正祖四（一七八〇）年に乾隆帝（一七一一～八九）の古希の祝賀式に参列するため朝鮮から派遣された使節に同行した朴趾源（パクテウォン）（一七三七～一八〇五）は、皇帝が避暑のため滞在していた熱河離宮で対面した乾隆帝につき、こう述べているからです。

皇帝は、国王〔朝鮮国王〕の無事を下問した。使臣は、謹んで無事を答えた。皇帝は、さらに、満洲語のできる者がいるかと下問した。上通事の尹甲宗（ユンカプチオン）が、満州語でもって、いささかできることを答えた。皇帝は、左右をふりかえって見、うれしそうに笑った。皇帝は、顔が角ばっていて色が白く、すこし黄ばんだところがあり、頬ひげも顎（あご）ひげも、半白であった。六十歳ぐらいの風貌で、なごやかな和気靄靄（あいあい）とした風格であった。（『熱河日記2　朝鮮知識人の中国紀行』、今村与志雄訳、平凡社東洋文庫、一九七八年）

もちろん離宮でも、皇帝は南面しています。そして使節の前で完全に姿をさらし、満州語で会話も交わしていたのがわかります。同じ朝鮮からの使節でも、申維翰が徳川吉宗と会話するどころか、その姿すらよく見えなかったのとは対照的です。

儒教が支配イデオロギーとして定着せず、将軍が臣下の前で身体を見せることがなかった江戸時代の日本では、個々の将軍の資質が臣下によって問われることはありませんでした。このことが同時代の中国や朝鮮とは異なり、たとえ百姓一揆が多発しても体制を揺るがすほどの反乱は寛永一四（一六三七）年の島原の乱以降なく、幕末に至るまで二百年以上にわたってシステムが安定する要因となったことは間違いありません。

3. 江戸城から宮城へ

徳川家康から徳川家光までの三代の将軍は上洛し、京都の二条城で天皇から征夷大将軍に任ぜられる将軍宣下を受けましたが、四代将軍の徳川家綱（一六四一～八〇）からは、逆に勅使が江戸に下向して将軍宣下を行うようになります。上段、中段、下段の段差に分かれた本丸御殿の大広間では、将軍が上段、勅使が下段に座り、勅使が上段に進んで宣旨を述べました。

こうすることで、将軍（幕府）と天皇（朝廷）の権力関係が可視化されました。天皇に近い一条家の家臣だった下橋敬長（一八四五～一九二四）は、「勅使にお目にかかるというような時にもひどいものです。徳川様が上段の上におって、勅使が下段に平伏するというような有様です」と述べています（『幕末の宮廷』、平凡社東洋文庫、一九七九年）。

ところが、攘夷の断行を幕府に迫るべく、文久二（一八六二）年一一月に勅使として江戸城に登城した三条実美（一八三七～九一）と姉小路公知（一八四〇～六三）は、一四代将軍の徳川家茂（一八四六〜六六）に出迎えられました。このときの本丸御殿での光景を、歴史学者の久住真也はこう記しています。

大広間下段から入った家茂は、中段と上段の境で止まり、三条らが勅書を捧げ上段に登り、家茂から見て左に三条、並んで右に姉小路が座した。幕政史上、上段のまん中に将軍以外の者が座を占めたのは初めてであった。（『幕末の将軍』、講談社選書メチエ、二〇〇九年）

これはまさに、西洋列強による外圧を背景として、京都にいた孝明天皇（一八三一〜六七）の権威が浮上し、従来の権力関係が逆転したことを可視化する儀式となりました。家茂は文久三年三月、将軍として二二九年ぶりに上洛し、攘夷祈願のために賀茂社（現・下鴨神社および上賀茂神社）に参拝する孝明天皇の行列につき従うなど、三度も上洛しています。江戸城の中心性は、明らかに揺らぎつつあったのです。

加えて幕末になると、江戸城を次々と火事が襲いました。蓮池濠を隔てて本城に隣接する西城には、西ノ丸、紅葉山、山里の各地区がありましたが、文久三年六月には、将軍世子（跡継ぎ）や大御所（前将軍）が住んでいた西ノ丸御殿が焼失します。同年一一月には、本城の本丸御殿と二ノ丸御殿もまた焼失しました。

本丸御殿が焼失すると、江戸城北ノ丸の田安邸が仮御殿になりました。徳川家茂が文久四（一八六四）年一月に上洛したときも、田安邸を出て田安邸に戻っています。本丸御殿は再建されず、元治元（一八六四）年に西ノ丸仮御殿が新造されると、ここが本丸御殿の役割を果たしました。二ノ丸御殿は慶応元（一八六五）年に新造されるものの、慶応三年に再び焼失し、新造されませんでした。幕末維新期を描いた島崎藤村（一八七二～一九四三）の長編小説『夜明け前』第一部下（新潮文庫、二〇一二年）の言葉を借りれば、「朝日夕日に輝いて八百八町を支配するように聳え立っていたあの建築物も、周囲に松の緑の配置してあった高い白壁も、特色のあった窓々も、幕府大城の壮観はとうとうその美を失ってしまった」のです。

維新後の明治天皇（一八五二～一九一二）は、京都から江戸に「東幸」を行い、当主のいなくなった西ノ丸仮御殿に入りました。これに伴い、江戸城は明治中期までに東京城、皇城、宮城と名を変えましたが、以下では宮城に名称を統一することにします。

西ノ丸仮御殿もまた本丸御殿同様、「表」「奥」「大奥」に分かれていました。新政府は明治二（一八六九）年、西ノ丸仮御殿に隣接する山里に賢所を建て、三種の神器の一つである神鏡（八咫鏡の分身）を京都御所の内侍所から移します。続いて明治四（一八七一）年には、西ノ丸仮御殿の北側に当たり、江戸時代には東照宮（紅葉山東照宮）があった紅葉山地区に女官部屋を新たに建て、それまで女官部屋として使っていた大奥を、天皇、皇后の生活空間である天皇常御殿と皇后常御殿に改造しました（小沢朝江「江戸城はいかにして天皇の住まいになったのか」、『東京人』二〇一四年一二月号所収）。

江戸時代の天皇は京都御所の御常御殿に住んでいましたが、天皇の周辺は女官と昇殿を許された公卿で固められ、特に女官長に当たる長橋局は天皇の生母をしのぐ権勢を誇っていました。明治新政府はこの慣習を改めるため、女官部屋を天皇と皇后の生活空間から遠くに引き離すとともに、二百人もの女官が住み込むこの空間を皇后美子（昭憲皇太后。一八四九～一九一四）に統轄させました。

このことはまた、奥と大奥が隣接することで大奥が権力の温床になっていた江戸城とは異なる空間に、宮城が変化したことを意味しています。明治新政府は、江戸城に代わる政治空間を新たにつくり出すことはしませんでしたが、女性の空間を隔離することで女性が権力をもたないよう、周到に注意を払ったわけです。

西ノ丸仮御殿を再利用しただけの宮城は、江戸城の構造を引き継いでいました。このため新年拝賀や外国公使の謁見は、本丸御殿よりも小さい「表」の大広間で行われました。政治学者の佐藤信が指摘するように、外国公使との接見の方式がわからなかった明治新政府は、将軍家の方式を継承しようとしました（『近代日本の統治と空間』、東京大学出版会、二〇二〇年）。つまり2章で触れた大極殿や紫宸殿とは異なり、天皇が南面することはなかったのです。

一八七三（明治六）年五月五日、女官の火の不始末により、西ノ丸仮御殿が全焼しました。天皇と皇后は、一五年間にわたって旧紀州藩邸を増改築した赤坂離宮での仮住まいを余儀なくされています。この間も天皇は臣下や外国からの使節に謁見しましたが、江戸時代の将軍とは異なり、完全に姿をさらしています。

ただ天皇は、公的な場ではほとんど肉声を発しませんでした。一八七九年に天皇と会見した前大統領のユリシーズ・S・グラント（一八二二～八五）に同行した作家のジョン・ラッセル・ヤング（一八四〇～九九）は、「皇帝（天皇）は、不動の姿勢で立ったまま微動だにしなかった。（中略）顔の表情からは感情が一切消され、将軍〔グラント〕に注がれている黒く輝く瞳がなければ、彫刻の立像と見間違えるほどである」と述べています（ドナルド・キーン『明治天皇』上巻、角地幸男訳、新潮社、二〇〇一年）。

天皇と皇后は、一八八八年一〇月に西ノ丸に明治宮殿が竣工したのに伴い、八九年一月に赤坂離宮から明治宮殿に移りました。明治宮殿は和洋折衷の建築物であり、江戸城の本丸御殿のような床の高さに差をつけて上段、中段、下段に分ける対面空間を設けませんでしたが（小沢朝江『明治の皇室建築　国家が求めた〈和風〉像』、吉川弘文館、二〇〇八年）、本丸御殿の「表」と同様、公的な機能をもち、天皇が臣下に拝謁する「表宮殿」と、本丸御殿の「奥」に相当し、天皇と皇后の生活空間である「奥宮殿」に分かれていました（図3-4参照）。

表宮殿には儀式のための正殿（謁見所）や饗宴のための豊明殿、天皇が拝謁する御学問所（表御座所）や内謁見所（鳳凰の間）があり、奥宮殿には奥御座所（天皇常御殿）や皇后宮御座所（皇后宮常御殿）がありました。また女官部屋（「局」）は、焼失前と同じく紅葉山に建てられましたが、奥宮殿との間には「百間廊下」と呼ばれる長い廊下が新たにつくられ、さらに遠くへと引き離されました。

一八八九年二月一一日、大日本帝国憲法が発布されました。正殿では式典が行われ、明治天皇と皇后美子が出席しました。

> 十時四十分天皇、親王・宮内大臣以下を随へて出御、高御座に立御あらせらる。侍従、剣璽及び御璽を奉じ、〔三条〕実美憲法を納めたる筥を奉じて扈従す。皇后入りて高御座の右側に座を設けて参観したまふ。実美前みて憲法を上る。天皇之れを受けたまひ、勅語を賜ふ。（『明治天皇紀』第七、吉川弘文館、一九七二年。一部改変）

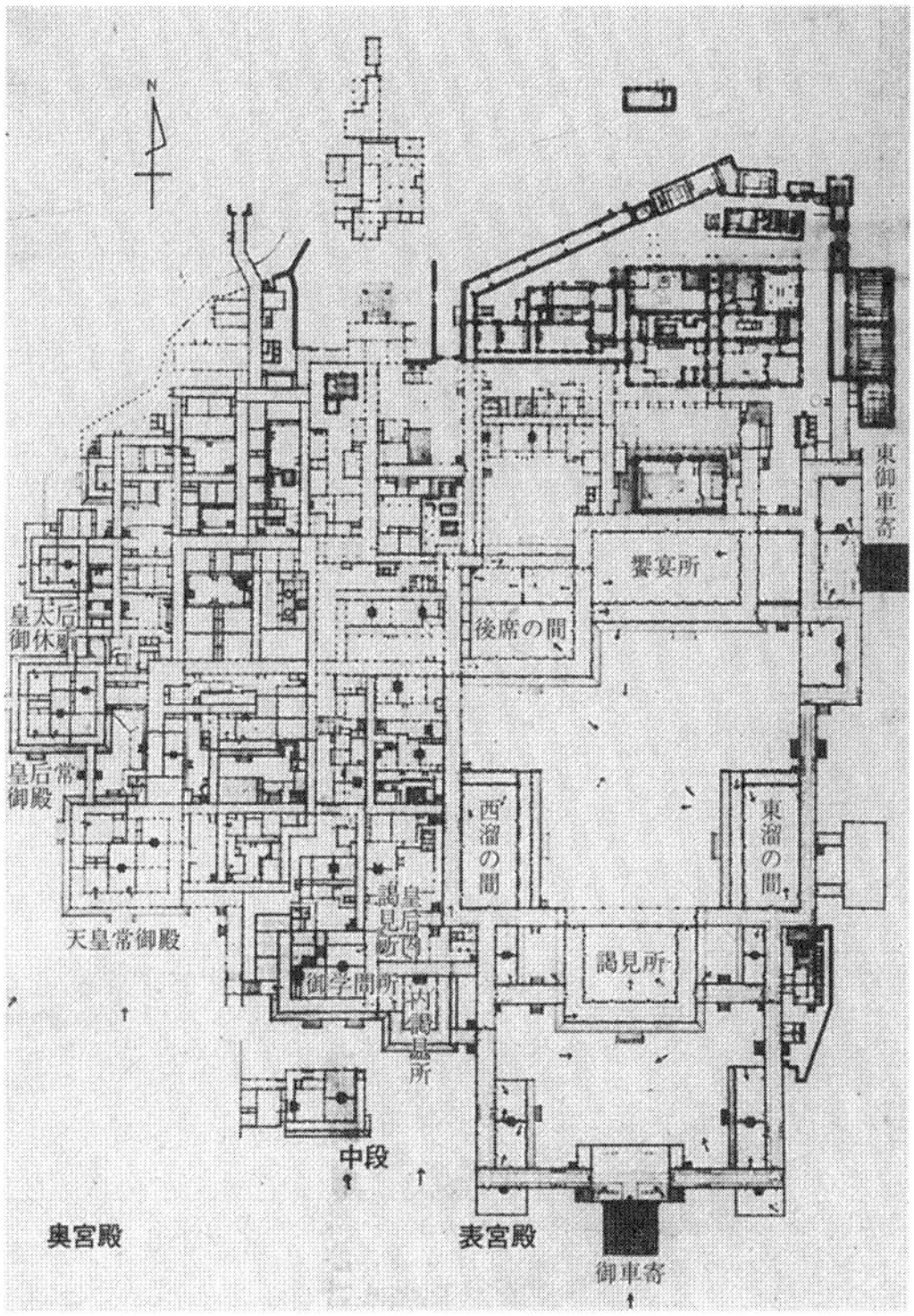

図3-4　明治宮殿平面図（小沢朝江『明治の皇室建築』吉川弘文館）

天皇が高御座に昇り、臣下の三条実美から憲法を渡されて勅語（天皇のおことば）を読み上げていたのがわかります。これだけを見ると、東京にかつての奈良や京都と同じような空間が再現されているように見えなくもありません。

確かに表宮殿は南向きにつくられ、正殿に置かれた高御座も南面しているように見えます。しかし正殿は京都の紫宸殿とは異なり、完全に南面するよう設計されてはいませんでした。式典に出席したお雇い医師のエルウィン・ベルツ（一八四九～一九一三）は、「儀式は終始いかめしく、きらびやかだった。ただ玉座の間が、自体は豪華なのだが、なにぶん地色が赤で暗すぎた」と述べています（トク・ベルツ編『ベルツの日記』上、菅沼竜太郎訳、岩波文庫、一九七九年）。皇后が昇る御帳台はまだ造られていません。2章で触れたように、高御座と御帳台がセットで造られたのは、大正になってからでした。

明治宮殿の完成と同時に、天皇が祭祀を行う宮中三殿もまた西ノ丸の西側に当たる吹上地区に完成し、天皇、皇后が宮殿に移るとともに神鏡なども宮中三殿に遷座しました。宮中三殿は賢所のほか、歴代の天皇や皇族をまつる皇霊殿、天神地祇をまつる神殿からなりましたが、明治宮殿の正殿とは異なり、完全に南面し、中央の賢所にはアマテラスの御霊代とされる八咫鏡の分身が奉納されました。天皇が賢所で祭祀を行う場合には、大極殿や紫宸殿における臣下と同様、北面したのです。このことは天皇ではなく、皇祖神アマテラスこそが玉座に当たる場所にいることを意味しています。

4．昭和初期の宮城——2・26事件と戦争

宮城は江戸城同様、最高権力者が「奥」に控える禁忌の空間として保ち続けました。江戸時代の地図では「御城」が空白のままにされましたが、その習慣は明治以降に「御城」が「皇城」や「宮城」になってからも引き継がれました。

江戸城の西ノ丸大手門に当たる宮城の正門（二重橋に通じる門）は、天皇の即位や行幸、国賓来訪など特別な場合を除いて閉じられました。臣下が天皇に拝謁するために通る表門は宮城前広場に面した坂下門とされましたが、宮城に通じる坂下門や半蔵門、乾門などには近衛師団の兵士が交代で警備に当たっていました。濠という天然の要塞をかいくぐり、城内に侵入して天皇の地位を脅かすような動きはほぼありませんでした。

数少ない例外として挙げられるのが、一九三六（昭和一一）年二月二六日に起こった2・26事件でした。陸軍皇道派の青年将校らが一四〇〇名の下士官・兵を連れて決起し、首相や重臣らを襲撃したこの事件では、宮城を占拠して臣下が出入りする坂下門を封鎖し、昭和天皇を事実上軟禁する計画があったとされています。作家の松本清張（一九〇九〜九二）は、『昭和史発掘　新装版7』（文春文庫、

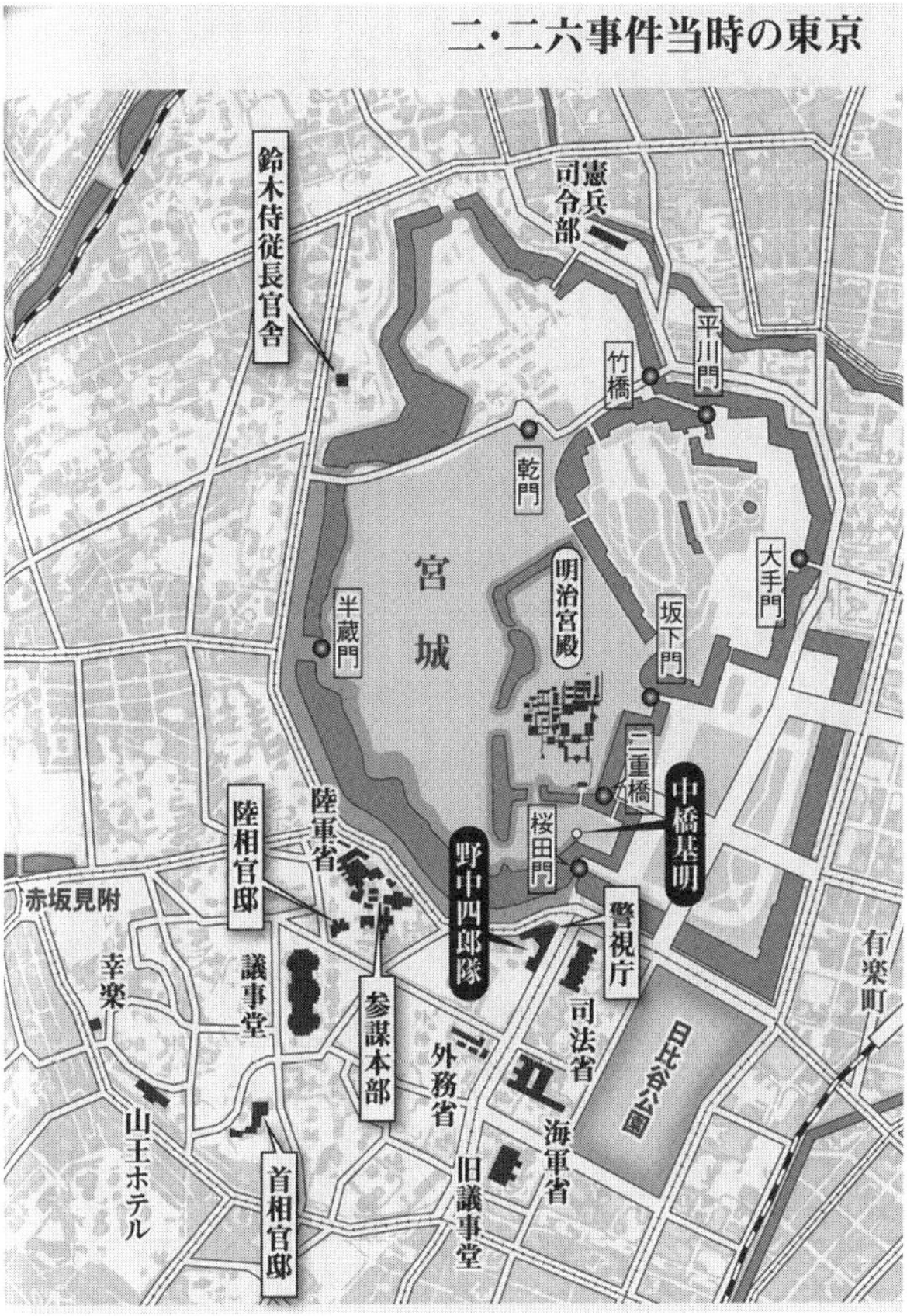

図3－5　二・二六事件当時の東京〔『「松本清張」で読む昭和史』NHK出版新書〕

二〇〇五年）のなかで、この計画を詳細に明らかにしています[3]。

計画の中心人物となったのは、大蔵大臣の高橋是清（一八五四〜一九三六）を暗殺した近衛歩兵第三連隊第七中隊長代理の中橋基明（一九〇七〜三六）でした。中橋は高橋を暗殺してから半蔵門の守衛隊司令部に入り、坂下門の警備を願い出ています。計画では、中橋らが坂下門を警備することで天皇と外界の交通を遮断するとともに、警視庁を占拠していた歩兵第三連隊第七中隊長の野中四郎（一九〇三〜三六）が率いる部隊を移動させて坂下門から宮中に招き入れ、天皇を手中に収めて国家改造を断行することになっていました。

ところがこの計画は、中橋が宮城内の桜田濠に面した号砲台跡[4]から警視庁の野中部隊に向かって移動を促す手旗信号を送ろうとしたところで、中橋の行動に不審の念を抱いた守衛隊の副司令官に抱きとめられて気力を失ったため、失敗に終わりました（図3-5参照）。

清張はその理由を次のように推測しています。

> 野中部隊を導入すると、守衛隊との間の戦闘は必然的となる（守衛隊は禁闕を守護しているという絶対的使命感から抵抗する）が、その場合、皇居の庭で激戦が交えられることになる。天皇の日常空間が垣間見られるという聖なる場所である。中橋の心に軍人的な「恐懼」が湧き、それが恐怖心に移行したとしても不自然ではなかろう。（同）

守衛隊は当番だった近衛歩兵第三連隊第九中隊を意味します。中橋は第七中隊ですから、所属が違います。もし野中四郎の部隊が坂下門から宮中に入ろうとしたら、何も知らない第九中隊との間に戦闘が起こることを中橋は予測し、軍人的な「恐懼」が湧いたと言うのです。ここには禁忌の空間に対するおそれ多さの感情がかいま見えます。

一九三七（昭和一二）年七月に日中戦争が勃発すると、戦地から帰還した軍人が戦況報告のため参内して昭和天皇に拝謁することが日常化します。彼らはまず午前一〇時に明治宮殿表宮殿の御学問所で天皇に拝謁してから、場合によっては奥宮殿で香淳皇后にも拝謁しました。そして正午に豊明殿で午餐会があり、午後に豊明殿に隣接する千種の間で天皇に再び拝謁し、コーヒーを飲みながら戦況を報告したのです。午前の拝謁はあくまでも儀礼的なものであり、午後になって本格的なやりとりが交わされていたようです。

ところが後日、彼らは皇太后の住まいである大宮御所にも訪れ、皇太后節子（貞明皇后）と面会して戦況を報告していました。空襲が本格化する四四年一二月以降、明治宮殿における天皇との午後の面会がなくなる代わりに、天皇に拝謁した同じ日の午後、彼らは皇太后に面会して戦況を報告するようになります。

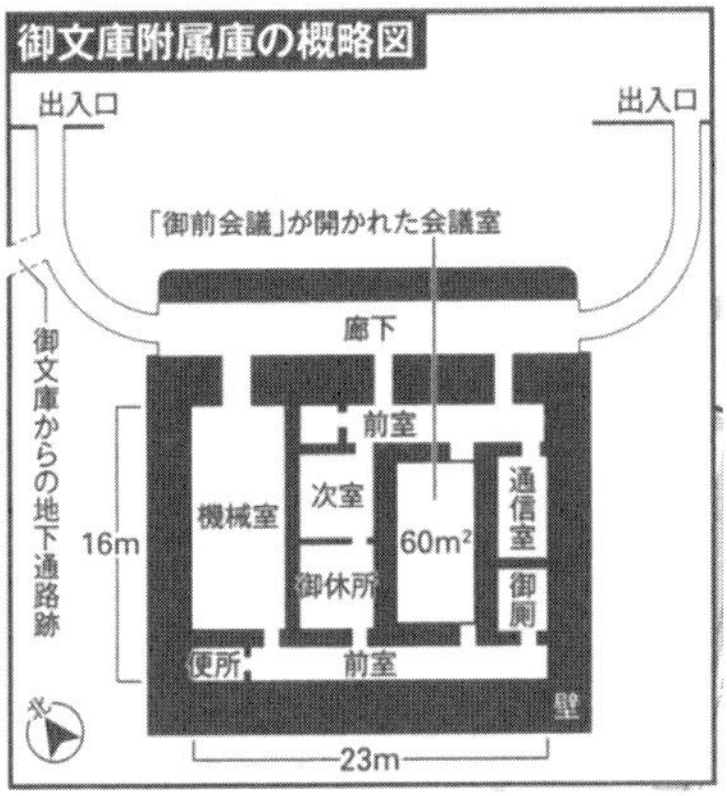

図3－6　御文庫附属庫〔米窪明美『天皇陛下の私生活』新潮社，2015年〕

皇太后との面会時間は、天皇との面会時間よりも長く、報告も具体的でした。確かに明治以降、大奥のような空間はなくなりましたが、戦中期には大宮御所がもう一つの政治空間として浮かび上がり、天皇の奥に皇太后が控えているような状況が生まれていたのです（原武史「戦中期の昭和天皇と皇太后節子」、御厨貴編『天皇の近代　明治150年・平成30年』、千倉書房、二〇一八年所収）。

しかも四二年一〇月から、天皇と皇后は明治宮殿ではなく、鉄筋コンクリートの防空施設として吹上地区に建設された吹上御文庫で生活するようになります。御文庫というのは、天皇の住まいであることを隠すための名称にほかなりませんでした。また御文庫とは別に、「大本営会議室等の地下施設」として御文庫附属庫が建設されました（図3-6参照）。

四五年五月二五日の空襲では、明治宮殿や大宮御所などが焼失しました。同年六月二日の枢密院会議以降、天皇が出席する重要な会議は、御文庫附属庫で行われるようになります。天皇がポツダム宣言の受諾、すなわち降伏を決断した「聖断」が下されたのも、同年八月一〇日未明に御文庫附属庫の会議室で開かれた最高戦争指導会議の席上でした（『昭和天皇実録』第九、東京書籍、二〇一六年）。

敗戦の直前まで、最も重要な会議は帝国議会ではなく、江戸城を引き継いだ宮城の内部で開かれたわけです。しかし御文庫にせよ御文庫附属庫にせよ、その場所は極秘とされました。度重なる激しい空襲に伴い、政治の中枢が地下に移らざるを得なくなった時点で、大日本帝国憲法の第一条で規定された天皇の統治を可視化する空間はすでに地上から消えていたのです。

5. 宮城から皇居へ

敗戦直後には、昭和天皇の弟に当たる高松宮宣仁（一九〇三～八七）や三笠宮崇仁（一九一五～二〇一五）らの皇族、天皇の側近、そして文化人を中心として、宮城移転論が提起されました（河西秀哉『皇居の近現代史 開かれた皇室像の誕生』、吉川弘文館、二〇一五年）。

高松宮は四五年一一月八日、7章で触れる小林一三（一八七三～一九五七）に「東京にあのまゝ宮城を置かるゝのはどうかと思ふ。陛下のお住いどころはお城ではない、（中略）宮城といふのは明治維新遷都に伴い偶然に出来た名前で軍備撤廃の今日、お城といふよりも、寧ろ此際、思ひきつてどこぞ適当な所に移転し、あの宮城は中央公園にでもしてはどうかと自分は思ふ」と述べています（『小林一三日記』第二巻、阪急電鉄、一九九一年）。三笠宮も「番人や役人の多い大げさな御門を通つて、奥深い御所をお訪ねするたびに私は何か圧迫を感じる、私でさえこんな気持になるのだから、一般の人々はさらに重苦しいものがあろう」と述べています（『都新聞』一九四八年五月四日）。高松宮も三笠宮も、江戸城をそのまま転用しただけの宮城に天皇が住み続けるのは、新たな時代にそぐわないとしているのです。

文芸評論家の亀井勝一郎（一九〇七～六六）もまた、「明治天皇を幕府の遺構たる江戸城にお迎へしたのが既に誤りであつた。天皇は政治の地より離れ古典の地に在して、我が美と信仰のなつかしい思ひ出として御存在あそばさるべきである」として、古代の都があった「大和の地」への移転を唱えています（『陛下に捧ぐる書翰』、十一組出版部、一九四七年）。

しかし宮城の移転は実現せず、一九四八（昭和二三）年七月には宮城が皇居へと改称されました。天皇と皇后は引き続き御文庫で生活していましたが、六一年に御文庫に隣接して吹上御所が完成すると、ようやく移住します。六八年一〇月には明治宮殿の跡地に新宮殿が竣工するとともに、本丸や二ノ丸などが皇居東御苑として開放されました。

明治宮殿には天皇の公的空間（表宮殿）と私的空間（奥宮殿）がありましたが、後者に当たる吹上御所が建てられたため、新宮殿は公的空間に統一されました。また南を向いていた明治宮殿表宮殿とは異なり、新宮殿は東を向いていて、平成と令和の「即位礼正殿の儀」が行われた正殿松の間もまた東を向いています。つまり天皇明仁（現上皇）と天皇徳仁（なるひと）（現天皇）は、南面ではなく東面して即位したわけです。飛鳥時代から二〇世紀前半の昭和天皇の即位までほぼ一貫して保たれてきた原則は、大きく変更されたのです。こうした変化のなかで、宮中三殿だけは明治のときと変わらず、南面し続けて今日に至っています。(5)

占領期に皇居前広場でしばしばメーデーや集会を開いた左翼勢力も、皇居に侵入することはありませんでした。それを考えていたのは、作家の三島由紀夫（一九二五～七〇）のほうでした。三島は一九六九（昭和四四）年の国際反戦デーに当たる一〇月二一日、自らつくった私兵組織である楯の会を率いて皇居に突入し、天皇を殺すことを考えていたといいます（鈴木宏三『三島由紀夫　幻の皇居突入計画』、彩流社、二〇一六年）[6]。三島は当時、松本清張が『週刊文春』に連載していた「昭和史発掘」で、2・26事件に宮城占拠計画があったことを知った可能性がありますが（原武史『「松本清張」で読む昭和史』、NHK出版新書、二〇一九年）、実際には新左翼が皇居に侵入することもなければ、三島の計画が実行されることもありませんでした。

ただ宮中では、新左翼の動きに対する警戒感があったようです。沖縄デーに当たる同年四月二八日には、侍従次長の入江相政（一九〇五～八五）が「デモの具合がどうなるか分らないのでそのまゝ残る。（中略）少くとも皇居には何事もないので十一時過ぎに帰宅」（『入江相政日記』第七巻、朝日文庫、一九九四年）と記しています。三島が自決した後の七一年九月と七五年七月には、新左翼が二度にわたって坂下門への乱入を企てています。

注

（1）江戸城の天守は、明暦三（一六五七）年に起きた「明暦の大火」で焼失してからは再建されることがありませんでした。

（2）この点につき詳しくは、関口すみ子『御一新とジェンダー――荻生徂徠から教育勅語まで』（東京大学出版会、二〇〇五年）を参照。

（3）作家の半藤一利は、清張が見なかった皇宮警察編『二・二六事件記録』をもとに、宮城占拠計画は清張が主張するほど大がかりなものではなく、坂下門の出入を押さえて青年将校の気持ちを天皇に伝えれば成功すると見なしていたとしていますが（『歴史探偵昭和の教え』、文春新書、二〇二一年）計画自体を否定しているわけではありません。

（4）清張は「午砲台」と記していますが、正しくは号砲台です。

（5）平成と令和の大嘗祭は、皇居東御苑の旧本丸に大嘗宮を建てて行われました。

（6）三島を研究する佐藤秀明は、鈴木の著書を紹介しつつ、「その〔皇居突入計画の〕蓋然性はかなり高いと判断される」と述べています（『三島由紀夫　悲劇への欲動』、岩波新書、二〇二〇年）。

1．政治空間としての江戸城の特徴についてまとめてみよう。
2．政治空間としての宮城の特徴と、江戸城との違いについてまとめてみよう。
3．宮城が皇居としてそのまま存続したことの問題点について考えてみよう。

参考文献

渡辺浩『東アジアの王権と思想』（東京大学出版会、一九九七年）
深井雅海『江戸城―本丸御殿と幕府政治』（中公新書、二〇〇八年）
杉本文子『近世政治空間論　捌き・公・日本』（東京大学出版会、二〇一八年）
『江戸東京博物館常設展示図録〔模型編〕―模型でみる江戸東京―』（東京都江戸東京博物館、二〇一七年）
小沢朝江『明治の皇室建築　国家が求めた〈和風〉像』（吉川弘文館、二〇〇八年）
小沢朝江「江戸城はいかにして天皇の住まいになったのか」（『東京人』二〇一四年十二月号所収）
佐藤信『近代日本の統治と空間　私邸・別荘・庁舎』（東京大学出版会、二〇二〇年）
松本清張『昭和史発掘　新装版7』（文春文庫、二〇〇五年）
河西秀哉『皇居の近現代史　開かれた皇室像の誕生』（吉川弘文館、二〇一五年）

4　日光東照宮／湯島聖堂／昌平坂学問所

《目標＆ポイント》 江戸時代に建てられた日光東照宮や湯島聖堂、そして聖堂を受け継いだ昌平坂学問所は、空間的にどのような役割を担うことになるのかを、それぞれの建物の特徴に留意しながら考察します。

《キーワード》 徳川家康、東照大権現、日光社参、徳川綱吉、林家、大成殿、釈菜、講釈、新井白石、寛政異学の禁、会読

1．日光東照宮を歩く

浅草から東武特急に乗ると、二時間足らずで東武日光に着きます。営業キロは一三五・五キロありますが、トンネルはたった一つしかありません。東京のほぼ真北にある日光は、広い関東平野の北端に位置しているからです。

下今市から東武日光にかけては、東照宮の参道に当たる杉並木（旧日光街道）が、線路の左手にずっと沿っています。東武日光で降りて国道１１９号（日光街道）を進んで行くと、まもなく左手に大谷川（だいや）にかかる朱塗りの鮮やかな橋が見えてきます。日光二荒山（ふたらさん）神社の建造物で、神事や将軍の社参、勅使などの参向のときだけに使われ、一般の通行が禁じられていた神橋（しんきょう）です（現在は通行できます）。神橋を

渡ると、いよいよ日光山に入ることになります。

日光山というのは、東照宮、日光二荒山神社、輪王寺（りんのうじ）の総称です。明治以前は神仏が分かれておらず、一つに包括された関東の一大霊場でした。

東照宮は徳川家康を神格化した東照大権現を主祭神とする神社で、元和（げんな）三（一六一七）年に造営されました。家康の二一周忌に当たる寛永一三（一六三六）年から、祖父を熱烈に思慕する三代家光により「寛永の大造替」が始められ、荘厳な社殿に改築されました。現在の主な社殿群は、このときに造替されたものです。正保二（一六四五）年には朝廷から宮号が授与され、東照社から東照宮に改称しています。東照宮は全国に建てられたため、ほかの東照宮と区別するため、日光東照宮の俗称が用いられています。

図４－１　日光東照宮・陽明門。著者撮影

東照宮に参拝するには、まず東照大権現の扁額が掲げられた「石鳥居」をくぐります。五重塔を左手に見ながら参道を進むと、石段を上がった先に「表門」が見えてきます。東照宮最初の門で、左右に仁王像が安置されていることから仁王門とも呼ばれています。

ここから先は有料になります。参道は左に折れ、左手に「見ざる・言わざる・聞かざる」の三猿の彫刻が有名な「神廏舎（しんきゅうしゃ）」、右手に馬具や装束類が収められた「三神庫（さんじんこ）」（上神庫、中神庫、下神庫）を見ながら進んで行くと、参拝する前に心身を清めるための「御水舎（おみずや）」が正面に見えてきます。この手前で参道は右に折れ、また石段を上がると、ようやく前方に東照宮のシンボルとなっている国宝の「陽明門」が迫ってきます（図４‐１参照）。

陽明門は、二〇一七（平成二九）年三月に平成の大修理が終わり、往時の輝きを取り戻しました。高さ一一・一メートル、正面の長さ七メートル、奥行き四メートルの門で、五〇八体の彫刻でおおわれており、真南を向いて立っています。

陽明門の前方にあるのが国宝の「唐門」です。さらに前方には、本殿、石の間、拝殿からなる権現造の本社があります。唐門から本社に昇ることができるのは、御目見得（将軍に拝謁できる身分）以上の幕臣や大名に限られていました。現在も閉められたままになっており、本社に昇るには右側から回らなければなりません。

唐門は陽明門同様、細かな彫刻がほどこされています。注目すべきは正面中央にある「舜帝朝見の儀」です。これは元日に中国古代の聖人とされる舜[1]が役人たちからあいさつを受けている場面なのです。よく見ると、舜の顔が家康に似ていて、家康が舜に比定されているのがわかります。代々の徳川将軍は、家康にならい、中国の聖人の治世を理想とするべきだという儒教的な思想が表現されているといえるでしょう。

本社の拝殿は幕臣や大名が参拝した「中の間」を中心として、東側に「将軍着座の間」、西側に「法親王着座の間」があります。前者は中の間から見えますが、特別の場合を除いて一般の入室が禁じられています。後者は売店に遮られていて見えません。

法親王というのは出家した親王のことで、江戸時代初期に後水尾天皇（一五九六～一六八〇）の第三皇子、守澄法親王（一六三四～八〇）が関東に下向して輪王寺の初代門跡になってから、日光山を総括した輪王寺の門跡は法親王が務めるようになりました。つまり日光山は将軍家ばかりか、皇室とも縁が深かったわけです。

拝殿と本殿の間には、双方をつなぐ「石の間」と呼ばれる一段低い空間があります。石の間までは参

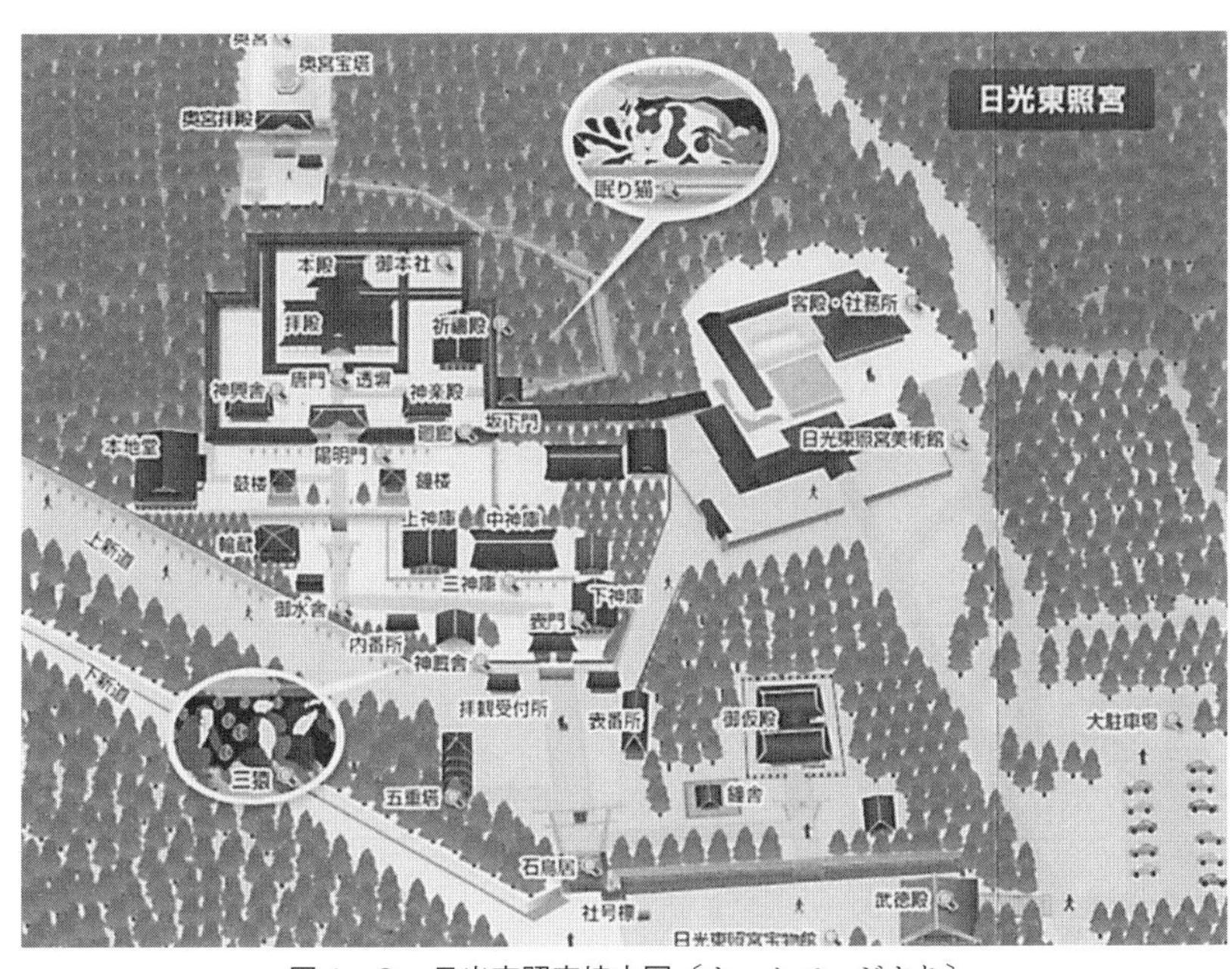

図4-2　日光東照宮境内図〔ホームページより〕

拝者が立ち入ることができますが、石の間から先の本殿は神界とされ、かたく閉ざされたままになっています。

国宝の「眠猫（ねむりねこ）」が彫られた廻廊の先には、本社の東側を取り囲むようにして、二〇七段の石段が延びています。この石段を上がりきったところにあるのが奥宮（おくみや）拝殿です。徳川家康の墓である宝塔に参拝するための社殿で、将軍だけが昇殿参拝を許されました。その前方には、「御墓所」と呼ばれる唐銅製（金・銀・銅の合金）の宝塔があります。東照宮三五〇年祭が行われた一九六五（昭和四〇）年から一般公開されています。なお、二代秀忠の命によって創建された静岡市の久能山東照宮にも家康の墓所があります。

地図で見ると明らかなように、陽明門、唐門、本社、奥宮は南北に一直線に並んでいます（図4-2参照）。つまり一番北の奥にあるのが奥宮の宝塔なのです。奥宮からは本社をはじめ、眼下に広がる東照宮の境内を眺められますが、そのはるか南方に江戸城があることになります。

2. 江戸時代の東照宮

家康の側近で、臨済宗の僧だった金地院（以心）崇伝（一五六九〜一六三三）は、家康から「御体をば久能へ納、御葬礼をば増上寺にて申付、（中略）一周忌も過候て以後、日光山に小き堂をたて勧請し候へ、八州の鎮守に成らせらるべきとの御意候」（死後に遺体を駿府郊外の久能山に納め、葬式は江戸の増上寺で行い、（中略）一周忌を過ぎたころに日光に小さな堂舎を建て神霊を勧請せよ。自分はそこで「八州」の鎮守神になるのだ）という遺言を聞いています（『本光国師日記』(2)）。この遺言にもとづき、元和三（一六一七）年に家康の遺骸が久能山から日光山に移され、東照社が造営されたとされています。

日光が江戸のほぼ真北にあるのはもともとそうだったからで、人工的に真北になるよう設計されたわけではありません。しかし家康が臨終に際して、この場所をわざわざ指定した背景には、自らを「北辰」、すなわち北極星になぞらえた可能性があります。北極星は宇宙の中心のことで、儒教や道教で重視されました。1章で触れたように、『論語』為政第二には「子曰く、政を為すに徳を以てすれば、譬えば北辰の其の所に居て、衆星のこれに共するがごとし」（原文は漢文）という、為政者を北極星にたとえた一節があります。ちなみに家康は、朱子学者の林羅山（一五八三〜一六五七）から儒学を学んでいました。

家康を東照大権現にしたのは、崇伝や羅山ではなく、天台宗の神道である山王一実神道を信奉する天海（一五三六？〜一六四三）でした。山王権現が大日如来＝アマテラスを意味したことから、天海は家康を東国の天照大神にしたのです。東照宮の本殿や拝殿は、前章で触れた皇居の宮中三殿と同様、南面しています。宮中三殿の賢所でアマテラスの御霊代である神鏡が南面しているのと同様、東照大権現となった家康もまた南面しているわけです。

天海は、家光が進めた東照社の大造替に合わせて『東照社縁起』漢文体一巻を撰述し、東照社に奉納しました。同書では、東照（大）権現＝家康が平和をもたらす武将としてこの世に出現し、日本を統一して仏神の世界に戻っていったとされています。東照（大）権現が守護する将軍の支配は、仏神の教えにもとづく神聖なものと結論付けられているのです（曽根原理『神君家康の誕生　東照宮と権現様』、吉川弘文館、二〇〇八年）。

このように、東照宮が建てられた背景には儒教、神道、仏教からの影響を読み取ることができます。前章で触れたように、将軍の支配を正当化するイデオロギーを見いだすことが難しい江戸城とはまさに対照的です。

将軍が江戸から日光に赴くことを日光社参と言いますが、それは空間的に北に向かうと同時に、時間的にも家康という始源へとさかのぼることを意味しました。政治学者の渡辺浩は、「天下の中心、将軍が自ら旅して赴かねばならない相手はこの世にはなかった。ただ彼は政治体の中心を縦に貫く時間軸を神聖なる始点に向かって溯る象徴的な旅には出たのである」と述べています（「『御威光』と象徴―徳川政治体制の一断面―」、『東アジアの王権と思想』、東京大学出版会、一九九七年所収）。

日光社参は、二代秀忠が家康の一周忌に当たる元和三（一六一七）年四月一七日に東照宮に参拝したときから始まり、その後も家康の命日に合わせて実施されました。社参の回数は、家康に思い入れをもつ三代家光が一〇回と群を抜いて多かったのに対して、二代秀忠は四回、四代家綱は二回、五代綱吉、八代吉宗、一〇代家治、一二代家慶はそれぞれ一回しかありませんでした。それ以外の将軍は、一一代家斉のように社参が二回計画されながらいずれも中止になった場合も含めて、一回も参拝しませんでした。(3)

もちろん将軍以外にも、日光東照宮を訪れた人々はいました。江戸時代に新たな将軍の就任を慶賀するために来日した朝鮮通信使や琉球使節は、幕府から日光東照宮への参詣を半ば強要されました。儒教を奉じているはずの外国使節に、神格化された家康を拝ませることで、朝鮮や琉球に対する日本の優位を認識させようとしたわけです。

元禄二（一六八九）年四月に日光東照宮を訪れた松尾芭蕉（一六四四～九四）は、『おくのほそ道』のなかで「今此の御光一天にかゝやきて、恩沢八荒にあふれ、四民安堵の栖（すみか）穏やかなり。猶憚（なおはばか）り多くて筆をさし置きぬ」（今やこの東照宮の御威光は天下に輝いて、お恵みは国土の隅々にまで行き渡り、すべての人民はみな安楽な生活をいとなみ、平和である。これ以上書くのはやはりおそれおおいことだから、筆を擱くことにした）（久富哲雄『おくのほそ道　全訳注』、講談社学術文庫、一九八〇年。一部改変）と述べています。家康は東照大権現として東照宮にまつられただけでなく、芭蕉のような同時代人からも「神」として認識されていたのです。

しかし日光は江戸から遠く、五街道の一つである日光道中を経由すると二一宿、三六里（一四四キロ）ありました。将軍の日光社参では専用道路である日光御成道が使われましたが、それでも莫大な費用がかかり、沿道の農村にも負担をかけたため、多くの将軍は日光東照宮の代わりに上野東照宮や前章で触れた江戸城内の紅葉山東照宮に参拝しました。

天海は寛永二（一六二五）年、江戸城の北東、つまり鬼門に当たる上野忍岡（しのぶがおか）に天台宗東叡山寛永寺を開山させました。その二年後、境内に東照社が創建され、正保三（一六四六）年に東照宮に改称されます。これが現在、上野公園にある上野東照宮です。慶安四（一六五一）年には日光東照宮と同様、造替されて豪華な社殿に生まれ変わりました。

寛永九（一六三二）年には、家康から家綱まで四代の将軍に仕えた林羅山が忍岡に孔子廟を建てています。羅山の子孫（林家）は代々儒官として公儀（幕府）に仕えましたが、孔子廟は林家の家塾＝学問所になりました。「つまり、忍岡には、幕府の儒官たる林家、およびその孔子廟と、歴代将軍が帰依した仏教寺院が混在していた」（小川和也『儒学殺人事件　堀田正俊と徳川綱吉』、講談社、二〇一四年）のです。

徳川家光はその翌年の四月一七日、上野東照宮に参拝しています。この日は家康の命日で、歴代の将軍はこの命日に合わせて上野東照宮に参拝するようになります。家光は帰途、初めて孔子廟に立ち寄っています。けれどもそれは、東照宮参拝に向かったついでの、あくまで付随した出来事にすぎませんでした（同）。こうした状況を改め、孔子廟を忍岡から引き離して儒学の殿堂として独立させたのが、次節で触れる徳川綱吉でした。

3．湯島聖堂と徳川綱吉

ＪＲ中央線、総武線の御茶ノ水駅の聖橋（ひじりばし）口を出て、神田川にかかる聖橋を渡ると、右手に都心とは思えぬ森に囲まれた一画が迫ってきます。これが湯島聖堂です。ちなみに聖橋という名称は、川の両岸に位置する二つの聖堂（湯島聖堂と日本ハリストス正教会の東京復活大聖堂〔俗称ニコライ堂〕）を結んでいることにちなんでいます。

湯島聖堂は元禄三（一六九〇）年、徳川綱吉によって創建されました。何度か焼失しましたが、そのたびに再建されています。現在の建物は、一九二三（大正一二）年の関東大震災で焼失した聖堂を、昌平坂学問所が開設された寛政九（一七九七）年当時の規模に戻すかたちで、一九三五（昭和一〇）年に再建されたものです。

湯島聖堂というのは、孔子廟に当たる大成殿と附属の建造物の総称です（図4‐3参照）。外堀通り

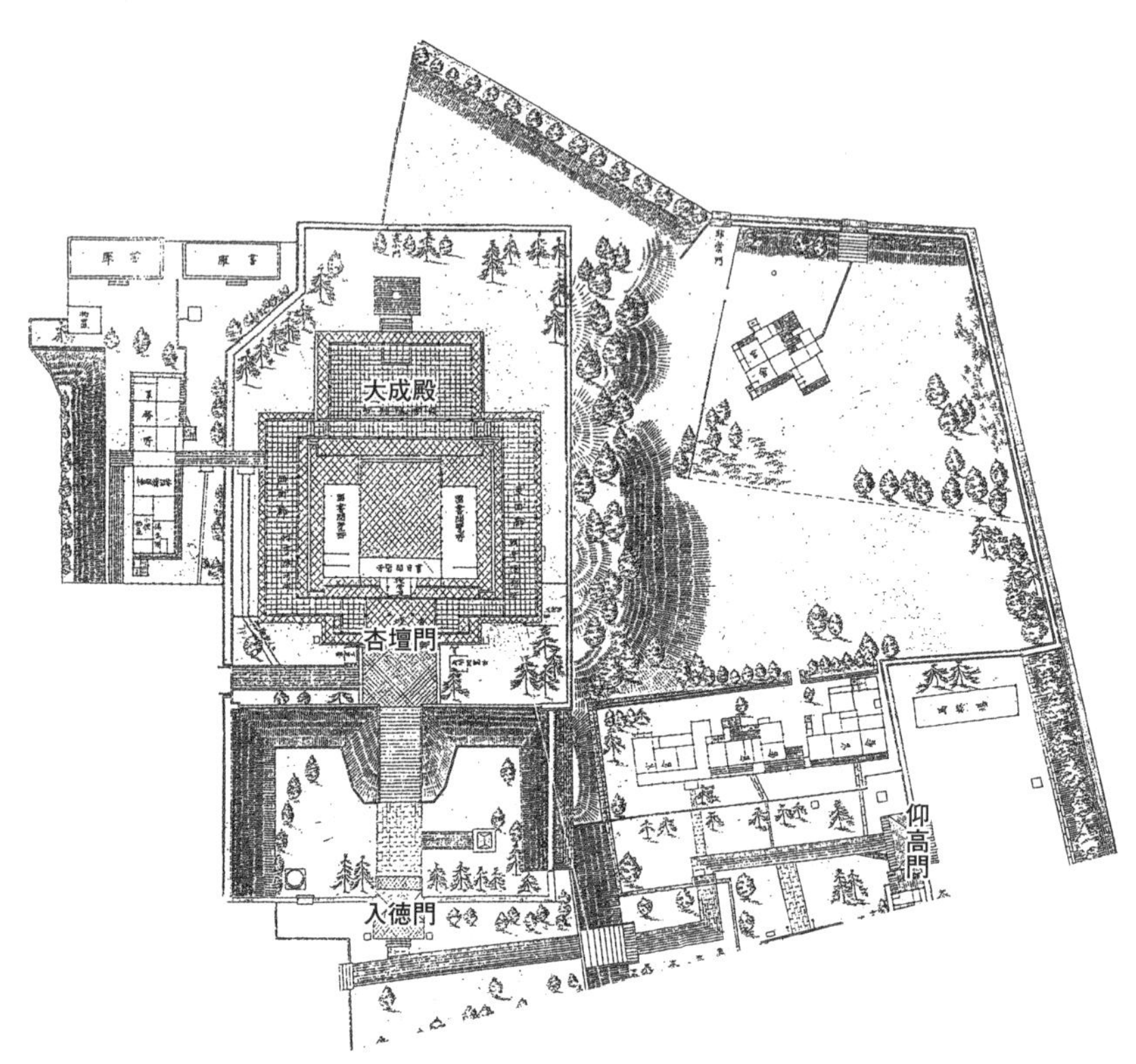

図４－３　湯島聖堂〔『写真と図版で見る史跡湯島聖堂』より〕

に面した正門を入ると、すぐ左側に「仰高門」が見えます。仰高というのは、『論語』子罕第九の「顔淵、喟然として歎じて曰く、これを仰げば弥高く、これを鑽れば弥堅し」（原文は漢文）に由来します。この門をくぐり、石段を上がると、今度は右側に「入徳門」が現れます。宝永元（一七〇四）年に建造された木造の門が、いまも残っています。

さらにこの門をくぐって石段を上がると、孔子が生まれた中国の曲阜にあった孔子の教授堂に杏が植えられていたことに由来する「杏壇門」が現れ、その向こうには回廊に囲まれた孔子廟「大成殿」がそびえたっています。大成殿は左右対称の建物で、屋根上の両端には鯱のようなかたちをした魔よけの「鬼犾頭(きぎんとう)」が置かれています（図4-4参照）。

大成というのは、『孟子』万章章句下の「孔子は之を集めて大成せりと謂(い)うべし」（原文は漢文）に由来します。孔子の徳が美しく調和しているさまを称えた言葉が名称になったことは、江戸城との対照をきわだたせています。間口二〇メートル、奥行一四・二メートル、高さ一四・六メートルの堂々たる入母屋造りの建物で、南面しています。

大成殿は、正月や土日祝日以外公開されていません。なお同じく儒学の学校で、永享一一（一四三九）年に再興された栃木県の足利学校や、寛文一〇（一六七〇）年に創建された岡山県の閑谷(しずたに)学校にも孔子廟に当たる大成殿があります。

図4-4　湯島聖堂・大成殿。著者撮影

殿内の中央に孔子像が置かれています。その左（西座）には孟子（前三七二?～前二八九）と子思（前四八三?～前四〇二?）が、右（東座）には顔子（顔回。前五二一～前四八一）と曽子（前五〇五～?）がまつられています。いずれも孔子の高弟たちです。孔子像の前にはテーブルが置かれ、その上に釈菜(せきさい)の際に用いられた釈奠(せきてん)器(き)が並んでいます。

元禄四（一六九一）年二月一一日、徳川綱吉は初めて湯島聖堂を訪れました。この日は、聖堂で孔子と高弟をまつる釈菜と呼ばれる儀礼が初めて行われる日に当たっていました。中国では、牛や羊などの動物を生け贄や供物として捧げ、孔子をまつる釈奠が行われましたが、釈菜では動物の代わりに野菜類が供えられました。

当時の儒官は、羅山の孫で、大学頭(だいがくのかみ)に任じられた林鳳岡(ほうこう)（信篤。一六四五～一七三二）でした。鳳岡は杏壇門の前で、綱吉を迎えています。

> 綱吉は、孔子像の前で膝を突き、拝み、そして香をつまんで焚いたあと、着座した。綱吉の周囲には、幕閣や側近、本庄宗資（下野足利藩主、綱吉の生母・桂昌院の弟）、牧野忠辰（越後長岡藩主）ら大名が陪席している。鳳岡が御幣を戴くと、綱吉のもとには、土師器が運ばれ、神酒が注がれた。
>
> 西の回廊には紅氈が敷かれ、楽曲をつかさどる伶工が座っている。堂内には、深紅の猩々緋が敷かれている。釈菜の儀礼をおこなう林家の門人が続々とやってきて、鞠躬、すなわち、深々とお辞儀をしては、杏壇門をくぐってくる。
>
> やがて、釈菜の儀礼が始まった。奏楽のなか、五位の朝服である浅緋色の袍を着た大学頭・鳳岡が六位の布衣を着した林家の諸員に指示して、儀礼が進められていった。儀礼が終わると、綱吉は鳳岡を呼び寄せ、聖堂に祭祀料として一千石を下賜する旨を伝えた。諸員には、白銀が配られた。
>
> その後、綱吉は居並ぶ幕閣・大名、儒官のまえで経書、つまり儒学書の講釈をはじめた。すべてが終わって綱吉が聖堂をあとにしたのは、午後五時ごろである。（前掲『儒学殺人事件』）

「紅氈」は赤いじゅうたん、「猩々緋」は赤い毛織物を意味します。日光東照宮では東照権現となった家康が南面していましたが、湯島聖堂では孔子が南面しています。綱吉は、家康ではなく孔子を「天子」の位置に据えることで、儒学重視の姿勢を示したわけです。こうして湯島聖堂は、江戸城や東照宮とは異なり、綱吉のもとで儒学による国家統治の象徴的な空間となりました。

綱吉は、釈菜を主宰する鳳岡を優遇しています。これ以降、綱吉が釈菜に臨席することや、釈菜のあとに儒学を講釈することは、毎年の定例となりました。大成殿は元禄一六（一七〇三）年に焼失しましたが、宝永元（一七〇四）年に再建され、その翌年、綱吉が最後の参廟をしています。この参廟を含め、綱吉は実に一六回も湯島聖堂を訪れたことになります。ちなみに日光東照宮を訪れたのは一回だけでした。

　綱吉を継いだ六代将軍の徳川家宣（一六六二～一七一二）は、宝永七（一七一〇）年に将軍として初めて参廟しています。ところが家宣は、鳳岡を無視するかたちで、実権を握った朱子学者の新井白石（一六五七～一七二五）の助言に従い、参廟の仕方を変えてしまいました。

> 宝永七年（一七一〇）八月に至って将軍家宣がはじめて湯島聖堂におもむくことになり、あらかじめ白石に命じて儀式、典例を考究させ、将軍も練習を積んだ上、八月四日大学頭信篤、信充（のぶみつ）父子らに迎えられて杏壇門を入り、大成殿に上り、みずから爵をとり酒をくんで神位の前の机上に供した。大学頭をさしおいて将軍が自身で献奠（けんてん）したのも全く新例であるが、このときの将軍の服装についても、かねて林家から通知した前代の例につき白石が一々考証した結果、これまた全く新様を用いた。この時将軍は束帯（そくたい）を用いられんとしたが、白石の意見で（中略）、今の冠は後世の幞頭（ぼくとう）（ずきん）であり、本朝の烏帽子（えぼし）の方が周弁（周代の冠）の遺制を伝えるものである。また今の円領（まるえり）は元来胡服（こふく）に出たものであって、中国の先王の礼服はことごとく直領（ひたえり）である。したがって先聖に謁するには束帯は適当でないといって、烏帽子、直垂（ひたたれ）を着用することとし、拝礼のときにも我が国に伝わる神拝の式を用いた。（『聖堂物語』、斯文会、一九八九年。一部改変）

綱吉の時代には鳳岡が孔子に供え物をささげたのに対して、家宣は自らささげています。服装も綱吉が着用していた幞頭や束帯は廃され、中国の聖人をモデルとした烏帽子や直垂に変わっています。また日本に中国古代の礼式が残っているという理由から、拝礼も柏手を打つ神社の参拝に変わっています。新井白石の随筆『折たく柴の記』にあるように、これらはすべて白石の発案によるものでした。

なぜ白石は、これほど参廟の仕方を大きく変えたのでしょうか。儒教で重要な徳の一つであり、天下国家を治める際に必要な「礼」を正しく実践するためにほかなりません。渡辺浩は、「湯島聖堂に響いた柏手の音は、いかにも奇妙でも、白石の考えでは公方様が正しく儒教的な君主であることの証明だった」と述べています（『日本政治思想史［十七～十九世紀］』、東京大学出版会、二〇一〇年）。

家宣は正徳二（一七一二）年に死去したため、参廟は一回だけで終わりました。その後、夭折した七代家継を経て、八代吉宗の時代になると、白石は失脚して引退します。吉宗に政策提言をした荻生徂徠（一六六六～一七二八）は、中国古代にならって綱吉の参廟の仕方を変えた新井白石に比べても、一層徹底的に綱吉を批判しています。

> 御先々前御代に講釈を専に被遊（あそばされ）たるより、儒者ども外の学文はせず、講釈を役目の様に覚たる事に成て、夫故（それゆえ）に今は何れも無学に成て、御用にたたぬ事に成たり。（中略）
> 惣（すべ）て聖人の道は、元来治国平天下の道なるゆへ、政務の筋に入用なる事を第一とする事、古より如此（かくのごとし）。（『政談　服部本』、平凡社東洋文庫、二〇一一年）

「御先々前御代」というのは、綱吉の時代を意味しています。徂徠に言わせれば、綱吉による儒学の奨励は、儒者を講釈師にしただけでした。朱子学を批判して古文辞学を確立させた徂徠にとって、儒学とは聖人が作為した「治国平天下の道」にほかならず、政務に役立たなければならなかったのです。

結局、吉宗は綱吉とは対照的に、一度も参廟しませんでした。その代わりに湯島聖堂を林家の家塾と釈菜の式場にとどめることはせず、林家の門人に毎日仰高門の東舎で四書を講義させ、一般庶民にも聴講を許しました。

4．昌平坂学問所における会読

一一代家斉を支えた老中の松平定信（一七五九～一八二九）は寛政二（一七九〇）年五月、「寛政異学の禁」を出して朱子学を正学とし、それ以外の学派を教えることを禁じました。続いて寛政九（一七九七）年には湯島聖堂から学問所を切り離し、現在の東京医科歯科大学湯島キャンパス付近に昌平坂学問所（正式の名称は「学問所」）を創設しました。

この翌年には大成殿が新たに建てられ、創建時の二・五倍規模の黒塗りの建物に改められました。そして享和元（一八〇一）年四月には、家斉が家宣以来絶えていた将軍による大成殿への参廟を復活させています。

昌平坂学問所の創設に伴い、林家の家塾は朱子学を講究する幕府直轄の学問所へと変わり、林家に独占されていた幕府儒官に柴野栗山（一七三六～一八〇七）、岡田寒泉（一七四〇～一八一六）、尾藤二洲（一七四五～一八一四）、古賀精里（一七五〇～一八一七）らが加わりました。とりわけ古賀家は、精里、侗庵（一七八八～一八四七）、謹堂（一八一六～八四）と三代にわたって学問所の教育に携わり、林家に代わって公儀（幕府）の外交政策に影響を及ぼすようになりました（眞壁仁『徳川後期の学問と政治　昌平坂学問所儒者と幕末外交変容』、名古屋大学出版会、二〇〇七年）。

昌平坂学問所では、それまでの講釈に代わって朱子学のテキストを用いた会読が教育の中心に置かれました。もちろん朱子学という枠がありましたので全く自由な討論が行われたわけではありませんが、歴史学者の前田勉は「疏釈本」と呼ばれる朱子の注釈（四書集注。四書は『論語』『孟子』『大学』『中庸』を意味する）に対する注釈書にはさまざまな見解の違いがあることを指摘しながら、こう述べています。

こうした諸疏釈本をふまえて、昌平坂学問所での討論が行われたのである。そこでは、疏釈本の差異をめぐって、何が朱子の本意に沿っているのか、さらにいえば、四書本文のテキストの本意にあたっているかどうか、討論が繰り広げられたのである。（『江戸の読書会　会読の思想史』、平凡社選書、二〇一二年）

昌平坂学問所で始まった会読は、やがて全国の藩校や松下村塾のような私塾にも広まってゆきました。ユルゲン・ハーバーマス『公共性の構造転換　市民社会の一カテゴリーについての探求』第二版（細谷貞雄、山田正行訳、未来社、一九九四年）やシュテファン＝ルートヴィヒ・ホフマン『市民社会と民主主義』（山本秀行訳、岩波書店、二〇〇九年）で詳しく記されたように、一八世紀から一九世紀にかけてのヨーロッパでは読書サークルが生まれ、国家の枠を超える社会空間がつくり出されました。江戸時代の日本でも藩校や私塾に広まった会読のなかから、尊王攘夷や公議輿論を唱える藩や身分の枠を超えた集団が生まれました。

明治維新後、学問所は新政府にいったん引き継がれましたが、明治四（一八七一）年に閉鎖されて文部省が置かれました。しかし江戸時代の学問所の遺産は、自由民権運動へと引き継がれることになります。政治的問題を討議する自発的な結社がいくつも生まれたり、政治や法律の問題を討議しあう学術討論会が開かれたりしたからです。(4)

5. 明治時代の日光東照宮と日光田母沢御用邸

前章では、明治維新に伴う江戸城の変化について触れましたが、日光山でも大きな変化がありました。明治元（一八六八）年の神仏分離により、神社の東照宮、日光二荒山神社、寺院の輪王寺の二社一寺の形式に分立したからです。一八七三（明治六）年には東照宮が国に功績を挙げた人物をまつる神社を意味する別格官幣社となり、源頼朝と豊臣秀吉を配祀して（祭神に加えて）います。

一八七六（明治九）年六月には、馬車に乗った明治天皇らの一行二三〇人あまりが東北・北海道巡幸の途上、わざわざ宇都宮から奥州街道を折れて日光に向かっています。六月六日には神橋を渡って満願寺（輪王寺）で泊まり、七日には肩輿（かたごし）に乗って東照宮を見学しています。

> 午前八時肩輿に御して東照宮に幸す。供奉（ぐぶ）の諸官徒歩して扈従（こしょう）す。神殿の前石の間にて下御し、殿内安置の徳川家康並びに源頼朝（中略）・豊臣秀吉の像を覧（み）たまふ。（中略）次に西廻廊・旧護摩堂・上御供所等に陳列せる神宝・祭器の類、及び拝殿・西著座（ちゃくざ）の間に陳列せる宝物を天覧、東著座の間に於て御少憩あり。（『明治天皇紀　第三』、吉川弘文館、一九六九年。一部改変）

神殿は本殿を意味します。明治天皇は、石段が連続する東照宮の境内を輿に乗ったまま進み、拝殿と本殿をつなぐ石の間でようやく輿から降りて神界とされた本殿に立ち入り、そこに安置された東照大権現の神体と思われる家康の像や、源頼朝、豊臣秀吉の像を見たわけです。

「西著座の間」は法親王着座の間、「東著座の間」は将軍着座の間のことでしょう。つまり天皇は、かつて将軍が着座したのと同じ場所に座って休憩したことになります。ここでも江戸城と同様、支配者の交代が視覚化されたのです。

しかし明治天皇は、二〇七段の石段を歩いて上がらなければならない奥宮拝殿や宝塔まで行くことはありませんでした。その二年後に当たる一八七八（明治一一）年六月二一日に東照宮を訪れた英国人旅行家のイザベラ・バード（一八三一～一九〇四）は、天皇が足を踏み入れなかった家康の墓所につき、こう述べています。

> 二百四十〔二百七〕の石段を上ると、丘の頂上に出る。そこには家康の遺骸が眠っている。彼のために建てられた堂々たる社殿の背後の高いところ、青銅の墓碑を上にのせ、飾りはないが巨大な石と青銅の墓があり、その中に安置されている。前には石机があり、青銅の香炉が飾りつけてある。真鍮の蓮の花と葉が彫られている花瓶、口に青銅の燭台をくわえた青銅の鶴がある。上に欄干をつけた高い石垣が、簡素ながらも堂々たる囲いをかこんでいる。後ろの丘にそびえる杉の大木は、墓のまわりを昼なおうす暗くしている。日光が木の間を斜めに洩れて入るだけである。花も咲かず、鳥も鳴かず、日本で最も有能で偉大であった人物の墓のまわりには、ただ静けさと悲しみが漂っている。（『日本奥地紀行』、高梨健吉訳、平凡社ライブラリー、二〇〇〇年）

バードの巧みな筆は、時代が変わり、もはや誰からも顧みられることがなくなった徳川政権の「聖域」の姿をありありと描き出しています。明治という時代に日光東照宮に代わる「聖域」として浮上してきたのが、天皇の祖先とされるアマテラスをまつった伊勢神宮の内宮（皇大神宮）でした。この点については10章で改めて触れるつもりです。

一八九〇（明治二三）年には現在の日光線が開通し、上野―日光間が鉄道で結ばれました。これにより、日光へは東京から半日で行けるようになりました。九三年には、東照宮の館舎だった朝陽館が日光（山内）御用邸（現・輪王寺本坊）になりました。さらに九九年には、日光山からやや離れた田母沢に日光田母沢御用邸ができました。

日光田母沢御用邸は日光（山内）御用邸よりも大きく、御座所、謁見所、御寝室、女官部屋、御玉突所（ビリヤード場）などを備えていました（澤村修治『天皇のリゾート 御用邸をめぐる近代史』、図書新聞、二〇一四年）。つまり明治宮殿の表宮殿、奥宮殿、局に相当する空間がすべて備わっていたわけです。

明治天皇は一度も御用邸を利用しなかったのに対して、大正天皇と昭和天皇は皇太子時代から避暑のためしばしば日光田母沢御用邸に滞在しました。大正天皇の体調が悪化してからは滞在の期間が長くなり、大規模な増改築も行われました。

太平洋戦争開戦後の一九四二（昭和一七）年七月と八月には、昭和天皇が香淳皇后とともに日光田母沢御用邸に滞在しましたが、このときには連日のように謁見所で首相や外相、参謀総長らから奏上を受け、戦場から帰還した軍人から戦況の報告を受けています（『昭和天皇実録』第八、東京書籍、二〇一五年）。江戸と日光の役割がしっかりと分かれていた江戸時代とは異なり、昭和初期の日光は東京に代わる役割を果たすこともあったわけです。

また戦争末期には、日光田母沢御用邸が皇太子明仁（現上皇）の疎開先になりました。皇室にとっては、東照宮や輪王寺よりも田母沢が重要な場所になるのです。しかし四七年に廃止され、現在は日光田母沢御用邸記念公園として一般公開されています。

注

（1）中国の儒教における聖人としては、時代の古い順に堯、舜、禹（う）、湯王、文王、武王、周公、孔子といった名前を挙げることができます。なかでも舜は、堯とともに最も理想的な伝説上の帝王とされてきました。

（2）家康の言う「八州」は武蔵、相模、下総、上総、安房、常陸、下野（しもつけ）、上野（こうずけ）の八国つまり関東のことですが、日本全土を指すとも言われています。

（3）日光東照宮宝物館には、家斉の社参に備えて制作されたとされる、江戸城から日光山に至る街道の景観を克明に描いた「日光山道中図絵」九帖が所蔵されています。

（4）その一つの成果が、一般に「五日市憲法」と呼ばれる日本帝国憲法です。現上皇后は、二〇一三年の誕生日に際して、「明治憲法の公布（明治22年）に先立ち、地域の小学校の教員、地主や農民が、寄り合い、討議を重ねて書き上げた民間の憲法草案」（宮内庁ホームページ）とこの憲法を説明しています。

1. 日光東照宮と江戸城の空間的特徴を比較してみよう。
2. 湯島聖堂と江戸城の空間的特徴を比較してみよう。
3. 昌平坂学問所が政治空間として果たした役割について考えてみよう。

参考文献

曽根原理『神君家康の誕生　東照宮と権現様』（吉川弘文館、二〇〇八年）
小川和也『儒学殺人事件　堀田正俊と徳川綱吉』（講談社、二〇一四年）
『聖堂物語』（斯文会、一九八九年）
新井白石『折たく柴の記』（岩波文庫、一九九九年）

荻生徂徠『政談　服部本』（平凡社東洋文庫、二〇一一年）
眞壁仁『徳川後期の学問と政治　昌平坂学問所儒者と幕末外交変容』（名古屋大学出版会、二〇〇七年）
前田勉『江戸の読書会　会読の思想史』（平凡社選書、二〇一二年）
『明治天皇紀』第三（吉川弘文館、一九六九年）
イザベラ・バード『日本奥地紀行』（高梨健吉訳、平凡社ライブラリー、二〇〇〇年）

5 日本橋／東京駅

《目標＆ポイント》 江戸時代の日本では、日本橋を中心とする全国規模の街道システムが確立され、地方（藩）を超えた国家の「日本」を一国と意識する条件が実在していました。そのシステムが、大正期に開業する東京駅を中心とする鉄道システムへと受け継がれる過程を考察します。

《キーワード》 日本橋、五街道、ケンペル、上り、下り、市区改正、中央停車場、東京駅、丸の内駅舎、行幸道路

1．日本橋の昔と今

東京メトロ銀座線・半蔵門線三越前駅のＢ５かＢ６の出口から地上に出ると、すぐ目の前に日本橋があります。現在の日本橋は、一九一一（明治四四）年に改修された石造二連アーチ橋で、橋の長さは四九メートル、幅二七メートルあり、国の重要文化財に指定されています。港区と台東区を結ぶ中央通りの橋で、江戸城の外濠と隅田川を結ぶ日本橋川に架かり、中央区の日本橋室町一丁目と日本橋一丁目にまたがっています。

橋の上には一九六三（昭和三八）年に開通した首都高速都心環状線が立体交差していて、お世辞にも景観がよいとは言えません（図５－１参照）。このため国土交通省と東京都、首都高速などは、日本橋

の上を走る高速道路を地下化することを決定しています[1]。

橋の中央、中央通りのセンターラインに当たる場所に、五〇センチ四方の「日本国道路元標」が埋め込まれています。これと同じものが、橋の北西詰にある「元標の広場」でも見られます。つまりいまでも、日本橋は全国の国道の起点とされているのです。欄干に残る「日本橋」の揮毫は、最後の将軍、徳川慶喜によるものです。

日本橋はもともと、木造の太鼓橋でした。徳川家康が江戸に公儀（幕府）を開いたのと同じ慶長八（一六〇三）年に架けられたとされています[2]。太鼓橋にしたのは、下を通る艀のかさ高い積み荷に差し障りがないようにするためでした。翌年には公儀直轄の主要な五つの街道（東海道、中山道、日光道中、奥州道中、甲州道中）の起点として定められ、沿道に日本橋からの距離を示す一里塚が築かれました。

図５－１　日本橋。著者撮影

作家の幸田露伴（一八六七～一九四七）は、一九一一年の日本橋改修に合わせて記した「日本橋」のなかで、「千住よりするもの、品川よりするもの、六十四州の民、此の橋の塵を踏んで、始めて江戸の土に草鞋を載せたるを思ひ、唐よりするもの、天竺よりするもの、万国の客、此の橋の埃を浴びて、始めて日本の香を征衣の袖に留めたるを感ず」と述べています（『記念誌　日本橋』、名橋「日本橋」保存会、一九七七年）。このような日本橋の基本的性格は、すでに江戸時代の幕開けとともに確立されていたのです。

日本橋が架けられた当時は、隅田川にも文禄三（一五九四）年に架けられた千住大橋しかありませんでした。江戸初期の随筆家、三浦浄心（一五六五〜一六四四）が著した当時の見聞録『慶長見聞集』（富山房、一九〇六年）には、「扨又御城大手の堀を流れて落つる大河一筋あり。此川町中を流れて南の海に落つる。此河に日本橋唯一懸りたり」とあります。「御城」は江戸城、「大手の堀」は現在の大手濠、「南の海」は現在の東京湾を意味します。当時は現在の日本橋川につながる平川と呼ばれる「大河」が流れていたこと、そしてこの「大河」に唯一架かっていた橋こそ、日本橋にほかならなかったことがわかります。

そもそもなぜ、日本橋という名称が付けられたのでしょうか。『慶長見聞集』には、「先年、江戸大普請の時分、日本国の人集まりてかけたる橋あり。これを日本橋と名付けたり」とあります。日本国中の人々が集められて出来たことに由来するとしているわけです。「日本国の人」が明治以降に確立される「日本人」を指すわけではありませんが、少なくとも「日本国」という観念はこの当時からあったことがわかります。

全国に延びる街道の起点に定められたといっても、日本橋にはヨーロッパの広場や門のような、そこから道路が放射状に延びてゆく中心性はありません。そもそも橋というのは立ち止まるものではなく通過するものであり、川の両岸をつないで人が往来できるようにするための手段にすぎません。しかし、この橋が日本橋と名付けられた瞬間から、ただの橋ではなくなりました。それは日本という、直接は見えない国家を象徴する空間になったからです。

2．陸上の交通システムの中心としての日本橋

儒学者の寺門静軒（一七九六〜一八六八）が著した『江戸繁昌記』には、「一都の太極」（江戸の中心）である日本橋の光景が記されています。

> 橋上雑閙し、公侯の長槍、来往すること林の如し。況んや諸凡の履舄屨屐をや。夜間丑寅の交、跫然或は少しく絶ゆると云ふ。（『江戸繁昌記』1、平凡社東洋文庫、一九七四年）

日本橋の上はいつもにぎわっていて、大名の行列の先頭を行く長槍の列は林のようである。まして一般民の往来に至ってはなおさらだ。夜中の二時間だけ、雑踏が少し絶えるという――大変な繁栄ぶりが伝わってきます。

大名の行列がしばしば日本橋を通るのは、徳川家光の時代に制度化された参勤交代のためです。全国二五〇以上の大名家が、二年ごとに江戸に参勤し、一年経ったら国元に引き揚げる交代を行ったのです。浮世絵師の歌川広重（一七九七～一八五八）が描いた「東海道五十三次」の「日本橋　朝之景」ないし「日本橋　行列振出」では、朝焼けを背景に大名の行列が日本橋を渡る光景が描かれています。

政治学者の渡辺浩はこう述べています。

> 周知のように、毎年全国から多数の行列が江戸へ江戸へと進んで行った。それは、しばしば指摘される大名の財政窮乏・街道筋の商業化・江戸の繁栄等、経済的影響のみをもつ現象ではない。そのこと自体、政治的意義をもつ。遠い西国の外様大名も、「国元」から「御江戸」へ、長途多人数の旅行を三世紀近くの間、反復したのである。それは、そこが政治的首都であり、誰が全国の最高権力者であるかを、疑問・反論の余地なく表示する。当然、主要街道は「江都」「東都」を起点とし、全国の町の所在は日本橋からの道のりによって表わされた。（「『御威光』と象徴―徳川政治体制の一断面―」、『東アジアの王権と思想』、東京大学出版会、一九九七年所収）

もちろん江戸時代の街道には関所や川止めがあり、自由に通行できたわけではありませんでした。しかしこの時代には、すでに日本橋を中心とした全国的な街道のシステムが確立されていたことは確かです。それは初めて日本を訪れた外国人にとっても驚嘆すべきものでした。元禄四（一六九一）年と五年に連続して江戸に参府したケンペルは、こう述べています。

日本国内の仕来り（しきたり）に従っていうと、上りの、すなわち都（Miaco）に向って旅する者は道の左側を、下りの、つまり都から遠くへ向う者は、右側を歩かねばならないのであって、こうした習慣は定着して規則となるに至った。これらの街道には、旅行者に進み具合がわかるように里程を示す標柱があって距離が書いてある。江戸の代表的な橋、特に日本橋つまりヤーパンの橋と名付けられている橋を一般の基点としているので、旅行中自分たちがこの橋または首都からどれだけ離れているかを、すぐに知ることができる。（『江戸参府旅行日記』、斎藤信訳、平凡社東洋文庫、一九七七年）

ここで重要な言葉は、「上り」と「下り」です。江戸時代には「上洛」という言葉に象徴されるように、天皇がいる京都に向かうことを「上る」という習慣がありましたが、街道のシステムとしては将軍がいる江戸が首都であり、日本橋を中心とした「上り」「下り」の観念がすでにできていたことがわかります。文政九（一八二六）年に江戸に参府したドイツ人医師のフィリップ・フランツ・フォン・シーボルト（一七九六～一八六六）もまた、「日本という大きな島国では距離はみな日本橋という江戸の大きな橋から測る」と述べています（『江戸参府紀行』、斎藤信訳、平凡社東洋文庫、一九六七年）。

ただし、肝心の将軍自身が日本橋を渡ることはありませんでした。将軍にとっては、日本橋からでも眺めることができた江戸城こそが全国の中心でなければならず、江戸城からやや離れた日本橋をわざわざ渡る必要はなかったのです。

将軍が上野寛永寺や日光東照宮に参詣する場合には、人々の往来が激しい日本橋を避け、大手門から現在石垣の跡だけが残っている神田橋門に出て、現在の昌平橋と万世橋の間にあった筋違橋（すじかいばし）で神田川を渡るルートをとりました。芝増上寺に参詣する場合も同様で、大手門から日本橋を経ずして御成門へと向かいました。最後の将軍、徳川慶喜が、明治末期になって日本橋という文字を揮毫したのは、歴史の皮肉といえるでしょう。

しかも日本橋が全国の中心だったのは、あくまでも陸上の交通システムに限った話です。目を陸路から海路に転じれば、津軽海峡や太平洋を経由し、江戸と日本海沿岸を結ぶ「東廻り航路」のほかに、瀬戸内海や太平洋を経由し、大坂（現・大阪）と山陰や北陸、そして東北や北海道の日本海沿岸を結ぶ「西廻り航路」が、政商の河村瑞賢（一六一八～九九）によって開かれたからです。

これに伴い、大坂は西日本や全国の物資の集散地となり、江戸に対抗し得るもう一つの中心になりました。大坂の町人学者、山片蟠桃（やまがたばんとう）（一七四八～一八二一）は、文政三（一八二〇）年にまとめられた『夢ノ代』のなかで、「天下ノ知ヲアツメ、血液ヲカヨハシ、大成スルモノハ、大坂ノ米相場ナリ。（中略）コノ相場ハ自然天然トアツマリ、大成シテ、天下ノ血液コレヨリ通ジ、知ノ達セザルナク、仁ノ及バザルナシ」と述べています（『日本思想大系43　富永仲基　山片蟠桃』、岩波書店、一九七三年）。

街道は離島とはつながっていませんでしたが、航路は離島ともつながっていました。例えば日本海に浮かぶ隠岐は、大坂と航路でつながっていました。飯嶋和一の『狗賓童子の島』（ぐひんどうじ）（小学館文庫、二〇一九年）は、小説というかたちをとりつつ、天保八（一八三七）年に大坂で起こった大塩平八郎の乱と明治元（一八六八）年に隠岐で起こった隠岐騒動の間に浅からぬつながりがあったことを、数々の史料を通して明らかにしています。

図５－２　幕末の日本橋周辺図〔『江戸東京博物館常設展示図録』模型編より〕

ちなみに大坂にも、日本橋がありました。江戸の日本橋が「にほんばし」と読むのに対して、こちらは「にっぽんばし」と発音しました。道頓堀川にかかる堺筋の橋で、道頓堀川が元和元（一六一五）年に開削された当初から整備されていたと考えられています。紀州藩や岸和田藩の参勤交代に際して利用されました。

時代が下るにつれ、江戸では隅田川に両国橋、新大橋、永代橋、大川橋（現・吾妻橋）のような、日本橋よりも大きな橋が架けられるようになりました。日本橋川にも、江戸橋、常磐橋、一石橋（いちこくばし）などが架けられ、日本橋は段々と目立たなくなりました（図５－２参照）。

それでも日本橋が、陸上の交通システムから見た全国の中心であることに変わりはありませんでした。明治天皇は明治元（一八六八）年一〇月一三日、鳳輦に乗り、京都から東海道を経由して江戸城西ノ丸御殿に入りましたが、当初は品川から東海道を北上し、京橋で左折して大手門に入るルートが想定されていました。ところがこのルートは修正され、京橋でなく日本橋南詰で左折して大手門に入るルートに変更されたのです（奈倉哲三『錦絵解析　天皇が東京にやって来た！』、東京堂出版、二〇一九年）。

3章で触れたように、当時は江戸城の本丸と二ノ丸が焼失していたため、日本橋の中心性が相対的に浮上していました。たとえ鳳輦に乗っている天皇の姿が見えなくても、わざわざ日本橋を経由することで、支配者の交代を強く印象づけようとしたのは想像に難くありません。

一八七三（明治六）年には馬車が難無く通行できるよう、日本橋は太鼓橋から平らな橋へと架け替えられました。文学者の塚原渋柿園（一八四八～一九一七）は、一九一一年の石造の日本橋完成に際して、こう述べています。

> 日本橋に人足の絶るのは夜の丑三ッのただ一刻だと云う事は誰でも言ました。しかしその橋は両国や永代から見ると極めて短かい、先ず詰らぬ橋で、これが名代の日本橋かと田舎者などは見て失望するとも聞いて居ったが、それが今度の橋。あの壮麗な物になったは私共、右旧江戸ッ児の立場として最も愉快に感うところです。（菊地眞一編『幕末の江戸風俗』、岩波文庫、二〇一八年）

明治末期に石造の日本橋ができるまで、東京の人間にとってこの橋は「極めて短かい、先ず詰らぬ橋」で、上京する「田舎者」が見ても「失望する」と見なされていました。両国橋や永代橋のように、日本橋よりも立派な橋が後になって次々と架けられたからです。だからこそ、新たに架けられた日本橋は「壮麗な物」に映ったわけですが、わずかその三年後、日本橋よりもはるかに壮麗な建築物が、江戸時代以来の街道に代わる全国的な交通システムの中心として、日本橋のすぐ近くに完成します。

それが東京駅です。千代田区丸の内一丁目にあります。

図５－３　東京駅丸の内駅舎。著者撮影

3. 東京駅を歩く

日本橋はすぐに渡れてしまいますが、丸の内口と八重洲口があり、ＪＲだけでも中央本線、京浜東北線、山手線、上野東京ライン（東北・高崎・常磐線）、東海道本線、東海道・山陽新幹線、東北・山形・秋田・北海道・上越・北陸新幹線、総武本線、横須賀線、京葉線、武蔵野線が乗り入れる東京駅はあまりに広大で、構内をくまなく歩くのは非常に大変です。しかも一般客の立ち入りができない空間があります。

東京駅は、一九一四（大正三）年一二月二〇日に開業しました。当時は八重洲口がなく、丸の内口だけがありました。丸の内というのは、江戸城の丸い環状の外濠の内側という意味です。建築家の辰野金吾（一八五四～一九一九）が設計した、全長三三五メートルもある赤レンガの丸の内駅舎は、一九四五（昭和二〇）年五月二五日の空襲で被災し、敗戦直後に三階建ての駅舎を二階建てにして修復しました。二〇一二（平成二四）年一〇月一日には、開業当時の三階建ての駅舎が復元されています（図５－３参照）。

丸の内駅舎には、一般客のための中央口、北口、南口があります。半球状の大ドームに覆われた北口と南口は広いのに対して、中央口は大変狭く、自動改札機が三台しかありません。しかもその位置は中央ではなく、やや北口の方にずれています。

中央口が狭いのは、もともとここが近距離電車の降車専用出口だったからです。さらに言えば、北口が長距離列車の降車専用出口、中央口が近距離電車の降車専用出口、南口が乗車専用入口という具合に、一方通行式の動線がつくられていました。

正真正銘の中央口には、中央玄関があります。ここは皇室専用の出入口で、一般客は利用できません。中央玄関を入ると、待合室に当たる「松の間」と「竹の間」があります。松の間は天皇と皇后専用の貴賓室で、玉座があり、横山大観（一八六八～一九五八）が寄贈した絵「富士に桜」が飾られています。竹の間は天皇、皇后以外の皇族の貴賓室に当たりますが、現在はどちらの間もあまり使われていないようです。

二つの貴賓室の先には、赤じゅうたんが敷き詰められた一〇〇メートルほどの地下通路が、ホームを縦断するようにしてまっすぐに延びています。ここを通れば、どのホームにも改札を通ることなく行けるようになっています。

中央玄関からは、皇居に向かって「行幸通り」と呼ばれる都道404号がまっすぐに延びています。その名の通り、天皇や皇族が東京駅から列車に乗る場合のほか、外国の大使が皇居で開かれる信任状捧呈式に出席する場合に使われます。天皇や皇族は、皇居から自動車に乗って行幸道りを進み、中央玄関の前で降りて地下通路をなおまっすぐに進んで列車に乗ることになります。建築史家の藤森照信が、「皇居からの軸線は、駅舎を貫いてホームを串ざしにし、新幹線とこまで行ってるのかァ」と感嘆した通りです（『建築探偵の冒険・東京篇』、ちくま文庫、一九八九年）。

以上のような駅舎の構造や設計を見ても、東京駅というのは本来、天皇のための政治的な駅であること、皇居に向かってそびえる巨大な赤レンガの駅舎もまた、天皇の権威を演出するために建てられたことがわかるでしょう。江戸時代に将軍が実際に渡ることがなかった日本橋とは、この点が全く異なっています。

図5-4　東京駅周辺図〔岡村圭介『東京駅「100年のナゾ」を歩く』中公新書ラクレ，2014年〕

江戸城の本丸と二ノ丸は、焼失したまま再建されませんでした。西ノ丸の跡に築かれた明治宮殿は、「お濠の外側」からは見えませんでした。「力が物量として表わされてはいない」（同）皇居につながる東京駅は、本丸に代わる新たな中心として、「物量的には最大」（同）に見えるよう設計されたのです。

けれども、皇居と東京駅は、2章で触れた平城宮の第一次大極殿と朱雀門や南門のように、南北の軸に並んでいるわけではありません。丸の内駅舎は西北西の方角を向いており、行幸通りもまた西北西に向かって延びているからです（図5-4参照）。この点に関しては、一八七七（明治一〇）年に八条通付近に開業し、東京駅が開業したのと同じ一九一四年に現在地に移った京都駅と対照的です。京都御所と京都駅は、若干のズレはあるにせよ南北の軸に並んでいて、京都駅を降りた天皇は南北を貫く烏丸通をまっすぐ北に向かいました。

東京駅は現在、JR中央本線、東海道本線、東北本線、東海道新幹線、東北新幹線、総武本線、京葉線の起点になっています。(3) このため、各線のホームから「0キロポスト」と呼ばれる起点標を見ることができます。地上のホームでは、駅長室からまっすぐ各線へ延長した線上に、各線の０キロポストが存在します。

東海道新幹線には山陽新幹線が乗り入れ、東北新幹線には北海道・山形・秋田・上越・北陸の各新幹線が乗り入れ、東北本線には常磐線や高崎線が乗り入れ、東京と出雲市・高松を結ぶ寝台特急「サンライズ出雲・サンライズ瀬戸」も運転されているため、東京駅からは一都一道二府二九県に直接列車で行くことができます(4)。

日本橋が全国の街道網の中心だったように、東京駅もまた全国の鉄道網の中心になっているわけです。このことは、東京に向かう列車を「上り」、東京から離れる列車を「下り」と称していることからもわかります。周辺に大きな橋ができるにつれて目立たなくなっていった日本橋とは異なり、東京駅よりも大規模な駅舎がつくられることはありませんでした。しかも東京駅では、地上以外に地下にまで在来線のホームがあるのです。

4．中央停車場の建設

明治五（一八七二）年に日本で最初の鉄道が開業したとき、東京のターミナルとしてつくられたのは官設鉄道（後の東海道本線）の新橋停車場でした。この新橋停車場は、現在の新橋駅とは別のところ（汐留）にありました。同年九月一二日（太陽暦では一〇月一四日）の鉄道開業式には明治天皇も臨席し、新橋―横浜（現・桜木町）間を往復しています。この時点ですでに、横浜方面を「下り」、新橋方面を「上り」と称していました(5)。

旧新橋停車場は、二〇〇三（平成一五）年に開業時の駅舎の地に再現され、開業時と同じ位置に「０哩（マイル）標識」が建てられています。当時はキロメートルではなくマイルが距離の単位だったからです。なお新橋停車場は、ホームが櫛形で、線路の終端が行き止まりとなった形状を意味する頭端式のターミナルでした。

これ以降、東京では日本鉄道（後の東北本線）の上野、甲武鉄道（後の中央本線）の新宿（後に飯田町）、総武鉄道（後の総武本線）の本所（現・錦糸町。後に両国橋）という具合に、明治末期に国に買収される私鉄が次々に頭端式のターミナルを開業させました。このように、ターミナルが分散する状況はロンドンやパリなどと共通していました。ちなみにロンドンやパリでは、いまでもこうした状況が続いています。

初めて東京駅のもとになる中央停車場の構想が発表されたのは、第八代東京府知事となった芳川顕正（一八四二～一九二〇）が一八八四（明治一七）年一一月に内務卿に上申した「市区改正意見書」においてでした。

鉄道は新橋上野両停車場の線路を接続せしめ、鍛冶橋内及万世橋の北に停車場を設置すべきものとす。

……東京市区内に於て貿易商業を営むの最も盛なりとするは、前にも掲げたる如く日本橋近傍の地にあり。諸国物産の輸入、若くは東京より諸国に輸出すべきもの、概ね該地問屋業を営むものの手に藉らざるはなし。……故に前記両停車場の線路を図面の如く接続せしめ、鍛冶橋内に中央の停車場を設け、又神田川の北に一の停車場を設置し、彼此の交通及び貨物運輸の便利を増進せんと欲するなり。（藤森照信『明治の東京計画』、岩波書店、一九九〇年）

中央停車場が日本橋に代わる交通や流通の中心として位置付けられていたのがよくわかります。芳川は、新橋と上野を結ぶ高架鉄道を建設し、鍛冶橋付近に中央停車場を建設して旅客用の高架ホームを設けることを考えていました。

この市区改正意見書では、宮城（皇居）に発する四本の放射道路が組み込まれていました。その一つが、宮城と中央停車場（そして上野）をつなぐ道路でした。芳川は都市計画のうえで初めて天皇の存在を意識し、中央停車場を天皇のための駅として位置付けようとしたのです（同）。

一八八九（明治二二）年七月、官設鉄道の新橋―神戸間が全通します。翌年には早くも明治天皇が、陸海軍合同大演習の統監と海軍観兵式の親閲のため、新橋―神戸間に乗っています。これ以降、天皇はもっぱら鉄道を利用し、どれほど遠くても海路を経由しなくなります。民俗学者の柳田國男は、鉄道の発達が与えた影響につき、「たくさんの湊は無用になった。浜に起ころうとしていた幾つかの産業は退いた。今でも汽車に恨みを含む寂れた津というものは多いのである」（『明治大正史世相篇』上、講談社学術文庫、一九七六年）と述べましたが、こうした変化が天皇の行幸にも反映したのです。中央停車場が必要とされたゆえんです。

芳川顕正の意見書は、ドイツ人技師のヘルマン・ルムシュッテル（一八四四～一九一八）やフランツ・バルファー（一八五七～一九二七）に受け継がれることになります。二人はベルリンの鉄道網を念頭に、中央停車場を新橋や上野のような頭端式のターミナルではなく、ホームが線路に並行してつくられ、列車が構内を通り抜ける通過式のターミナルにする計画を作成しました。通過式という発想は、日本橋に通じるものがあるといえます。

この計画は、赤レンガの東京駅を設計した辰野金吾に受け継がれました。分散していたターミナルを一つの駅に統合し、全国に延びる交通システムの一元的な中心をつくるという発想もまた、日本橋に通じるものがありました。

中央停車場の建設が始まったのは、一九〇八（明治四一）年でした。このときには、明治天皇が利用することを想定していました。実際には四年の工期の予定が六年半に延び、その間に明治天皇は死去して大正天皇の時代になりました。

一九一四（大正三）年一一月には、京都で大正天皇の大礼、すなわち即位の礼と大嘗祭が予定されていました。天皇のための駅にふさわしく、中央停車場はこの即位礼に合わせて開業するはずでした。

> 中央停車場は明年秋迄に内外全部の竣工を告げしむるに至るを以て、聖上皇后両陛下即位式御挙行の為め京都行幸啓の節を以て開場式を行ひ、両陛下の京都行幸啓の鳳輦通御の後、一般旅客の列車を運転せしむるに至るならんといふ（『東京朝日新聞』一九一三年一月二四日）

しかし、一四年五月に明治天皇の皇后に当たる昭憲皇太后が死去したのに伴い、大礼は一年延期されました。結果として中央停車場は、大礼の前年に「東京駅」と命名されて開業しました。明治以来の「停車場」に代わる用語として、それまで宿場（宿駅）を意味していた「駅」が初めて大々的に使われたのです。

このこと自体、街道の時代から鉄道の時代への転換を暗示していました。首都の都市名をそのまま駅名にするのも、ヨーロッパにない発想でした。

明治五年の鉄道開業式に出席した大隈重信（一八三八～一九二二）は、東京駅の開業式典にも首相として臨席し、祝辞を述べています。

> 凡そ物には中心を欠くべからず。猶ほ恰も太陽が中心にして光線を八方に放つが如し、鉄道もま

た光線の如く四通八達せざるべからず、而して我国鉄道の中心は即ち本日開業する此の停車場に外ならず、唯それ東面には未だ延長せざるも此は即ち将来の事業なりとす、それ交通の力は偉大なり――。（林章『東京駅はこうして誕生した』、ウェッジ、二〇〇七年）

大隈は伊藤博文とともに、明治初期から鉄道の必要性を主張し、「鉄道敷設の起点を東京とし、横浜より折れて東海道を過ぎり、京都、大坂を経て神戸に達するを幹線と為し、京都より分れて敦賀に至る支線を敷き、この幹線と支線とを以て第一着手の敷設線路と為し、これより漸次してついに全国に及ぼさん」とする構想をもっていました（『大隈重信自叙伝』、岩波文庫、二〇一八年）。大隈にとって東京駅はまさに悲願であり、「ついに全国に及ぼさん」とする鉄道システムの中心に位置付けられたのです。

しかし大隈自身が「唯それ東面には未だ延長せざるも」と述べているように、開業当時はまだ完全な「我国鉄道の中心」にはなっていませんでした。一九年三月に中央本線が、次いで二五年一一月に東北本線が延伸し、いずれも東京駅を起点にしました。そして七二年七月には総武本線の東京―錦糸町間が開業し、同線もまた東京駅を起点とすることで、ようやく「東面」への延長が完成したのです。それでも新宿、上野、両国の各駅は、特急や急行の発着駅としての機能を失わず、ターミナルとしての機能をしばらく保ち続けました。

5．植民地帝国の中心としての東京駅

東京駅は、駅舎の中央に皇室専用の出入口が設けられたことで、乗車口（南口）と降車口（北口）が二〇〇メートル以上も離れたところに配置され、日本橋に近い八重洲側には出入口がないなど、一般客にとっては利用しづらい構造になっていました。地方に出張に行く首相もまた中央玄関を利用できず、

南口からホームに入るのがわかっていたことから、待ち伏せがしやすく、暗殺の舞台にもなりました。実際に一九二一（大正一〇）年一一月四日には、東海道本線で京都に向かおうとした首相の原敬（一八五六～一九二一）が、南口で大塚駅の職員だった中岡艮一（こんいち）（一九〇三～八〇）に暗殺されています。

大正天皇は、一九一五年一一月の大礼をはじめ、何度か東京駅を利用しています。しかし体調が悪化したため、一九年一一月の行幸を最後に、公式の行幸で東京駅を利用しなくなりました。この結果、東京駅は二一年一一月に摂政になる皇太子裕仁、後の昭和天皇のための駅になったのです。御用邸で静養生活を送る大正天皇には、いわば「裏口」として山手線の原宿駅近くに原宿宮廷ホーム（原宿駅側部乗降場）が用意されました[6]。

植民地の鉄道でも、東京に近い方が「上り」になりました。具体的に言えば、台湾では基隆（キールン）方面が、朝鮮では釜山（プサン）方面が、樺太（現・サハリン）では大泊（現・コルサコフ）方面が、それぞれ上りになったわけです[7]。一九三二（昭和七）年に成立した「満洲国」の鉄道（南満洲鉄道）でも、その原則が貫かれました。新京（現・長春）が首都にもかかわらず、新京から港のある大連に向かう方面が上りとされたのです。

作家の宮脇俊三（一九二六～二〇〇三）は、当時の時刻表を示しながら、「新京から大連方面へ向う各列車の番号が『上り』を示す偶数であるとは逆ではないか。日本が経営する鉄道で、本社が大連にあるとはいえ、表向きは他国を走る鉄道である。首都の新京を中心として『上り』『下り』を設定するのが礼儀であろう。こんなところにも植民地国家の性格があらわれているように思われる」と述べています（『増補版　時刻表昭和史』、角川文庫、二〇〇一年）。東京駅は、植民地帝国全体の中心になったということです。

一九三五（康徳二）年四月と四〇年六月には、「満洲国」の皇帝となった愛新覚羅溥儀（一九〇六～

六七）が訪日しています。溥儀は新京から大連まで南満洲鉄道の御召列車に、大連から横浜まで軍艦に、横浜から東京まではまた御召列車に、それぞれ乗っています。つまり新京から東京まで、途中の軍艦をはさんでひたすら上り列車に乗ったわけです。

どちらの訪日でも、御召列車が到着した東京駅の第三ホームでは、昭和天皇が溥儀を迎え、ホームで握手を交わしました。このとき東京駅は、東アジアの頂点に立つ天皇が、傀儡国家の皇帝を迎える政治的な舞台となったのです。

溥儀自身も、一回目の訪日に際して「日本の東京に着くと、裕仁天皇はみずから駅まで私を迎えに出、また私のために宴会を開いてくれた」（『わが半生　「満州国」皇帝の自伝』下、小野忍他訳、ちくま文庫、一九九二年）と記しています。江戸時代の朝鮮通信使も将軍に謁見するため海を越えて上りの街道を進みましたが、江戸城を訪れても将軍と言葉を交わすことはおろか、将軍の姿すらよく見えなかった点で決定的に違っていました。

一九二九（昭和四）年一二月には八重洲口が開設され、外濠には八重洲橋が架けられました。敗戦後には戦災の瓦礫を住民が外濠に捨てたことがきっかけとなり、四七年には外濠が埋め立てられ、八重洲橋は撤去されました。日本橋とつながっていた江戸城の面影は、戦後の八重洲口の発展と引き換えになくなったのです。

注

（1）ただし最終的に高架橋が撤去されて工事が完了するのは二〇四〇年の予定です。日本橋と高速道路の景観をめぐる問題に関しては、渡辺裕『感性文化論　〈終わり〉と〈はじまり〉の戦後昭和史』（春秋社、二〇一七年）を参照。

（2）東京都墨田区の江戸東京博物館には、日本橋の北側半分が原寸大で復元されています。また大田区の羽田空港国際線旅客ターミナルには、日本橋を約半分のサイズで復元した「はねだ日本橋」があります。

（3）例えばJR山手線の田端—品川間は東北本線と東海道本線と重なっているため、山手線の戸籍上の区間は品川—新宿—田端間となります。また京浜東北線の区間はすべて東北本線と東海道本線に重なっているため、固有の戸籍はありません（横浜—磯子—大船間は根岸線と呼ばれています）。

（4）ちなみに、直接行けないのは福井県、三重県、和歌山県、奈良県、徳島県、愛媛県、高知県、佐賀県、長崎県、熊本県、大分県、宮崎県、鹿児島県、沖縄県です。このうち三重県、和歌山県、佐賀県、長崎県、熊本県、大分県、宮崎県、鹿児島県へは、かつて東京駅から直通の寝台特急が運転されていました。二〇二四年に北陸新幹線が敦賀まで延伸されれば、福井県に直接行けるようになります。

（5）これは up と down という用語を使っていた英国の鉄道にならったともいえます。

（6）実際に大正天皇が原宿宮廷ホームを利用したのは、体調が悪化した一九二六（大正一五）年に葉山御用邸に向かった一回だけでした。昭和になると、多摩陵への参拝や各御用邸での滞在などに際してこのホームが利用されました。

（7）現在の韓国では反対に、京釜線の釜山方面が「下行（ハヘン）」、ソウル方面が「上行（サンヘン）」となっています。

1. 街道と鉄道に用いられた「上り」と「下り」の意味について考えてみよう。
2. 近世の日本橋と近代の東京駅の共通点と相違点について考えてみよう。
3. 日本橋と江戸城、東京駅と皇居の関係についてまとめてみよう。

参考文献

三浦浄心『慶長見聞集』（富山房、一九〇六年）

渡辺浩『東アジアの王権と思想』（東京大学出版会、一九九七年）
ケンペル『江戸参府旅行日記』（斎藤信訳、平凡社東洋文庫、一九七七年）
塚原渋柿園『幕末の江戸風俗』（菊池眞一編、岩波文庫、二〇一八年）
奈良哲三『錦絵解析　天皇が東京にやって来た！』（東京堂出版、二〇一九年）
藤森照信『明治の東京計画』（岩波書店、一九九〇年）
藤森照信『建築探偵の冒険　東京篇』（ちくま文庫、一九八九年）
宮脇俊三『増補版　時刻表昭和史』（角川文庫、二〇〇一年）
愛新覚羅・溥儀『わが半生　「満洲国」皇帝の自伝』下（小野忍他訳、ちくま文庫、一九九二年）

6 中山道馬籠宿

《目標&ポイント》 島崎藤村の長編小説『夜明け前』を手掛かりとしながら、江戸時代の街道が沿道の人々に対する権力者の支配を視覚化する政治空間であったことに触れるとともに、その空間が明治以降にどう受け継がれたかを探ります。

《キーワード》 中山道、馬籠宿、島崎藤村、『夜明け前』、参勤交代、尾張藩主、和宮、明治天皇、巡幸

1. 馬籠宿を歩く

日本橋と京都の三条大橋を結ぶ中山道(なかせんどう)は、五街道の一つで、江戸時代にいち早く整備されました。同じ区間を結ぶ東海道とは異なり内陸を経由し、全行程約五四〇キロの街道に六九カ所の宿場が置かれました。[1] そのうちの一一宿が木曽にあることから「木曽街道」「木曽路」とも呼ばれました。一一宿の一つで、父親の島崎正樹(一八三一~八六)が本陣を務めた馬籠(まごめ)宿で生まれ育った作家の島崎藤村(一八七二~一九四三)は、正樹をモデルとした青山半蔵を主人公とする長編小説『夜明け前』の冒頭で、こう述べています。

> 木曽路はすべて山の中である。あるところは岨づたいに行く崖の道であり、あるところは数十間の深さに臨む木曽川の岸であり、あるところは山の尾をめぐる谷の入口である。一筋の街道はこの深い森林地帯を貫いていた。
> 東ざかいの桜沢から、西の十曲峠まで、木曽十一宿はこの街道に添うて、二十二里余にわたる長い谿谷の間に散在していた。（『夜明け前』第一部上、新潮文庫、二〇一二年）

文中の「二十二里余」は、キロに換算すれば八六キロあまりになります。木曽一一宿の多くは、明治以降に開通するJR中央本線や国道19号の近くにありながら、今日でも江戸時代の面影を保っています。なかでも長野県木曽郡南木曽町に位置する妻籠宿は、いち早く地域を挙げて景観保存運動に取り組んだことが評価され、一九七六（昭和五一）年に国の重要伝統的建築物群保存地区の最初の選定地の一つになりました。

街道沿いには、一九九五（平成七）年に復元された本陣（島崎本陣）や、一八七七（明治一〇）年の建築で、重要文化財に指定された脇本陣（奥谷脇本陣）、法令を布告するための高札場、そして民家などの建物が往時のままに建ち並んでいます。本陣には大名やその近習が、脇本陣には家老など上級家臣が泊まり、どちらも問屋を兼ねていました。一八八〇（明治一三）年の甲州・東山道巡幸で明治天皇が立ち寄った脇本陣では、天皇の御座所が保存され、入口には「明治天皇妻籠御小休所」の石碑が建っています。

京都に向かう中山道は妻籠宿から長い上りにかかりますが、標高八〇一メートルの馬籠峠を越えると石畳の下り坂となり、次の宿場である馬籠宿が見えてきます。藤村は、『夜明け前』の舞台となるこの宿場をこう描いています。

図6-1　中山道馬籠宿。著者撮影

> 馬籠は木曽十一宿の一つで、この長い谿谷の尽きたところにある。西よりする木曽路の最初の入口にあたる。そこは美濃境にも近い。美濃方面から十曲峠に添うて、曲がりくねった山坂を攀じ登って来るものは、高い峠の上の位置にこの宿を見つける。街道の両側には一段ずつ石垣を築いてその上に民家を建てたようなところで、風雪を凌ぐための石を載せた板屋根がその左右に並んでいる。宿場らしい高札の立つところを中心に、本陣、問屋、年寄、伝馬役、定歩行役、水役、七里役（飛脚）などより成る百軒ばかりの家々が主な部分で、まだその他に宿内の控えとなっている小名の家数を加えると六十軒ばかりの民家を数える。（同）

「そこは美濃境にも近い」とあるように、馬籠宿はもともと信濃国にあり、かつては長野県木曽郡山口村に属しましたが、二〇〇五年の山口村の越県合併により、隣接する岐阜県中津川市に編入されました。おおむね平坦な妻籠宿とは異なり、宿場全体が馬籠峠と十曲峠を結ぶ坂道に沿っています（図6-1参照）。現在の馬籠宿では、問屋と庄屋を兼ねた本陣が藤村記念館に、脇本陣が馬籠脇本陣史料館に、問屋の大黒屋が大黒屋茶房になっています。藤村記念館を訪れた中国文学者の竹内好（一九一〇〜七七）は、「本陣とはいっても昔の住宅がどんなにそまつだったかがわかる」（『転形記―戦後日記抄』、創樹社、一九七四年）と述べています。なお、一八九五（明治二八）年の大火により本陣や脇本陣の建物自体は残っておらず、復元もされていません（図6-2参照）。

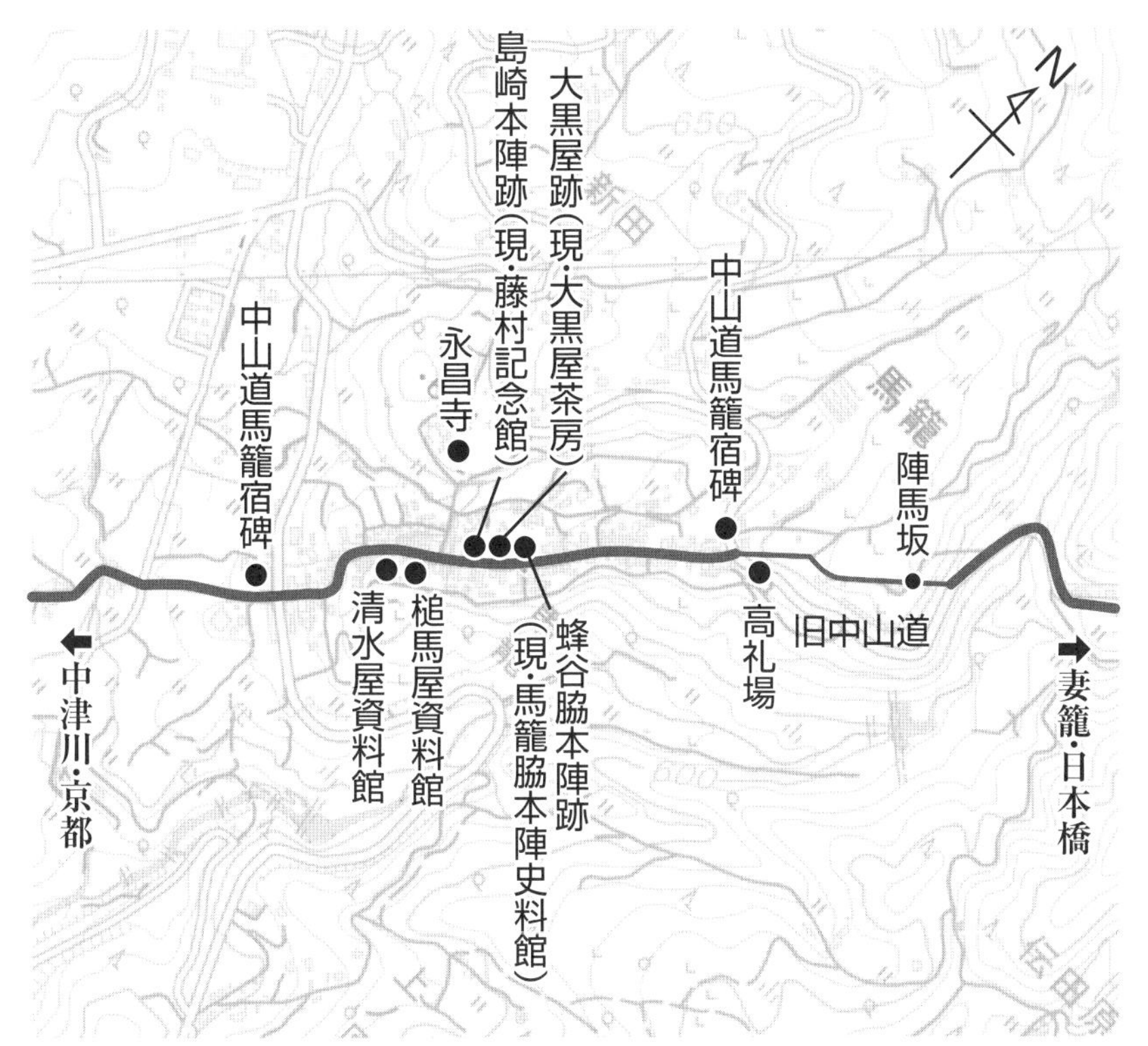

図6－2　馬籠宿周辺図〔『ちゃんと歩ける中山道六十九次』山と渓谷社の図を参考に編集部で作成〕

なぜ本章で街道の宿場を取り上げるのかにつき、一言しておきたいと思います。3章では江戸城を取り上げましたが、江戸城はあくまでも大名や外国使節と将軍が対面する政治空間であり、それ以外の人々は除外されていました。これに対して街道は、さまざまな権力者が一般の人々の前を通り過ぎる政治空間でした。馬籠宿でも、「西の領地よりする参覲交代の大小の諸大名、日光への例幣使、大坂の奉行や御加番衆などはここを通行した」（同）のです。

日ごろはどこかからどこかに移動するための手段にすぎず、誰もが通行できるはずの街道が、いったん将軍や大名、奉行、そして幕末には皇族のような権力者が通行するや、彼らの支配を視覚化する空間へと早変わりしました。一七世紀前半から一九世紀後半まで、実に二〇〇年以上にわたって全国の街道でこうした光景が繰り返されたのです。

2.『夜明け前』に描かれた幕末の馬籠宿1

『夜明け前』は小説という体裁をとっていますが、本章で主に言及する第一部は馬籠宿の問屋、大黒屋の一〇代目当主、大脇兵右衛門信興（のぶあき）が四四年間書き続けた『年内諸用日記帳』（大黒屋日記）三一冊にもとづいています。歴史学者の成田龍一は「藤村が一次資料とともに研究文献をもたんねんに参照し、それを『夜明け前』の物語にとり込み叙述していることがわかる、しかも藤村は、依拠した文献を参照するとき、それを自由に変形し、改変し、自己の文脈と物語のなかに巧みに入れ込んでいる」（増補〈歴史〉はいかに語られるか　一九三〇年代「国民の物語」批判、ちくま学芸文庫、二〇一〇年）と述べています。

タイトルになっている「夜明け」を最初に告げたのは、嘉永六（一八五三）年六月三日、相模の浦賀に来航した米国東インド艦隊司令長官のマシュー・ペリー（一七九四〜一八五八）でした。続いて同年七月一八日には、ロシアの海軍軍人、エフィム・プチャーチン（一八〇四〜八三）が長崎に来航し、条約締結を要求しています。

八月一日には、六月に長崎奉行に任ぜられたばかりの水野忠徳（ただのり）（一八一〇〜六八）が江戸から長崎に向かう途中、馬籠宿を通っています。水野は二〇〇〇石の旗本でありながら、将軍の命を帯びて通行するときには一〇万石の大名に匹敵する格式になりました。

本陣で水野を迎えたのは、主人公の青山半蔵の父、吉左衛門でした。

諸公役が通過の時の慣例のように、吉左衛門は長崎奉行の駕籠の近く挨拶に行った。旅を急ぐ奉行は乗物からも降りなかった。本陣の前に駕籠を停めさせてのほんの御小休であった。料紙を載せた三宝などがそこへ持ち運ばれた。その時、吉左衛門は、駕籠の側に跪いて、言葉も簡単に、

「当宿本陣の吉左衛門でございます。お目通りを願います」

と声を掛けた。

「おお、馬籠の本陣か」

奉行の砕けた挨拶だ。（同）

水野が乗った駕籠の前でひざまずき、うやうやしくあいさつする吉左衛門と、駕籠から降りることもなく横柄に言葉をかける水野。水野のこうした身分不相応な態度の背後には、江戸の将軍の「御威光」が輝いていたのです。

嘉永七（一八五四）年三月には、御三家の一つで、木曽を管理していた尾張藩主の徳川慶勝（一八二四～八三）が中山道経由で名古屋から江戸に向かうことになりました。「木曽寄せの人足七百三十人、伊那の助郷千七百七十人、この人数合せて二千五百人を動かすほどの大通行が、三月四日に馬籠の宿を経て江戸表へ下ることになった」（同）のです。実際に慶勝の行列が馬籠宿を通行したときの模様については、次のように記されています。

やがて正五つ時も近づく頃になると、寺の門前を急ぐ人の足音も絶えた。物音一つしなかった。何もかも鳴りをひそめて、静まりかえったようになった。（中略）松雲は戸から外へ出ないまでも、街道の両側に土下座する村民の間を縫って御先案内をうけたまわる問屋の九太夫をも、まのあ

たり藩主を見ることを光栄としてありがたい仕合せだとささやき合っているような宿役人仲間をも、うやうやしく大領主を自宅に迎えようとする本陣親子をも、ありありと想像で見ることが出来た。（同）

「正五つ時」は午前八時頃を意味します。松雲というのは馬籠万福寺（実際には永昌寺）の住職、本陣親子というのは青山吉左衛門、半蔵のことです。しんと静まりかえった宿場を藩主の行列が進み、街道の両側には村民が土下座する様子が、松雲の脳裏に浮かんだ光景として描かれています。松雲がこの光景をたやすく想像できたのは、言うまでもなく参勤交代のための大名行列が頻繁に馬籠宿を通行したからです。

村民は、藩主の姿を直接見たわけではないのに、藩主の乗った駕籠を見ただけで反射的に土下座しています。宿役人のように、その姿を見ることができるのは「光栄」であり、「ありがたい仕合せ」だったのです。

村民と藩主が対面したり、対話したりすることはなく、藩主は彼らに身体すら見せませんでした。本来、移動手段であるはずの駕籠が、そこに乗る人物の権威を演出するための道具となった結果、その人物が支配者として優れているかどうかは問われず、もっぱら視覚による支配が貫かれたのです。極端に言えば、駕籠に誰も乗っていなくても、村民は土下座したでしょう。この点ではフェティシズム（物神崇拝）による支配ともいえます。

藩主が向かう先は、ほかの大名と同様、将軍のいる江戸城でした。たとえ外国船が相次いで来航して開国を要求しようが、江戸を中心とする「御威光」の秩序が保たれている限り、徳川政治体制は揺るぎませんでした。

3.『夜明け前』に描かれた幕末の馬籠宿2

ところが、文久元（一八六一）年一〇月に孝明天皇の異母妹、和宮親子(ちかこ)内親王（一八四六〜七七）が京都を発ち、中山道を経由して江戸に向かったときには、すでに「御威光」の秩序は揺らいでいました。その背景には、尊王攘夷論の高まりとともに天皇の権威が浮上し、幕府もそれを無視できなくなった当時の政治状況がありました。老中の安藤信正（一八一九〜七一）は、朝廷と幕府の融和をはかる公武合体の政策をとり、その目玉として和宮を一四代将軍徳川家茂の正室とすべく、京都から迎えたのです。

東海道ではなく中山道が選ばれたのは、川止めがないことに加えて、狭い山道が行列を守りやすいと考えられたからでした。馬籠宿では、ほかの宿場と同様、尾張藩主を迎えたときを上回る大掛かりな準備がなされました。それは京都の朝廷が、いまや木曽を治める藩主を上回る存在になったことを意味していました。

道路の改築もその翌日から始まった。半蔵が家の表も二尺通り石垣を引込め、石垣を取り直せとの見分役(けんぶんやく)からの達しがあった。道路は二間にして、道幅はすべて二間見通しということに改められた。石垣は家毎(ごと)に取り崩された。この混雑の後には、御通行当日の大釜(おおがま)の用意とか、膳飯(ぜんぱん)の準備とかが続いた。半蔵の家でも普請中で取り込んでいるが、それでも相応な支度を引受け、上の伏見屋なぞでは百人前の膳飯を引受けた。

やがて道中奉行が中津川泊りで、美濃の方面から下って来た。一切の準備は整ったかと尋ね顔な奉行の視察は、次第に御一行の近づいたことを思わせる。（中略）馬籠へは行列拝見の客が山口村からも飯田方面からも入り込んで来て、いずれも宮様の御一行を待ち受けた。

　そこへ先駆だ。二十日に京都を出発して来た先駆の人々は、八日目にはもう落合宿から美濃境の十曲峠を越して、馬籠峠の上に着いた。随行する人々の中には、万福寺に足を休めて行くものが百二十人もある。先駆の通行は五つ半時であった。奥筋へ行く千人あまりの尾州の人足がその後に続いて、群衆の中を通った。（同）

「二尺」は七六センチ、「二間」は三メートル六四センチを意味します。大行列の通行に支障をきたさないよう、街道の拡張工事がなされたわけです。行列の先駆だけでも大変な人数だったことがわかります。一行の総人数は、信濃国内を通行した際には各藩からの警護に駆り出された武士や助郷人足など合わせて約八万人と言われました（『長野県史通史編　第六巻近世二』、長野県史刊行会、一九八九年）。

いよいよ和宮の行列が馬籠宿を通った文久元年一一月一日の模様はこうでした。


　九つ半時に、姫君を乗せた御輿は軍旅の如きいでたちの面々に前後を護られながら、雨中の街道を通った。厳めしい鉄砲、纏、馬簾の陣立は、殆んど戦時に異ならなかった。供奉の御同勢はいずれも陣笠、腰弁当で、供男一人ずつ連れながら、その後に随った。（中略）京都の町奉行関出雲守が御輿の先を警護し、御迎えとして江戸から上京した若年寄加納遠江守、それに老女等も御供をした。これらの御行列が動いて行った時は、馬籠の宿場も暗くなるほどで、その日の夜に入るまで駅路に人の動きの絶えることもなかった。（同）

「九つ半時」は午後一時頃です。和宮は駕籠ではなく、御輿に乗っています。その行列が女性を主体とし、多くの婚礼道具を伴う点もまた、ほぼ男性のみの大名行列とは異なっているはずでした。けれども「厳めしい鉄砲、纏、馬簾の陣立は、殆んど戦時に異ならなかった」とあるように、少なくとも視覚的には大名行列と同様の行軍にしか見えず、大名行列との違いがはっきりしませんでした。

一つの宿場の通過に、前々日、前日、当日、翌日の四日間かかりました（前掲『長野県史通史編　第六巻近世二』）。沿道の人々は、前例のない規模の行列が京都から江戸に向かって進んでゆくのを目のあたりにして、時代の大きなうねりを感じたに違いありません(2)。

文久三（一八六三）年三月には、和宮と結婚した徳川家茂が二二九年ぶりに将軍として東海道を経由し、江戸から京都に向かいました。このこと自体、江戸に代わる京都の「御威光」が台頭してきたことを意味していました。江戸から京都に向かったのは、将軍だけではありませんでした。尾張藩主の徳川茂徳（一八三一～八四）は、前年に起こった生麦事件の賠償金を幕府が英国に支払ったことを朝廷に報告するため、同年五月三日に江戸を出発し、五月一三日に馬籠宿に着いています。

　道路の入口にはすでに盛り砂が用意され、竹籠に厚紙を張った消防用の水桶は本陣の門前に据え置かれ、玄関のところには二張の幕も張り廻された。坂になった馬籠の町は金の葵の紋のついた挟箱、長い柄の日傘、鉄砲、箪笥、長持、その他の諸道具で時ならぬ光景を呈した。鉾の先を飾る大鳥毛の黒、三間鎗の大刀打に光る金なぞは殊に大藩の威厳を見せ、黒の絹羽織を着た小人衆はその間を往ったり来たりした。普通御通行の御定めと言えば、二十万石以上の藩主は馬十五疋乃至二十疋、人足百二三十人、仲間二百五十人乃至三百人とされていたが、尾張領分の村々から藩主を迎えに来た人足だけでも二千人からの人数がこの宿場に溢れた。（中略）

　その日の藩主は中津川泊りで、午後の八つ頃には御小休だけで馬籠を通過した。

「下に。下に」
西へと動いて行く杖払(つえはら)いの声だ。その声は、石屋の坂あたりから荒町の方へと高く響けて行った。路傍(みちばた)に群れ集まる物見高い男や女はいずれも大領主を見送ろうとして、土の上に跪(ひざまず)いていた。(『夜明け前』第一部下、新潮文庫、二〇一二年)

「午後の八つ頃」は午後二時頃です。「二十万石以上の藩主」を大幅に上回る人数の行列が通行したことがわかります。

これを前述した嘉永七(一八五四)年三月の徳川慶勝の行列と比較してみると、両者の違いがよくわかります。どちらも同じ尾張藩主で、沿道では同じような視覚による支配が貫かれながら、慶勝は名古屋から江戸に向かったのに対して、茂徳は江戸から京都に向かっています。「今まではお前、参観(さんきん)交代の諸大名が江戸へ江戸へと向っていた。それが江戸でなくて、京都の方へ参朝するようになって来たからね。世の中も変わった」(同)という吉左衛門の言葉は、こうした変化を見事に言い当てています。

4. 朝鮮の街道との違い

藤村が描いた幕末の馬籠宿の行列は、全体のさまざまな行列のほんの一部にすぎませんでした。江戸時代というのは、列島を大小の規模の行列が始終往来した「行列の時代」にほかならなかったからです。文政四(一八二一)年の調査によると、中山道を通行した大名だけでも四一家にのぼりました(丸山雍成『参勤交代』、吉川弘文館、二〇〇七年)。この大名数は、幕末まで基本的に変わっていません。

参勤交代にせよ将軍の日光社参にせよ、長大な行列は視覚的に沿道の人々に対して威厳を誇示するための道具となりました。江戸に向かう参勤交代の行列ばかりか、京都に向かう幕末の行列ですら、視覚による支配が貫かれたのです。

同時代の隣国、朝鮮王朝でも、日本ほどではないにせよ、首都のソウル（漢城、漢陽）を中心とする街道網が整備されました。歴代の国王は、王宮の外を出て街道を経由し、郊外に散在する陵墓に参拝しました。その際には長大な行列が組まれた点や、沿道に人々が集まった点に関する限り、日本の参勤交代や将軍の日光社参などと共通していましたが、奴婢を含む人々が行列を止め、最高権力者である国王に直訴できるようになった点は全く異なりました。

一八世紀後半の国王、正祖は、沿道での文書ないし口頭による直訴を合法化したため、直訴が激増しました（原武史『直訴と王権　朝鮮・日本の「一君万民」思想史』、朝日新聞社、一九九六年）。国王の外出は、権威を視覚的に示しただけでなく、1章で触れたように「民は惟れ邦の本にして、本固ければ邦寧し」（『書経』五子之歌。原文は漢文）や「孟子曰く、民を貴しとなし、社稷之に次ぎ、君を軽しとなす」（『孟子』民心章句下。同）に代表される儒教の民本思想を実践する絶好の機会にもなったのです。

江戸時代に将軍の代替わりに際してソウルから江戸に派遣された朝鮮通信使の手記を見ると、朝鮮国内では沿道の人々に通行がしばしば妨害され、どこに行くのかを問われています。すべての人々が行き交う街道の基本的な性格は失われず、通信使だけが通行を独占できる空間にはならなかったのです。ところが日本に上陸するや、光景が一変します。通行を妨害する日本人は一人もなく、沿道で静かに行列を迎えたからです。

享保四（一七一九）年の通信使に加わった申維翰は、その様子につき、「路を挟んで見物する者は、ことごとく正路の外に坐し、小なる者は前に居り、やや大なる者は第二列をなし、またその大なる者はその後ろにあり、次々と隊をなし、静粛にして騒ぐ者がない。数千里を見たところで、一人として妄動し路を犯す者がない」と述べています（『海游録　朝鮮通信使の日本紀行』、姜在彦訳、平凡社東洋文庫、一九七四年)。ここには明らかに参勤交代からの影響がうかがえます。

江戸時代の日本では、将軍への直訴は確認されていません。越訴の記録をまとめた青木虹二、保坂智編『編年百姓一揆史料集成』1~19（三一書房、一九七九~九七年）によると、将軍への直訴は数件あることになっていますが、すべて伝説と見なせます。なぜならこれらは、後世に物語化されて有名になったのであり、実際に直訴があったかどうかはわかっていないからです（若尾政希『百姓一揆』、岩波新書、二〇一八年)。

最も有名なのは、佐倉藩領の名主で、四代将軍の徳川家綱が上野寛永寺に参詣する途上、藩主の圧政を直訴したとされる佐倉惣五郎（木内宗吾）でしょう。死罪となった代わりに年貢減免を勝ち得た惣五郎は義民として称えられ、幕末に江戸で惣五郎を主人公とする歌舞伎演目「東山桜荘子」が上演されて大ヒットし、惣五郎をまつる宗吾霊堂が建てられたことが、伝説を事実として流布させました。福澤諭吉は明治初年に出版した『学問のすゝめ』（岩波文庫、一九七八年）で、「余輩の聞くところにて、人民の権義を主張し正理を唱えて政府に迫りその命を棄てて終りをよくし、世界中に対して恥ずることなかるべき者は、古来ただ一名の佐倉宗五郎あるのみ」と述べていますが、それほどまでに惣五郎のような日本人はいなかったのです。

5．明治天皇の巡幸

明治元（一八六八）年一〇月、明治天皇は京都を出て、初めて東海道を経由して江戸に向かいました。評論家で神奈川県の藤沢近郊の鎌倉郡村岡村（現・藤沢市）に住んでいた山川菊栄（一八九〇~一九八〇）は、戦中期に刊行された『わが住む村』（岩波文庫、一九八三年）で、明治元年に五歳だった「お爺さん」が、藤沢宿と戸塚宿の中間に当たるこの村で一〇月一一日に天皇の行列を迎えた父親から聞かされた話を紹介しています。

天朝様のお通りは大したもんでしたよ。何しろお輿（こし）が二挺（ちょう）でしょう。ドドン、ドドン陣太鼓を叩いてね、お行列が二丁じゃきかなかったでしょう。兵隊は具足でさ。そのあとがお荷物でこれがまた大したもんだ。大長持が幾つ行ったか。大長持といえば一間半だ。前を四人、うしろを三人で担ぐときまってました。拝むといってもみんな地面に頭をつけたきり、首をあげるものなんかありゃしない。在からどのくらい拝みに出たか、十里二十里という奥からも出て来ましたからね。

いくつか注釈が必要でしょう。「お輿が二挺」というのは、天皇が乗る輿が、てっぺんに鳳凰の付いた台座が置かれた鳳輦と、通常の乗り物である板輿の二種類あったことを意味します。『明治天皇紀』第一（吉川弘文館、一九六八年）によれば、天皇が鳳輦に乗るのは戸塚宿の次の程ケ谷（現・保土ケ谷）宿からですので、村岡村を通ったときの天皇はまだ板輿に乗っていたと思われます。「二丁」は約二一八メートル、「大長持」は衣類や調度類を入れる蓋付きの長方形の大きな箱、「一間半」は約二メートル七三センチを意味します。行列の総人数は、京都を出た時点で三三〇〇人を超えていました。

板輿に乗っていたのは、満一六歳になったばかりの少年でした。駕籠に乗った大名同様、沿道の人々は天皇の姿を直接見ることはできませんでした。それどころか、参勤交代さながらの「下いろう、下いろう」の掛け声とともに、人々は鳳輦と板輿のどちらに天皇が乗っているのかもわからず、その大掛かりな乗り物を見ただけで反射的に土下座したのです。「拝むといってもみんな地面に頭をつけたきり、首をあげるものなんかありゃしない」という証言からは、一人の例外もいなかった光景が浮かび上がってきます。

ここには江戸時代との強い連続性がうかがえます。視覚による支配、ないしはフェティシズムにもとづく支配が見事に踏襲されているからです。日本では儒教が支配イデオロギーとなった中国や朝鮮のように支配者の資質が問題になることはなく、支配者が徳を失っているがゆえに新たな有徳者が「天子」になれるとする儒教の革命思想も浸透しませんでした。天皇の資質が問われることはなかったのです。福澤諭吉が「政府は依然たる専制の政府、人民は依然たる無気無力の愚民のみ」（前掲『学問のすゝめ』）、「近日に至り政府の外形は大いに改まりたれども、その専制抑圧の気風は今なお存せり。人民もやや権利を得るに似たれども、その卑屈不信の気風は依然として旧に異ならず」（同）などと嘆いたのも、このことと関係しています。

『夜明け前』の主人公、青山半蔵は、王政復古が成し遂げられたはずの明治維新が、実際には西洋文明を手本とする文明開化の出発点だったことに失望し、一八七四（明治七）年一一月一七日に東京の神田橋で、陸軍の施設に向かう途上の明治天皇の馬車の第一列に憂国の和歌を記した扇子を投げ付けます(3)。そのときの様子が次のように描かれています。

「訴人だ、訴人だ」

その声は混雑する多勢の中から起る。何か不敬漢でもあらわれたかのように、互に呼びかわすものがある。その時の半蔵は逸早く駈け寄る巡査の一人に堅く腕をつかまれていた。大衆は争って殆んど圧倒するように彼の方へ押し寄せて来た。（『夜明け前』第二部下、新潮文庫、二〇一二年）

半蔵が直訴したのは、復古の理想を自らと共有しているのはもはや明治天皇しかいないという切羽詰まった思いに駆られたからでした。しかし天皇への直訴は、「御威光」の秩序を侵害するものととらえられました。この感覚もまた将軍への直訴をタブーと見なす江戸時代と同じで、「依然として旧に異ならず」というべきものだったのです。半蔵が警視庁に拘留され、精神状態まで鑑定させられたのは、まともな人間ならば直訴などするはずがないと思われたからでした。

明治天皇は、明治五（一八七二）年から一八八五（明治一八）年まで、六回にわたって北海道から九州までの全国各地を回っています（六大巡幸）。一八八〇（明治一三）年の甲州・東山道巡幸では、天皇の一行は甲州街道と中山道を経由するため、馬籠宿を通行することになりました。『夜明け前』にはその知らせが伝わる様子が描かれています。

> 帝が群臣を従えてこの辺鄙な山里をも歴訪せらるるすずしい光景は、街道を通して手に取るように伝わって来た。輦路も嶮難なるところから木曽路は多く御板輿で、近衛騎兵に前後を護られ、供奉の同勢の中には伏見二品宮、徳大寺宮内卿、三条太政大臣、寺島山田等の参議、三浦陸軍中将、その他伊東岩佐等の侍医、池原文学御用掛なぞの人々があると言わるる。福島の行在所に於いて木曽の産馬を御覧になったことなぞ聞き伝えて、その話を半蔵のところへ持って来るのは伏見屋の三郎と梅屋の益穂とであった。（中略）亡き伏見屋の金兵衛にでも言わせたら、それこそ前代未聞の今度の御巡幸には、以前に領主や奉行の際にも人民の土下座した旧い慣例は廃せられ、すべて直礼の容に改めさせたということまでが二少年の心を動かすに十分であった。（同）

「伏見二品宮」は皇族の伏見宮貞愛（一八五八～一九二三）、「徳大寺宮内卿」は徳大寺実則（一八四〇～一九一九）、「三条太政大臣」は三条実美（一八三七～九一）、「寺島山田」は寺島宗則（一八三二～九三）と山田顕義（一八四四～九二）、「三浦陸軍中将」は三浦梧楼（一八四七～一九二六）、「伊東岩

佐」は伊東方成（一八三四～九八）と岩佐純（一八三五～一九一二）、「池原文学御用掛」は池原日南（一八三〇～八四）のことです。「伏見屋」は前述した問屋の大黒屋がモデルになっています。

明治天皇は、多くの区間で馬車を利用しましたが、木曽路では明治元年の東幸で多くの宿場を通ったときと同様、板輿に乗ったことがわかります。それでも総人数は約三六〇人にすぎず、東幸はもちろん、江戸時代の尾張藩主の行列に比べても簡素なものでした。

行列を迎える人々にも変化が起こっています。「土下座」を「直礼」、つまり立ったままの敬礼に改めたのです。「二少年の心を動かすに十分であった」というのは、三郎と益穂がこの変化をありがたがっているということです。甲州・東山道巡幸の途上、甲州街道府中宿で天皇を迎えた内藤愛輔もまた同様の証言をしています。

私はお着の三十分ほど前から里見家の門前に立つてお迎へいたしました。実は大名の通行などに土下座した習慣がありましたので、一般奉拝者は如何様にして拝したらよいかもぢもぢしてをりますと、警官が『しやがんでゐてはいけない。立つて拝むのだ』と申しました。この時はじめて維新と共に奉拝の様式もかう変つたのかと心ひそかに感動いたしました。（大室市五郎編『明治天皇府中行在所謹話録』、府中市立図書館所蔵、一九四〇年）

支配者が誰であろうと、行列に対しては常に無条件に従うわけです。たとえ行列が短くなり、土下座が立礼に変わっても、支配―服従の関係は江戸時代といささかも変わっていません。明治維新がスムーズに成し遂げられ、わざわざイデオロギーを確立させなくても天皇崇拝が広がっていった理由の一端を、こうした点に見いだすこともできるでしょう。

沿道の人々は、馬車に乗った天皇を見ることもできませんでした。長野県の松本で松本中学校（現・松本深志高校）の生徒として行列を迎えた社会運動家の木下尚江（一八六九〜一九三七）は、「御馬車の窓の中をと思ふ時教師が『敬礼』と厳命を下だしたので、早速謹で頭を下げた。頭を上げた時御馬車は既に遠く行き過ぎて居たのである。抑も今日蟻の如くに此の街道に集つたる老若男女は、只だ親しく天皇の御顔を見たいとの一念であつた。然かし、思ふに誰も彼も其の親しく見ることを得たのは騎兵と亜拉比亜馬とであつたであろう」（「懺悔」、『木下尚江全集』第四巻、教文館、一九九四年所収）と回想しています。

『夜明け前』第二部では、尾張藩主や和宮などと異なり、天皇が馬籠宿を通行する当日の様子は描かれていません。「半蔵はあの路傍の杉の木立の多い街道を進んで来る御先導を想像し、山坂に響く近衛騎兵の馬蹄の音を想像し、美しい天皇旗を想像して、長途の旅の御無事を念じながらしばらくそこに立ち尽した」（前掲『夜明け前』第二部下）からです。直訴事件を起こした半蔵は、村の人々から「どんな粗忽な挙動を繰り返さないものでもあるまい」（同）と恐れられ、街道で直接迎えることができなかったのです。

一九〇八（明治四一）年八月、中央西線の中津（現・中津川）—坂下間が開業し、翌年七月には続けて同線の坂下—三留野（現・南木曽）間が開業しました。その線路は木曽川に沿って敷かれたため、馬籠峠を越えてゆく中山道の馬籠宿や妻籠宿を経由しませんでした。文明開化の象徴というべき鉄道が、文明開化に反発した半蔵の住む馬籠を避けたのは、まさに歴史の皮肉でした。一一年五月には中央西線の塩尻—名古屋間が全通し、東京と塩尻を結ぶ中央東線とつながり、中央西線、中央東線ともに中央本線に改称されました。

天皇の行列が馬籠宿を通行することは、もう二度とありませんでした。街道の時代から鉄道の時代へと移り変わるとともに、天皇は御召列車に乗るようになったからです。この点については、次章で触れたいと思います。

注

（1）草津宿と大津宿は東海道と共有しているため、中山道単独としての宿場の数は六七カ所と見なすこともできます。
（2）木曽一一宿の一つ、奈良井宿（長野県塩尻市）では、和宮が通行した旧暦の一一月四日に合わせて、行列を再現した「皇女和宮御下向行列」と呼ばれるイベントが二〇一四年から一九年まで開催されました。
（3）前掲『明治天皇紀』第三によれば、同日の天皇は陸軍省や陸軍武庫司などとともに、神田錦町にあった陸軍仮武庫を訪れています。小説のなかで半蔵が直訴したのは、天皇の行列が陸軍仮武庫に向かう途上、神田橋を渡ろうとしたときだったと思われますが、この記述は実際に島崎正樹が直訴した事実にもとづいています。

1. 江戸時代の街道の宿場における空間と政治の関係について考えてみよう。
2. 江戸時代の街道と同時代の朝鮮王朝の街道における政治空間の違いについて考えてみよう。
3. 江戸時代の参勤交代と明治初期の巡幸の共通点と相違点についてまとめてみよう。

参考文献

島崎藤村『夜明け前』第一部上下、第二部下（新潮文庫、二〇一二年）
丸山雍成『参勤交代』（吉川弘文館、二〇〇七年）
原武史『直訴と王権　朝鮮・日本の「一君万民」思想史』（朝日新聞社、一九九六年）

若尾政希『百姓一揆』（岩波新書、二〇一八年）
福澤諭吉『学問のすゝめ』（岩波文庫、一九七八年）
山川菊栄『わが住む村』（岩波文庫、一九八三年）
『明治天皇紀』第一（吉川弘文館、一九六八年）
『木下尚江全集』第四巻（教文館、一九九四年）

7　御召列車

《目標&ポイント》明治になり鉄道が開業すると、天皇は輿や馬車に代わり、御召列車に乗って全国を回るようになりました。ダイヤグラムに従って走る御召列車が沿線につくり出した政治空間について考察します。

《キーワード》御料車、剣璽棚、運転制御表示器、ダイヤグラム、敬礼、指導列車、賢所乗御車、柳田國男

1．鉄道博物館を訪ねる

さいたま市大宮区に、公益財団法人東日本鉄道文化財団が運営する鉄道博物館があります。1階の車両ステーションには御料車（ごりょうしゃ）のコーナーがあり、1号御料車（初代）、2号御料車（初代）、7号御料車、9号御料車、10号御料車、12号御料車が展示されています。御料車というのは天皇、皇后、皇太后、皇太子が乗る客車のことで、天皇や皇族専用の御召（おめし）列車に併結されましたが、これらの御料車はいずれも鉄道記念物に指定されています。ほかに女官室だけが復元された貞明皇后専用の8号御料車も展示されています(1)。

国の重要文化財にも指定されている1号御料車（初代）は、一八七六（明治九）年に神戸で製造さ

れ、翌一八七七年に京都―神戸間が開通した際に明治天皇が初めて乗車しています。全長は七・八四メートル、全幅は二・一六メートルと小さいものの、車内には中央に天皇が座る御座所（玉座室）が、その前後に侍従が控える侍従室があります。

御座所には剣璽棚（けんじだな）があります。皇位の象徴とされる「三種の神器」のうち、ふだんは天皇の寝室に隣接した「剣璽の間」にある草薙剣（くさなぎのつるぎ）のレプリカと八尺（やさか）（坂）瓊勾（にのまが）（曲）玉（たま）、すなわち剣璽が持ち出され、天皇のすぐ近くに置かれたわけです。剣璽が天皇と一緒に動くことを「剣璽動座」といいますが、剣璽棚はこの習慣が明治初期の時点ですでに確立されていたことを示しています。

前部侍従室には運転制御表示器があります。侍従室から機関室で乗務する運転士に向けて、列車の速度の調節を命じる装置のことです。機関車と御料車は離れているため、いったん御召列車が動き出すと、あとは運転士にすべてを任せるしかなくなりますが、この表示器を使えば、御料車から減速や停止を命じることができるのです。

なぜこのような表示器があったのでしょうか。詳細は不明ですが、天皇の意思を反映させるためだったと思われます。もちろん明治五（一八七二）年に鉄道が開業したときから、お雇い外国人によってダイヤグラムはつくられていました。しかし御召列車の場合、ダイヤよりも天皇の意思のほうを優先させることが、少なくとも明治初期にはありました。それはおそらく、当時はまだ列車の本数が少なかったことに加えて、御召列車が天皇の意思一つで自由に停まることのできる馬車の延長線上に考えられていたからでしょう。

2号御料車（初代）は一八九一（明治二四）年にドイツで製造され、一九〇一年に輸入されました。その翌年、明治天皇の熊本行幸に際して、九州鉄道が改修しています。1号御料車（初代）に比べて車体は一回り大きくなっています。相変わらず車体の中央に御座所があり、剣璽棚が置かれる一方、運転制御表示器はなくなっています。この時期には日本人がダイヤグラムをつくるようになるのに伴い、ダイヤが絶対化して天皇の意思は効かなくなり、天皇といえどもあらかじめ設定されたダイヤに従わざるを得なくなったと思われます。

鉄道博物館には、剣璽棚や運転制御表示器に関する説明はなく、車内に立ち入ることもできないため、外から見るだけではそれらがどこにあるのかもわかりません。実はどちらの御料車も、もともとは千代田区の交通博物館にあり、二〇〇六（平成一八）年に閉館する直前に車内への立ち入りを許され、じっくりと観察したことがあります（原武史「昭和の父子の思い出、そして御料車との再会」、『東京人』二〇〇六年三月号所収を参照）。

7号御料車は一九一四（大正三）年に鉄道院新橋工場で製造され、翌年に京都で行われた大正天皇の大礼（即位の礼と大嘗祭）に際して東海道本線の東京—京都間などで使われました。剣璽棚がなくなる代わりに、剣璽奉安室がつくられています。御座所の棚に置かれていた剣璽は、ここで初めて独立した奉安室に置かれることになったのです。

9号御料車は7号御料車と同様、一九一四年に製造され、大正天皇の大礼でも使われた食堂車です。10号御料車は一九二二年に製造された展望車（デッキを備えた車両）で、主に国賓用の車両として使われました。

12号御料車は一九二四（大正一三）年に鉄道省大井工場で製造されました。摂政だった皇太子裕仁が用いましたが、二六年一二月に大正天皇が死去して皇太子裕仁が天皇になると、7号御料車同様、休憩室の一部を改造して剣璽奉安室が設置されました。二八（昭和三）年に京都で行われた大礼に際しては、東海道本線の東京—京都間などで使われています。このときの模様については、3節で詳しく触れるつもりです。

12号御料車の隣には、Ｃ51型蒸気機関車が展示されています（図７－１参照）。Ｃ51型は従来と比べて飛躍的な性能の向上を実現させた機関車で、前述の昭和大礼をはじめ、御召列車の機関車としても戦前から戦後にかけて多く用いられました。

御料車が保存されているのは鉄道博物館だけではありません。愛知県犬山市の博物館明治村には、明治天皇の皇后美子（はるこ）（昭憲皇太后）用に製造された5号御料車や、明治天皇用に製造された6号御料車が展示されています。またＪＲ東日本の東京総合車両センター（旧・大井工場）の御料車庫には、宮中三殿の賢所の神鏡（八咫鏡の分身）を移送させるための「賢所乗御車」などが保管されていますが、一般公開はされていません。

図７－１　鉄道博物館に展示されたC51型蒸気機関車

鉄道史家の原田勝正（一九三〇～二〇〇八）は、「鉄道における旅行は、輿、輦、駕籠、馬車などによる旅行と異り、旅行する団体を一単位の列車に集約し得る。また列車の編成がもつ空間は、それまでの旅行手段と異って休憩、食事、排泄、睡眠などの行為を可能とするほど広い。すなわち、一定の制約はあるが、輿や駕籠のなかに閉塞されるのとちがって、ある程度日常生活に近い行為が可能となる」と述べています（「お召列車論序説」、遠山茂樹編『近代天皇制の展開』、岩波書店、一九八七年所収）。ソファーや配膳室、便所などを兼ね備えた御召列車は、江戸から明治にかけて将軍や大名、天皇が利用した駕籠や輿、馬車と異なる乗り物でした。

しかし、共通点もあります。天皇が乗ったきらびやかな車両は、将軍や大名が乗った駕籠と同様、乗っている人物の権威を演出しました。沿線の各駅に動員される人々は、天皇自身を直接見ることなく、御召列車に向かって敬礼するように強制されました。江戸時代の街道で確立された視覚による支配やフェティシズムによる支配が踏襲されていたのです。

駕籠や馬車や自動車などとは異なり、鉄道は一分を単位とするダイヤグラムによって動きますので、沿線の人々の行動も分単位で規制されることになります。こうした時間による支配は、江戸時代の街道にはないものでした。

本章では、明治以降に走り始める御召列車がもたらした鉄道の沿線における空間と政治の関係について考えてみたいと思います。これまではもっぱら静止した特定の空間を取り上げてきましたが、本章ではそうした空間ではなく、列車そのものを取り上げます。御召列車が沿線全体に政治空間をつくり出す側面に注目してみたいからです。

2．鉄道の開業と御召列車

明治天皇が初めて列車に乗ったのは、明治五（一八七二）年の近畿・中国・四国・九州巡幸の帰途に当たる七月一二日でした。予定していた品川に軍艦が接岸できず、急遽横浜に上陸することになり、仮開業していた横浜（現・桜木町）―品川間に乗車したのです。列車が横浜を出たのは午後六時で、最終の定期列車が出た後でした。まだ御料車はなく、通常の車両を転用したと思われます（前掲「お召列車論序説」）。

その六日後の七月一八日には、皇后美子も神奈川（現在は廃止）―品川間に乗車しましたが、このときは横浜を午前一〇時に出た定期列車に乗ったようです（『昭憲皇太后実録』上巻、吉川弘文館、二〇一四年）。なお当時はまだ太陽暦が導入されておらず、鉄道だけがダイヤグラムにもとづき分単位で動いていました。

明治五（一八七二）年九月一二日、新橋―横浜間が正式開業して鉄道開業式が行われ、明治天皇が御召列車に乗って一往復しました。列車は九両編成で、天皇は三号車に乗りました。三号車には、皇族の有栖川宮熾仁（たるひと）や三条実美ら一五人が同乗しました。御召列車とはいっても通常の車両を転用しただけで、まだ御料車は使われていません。

このときの沿線の模様につき、『明治天皇紀』第二（吉川弘文館、一九六九年）は「新橋・横浜両鉄道館域内に拝観場を設け、内外の士女を選びて盛儀を瞻仰（せんぎょう）せしめ、停車場及び線路に沿へる便宜の場所に於て衆庶の拝観するを許す」と記しています。ただし駅構内の桟敷に入場を許されたのは、鉄道寮発行の「印票」を所持している人だけで、その交付を受けたのは、資産家やお雇い外国人などごく少数でした。印票には「幸臨鉄道開業縦観ノタメ当日朝八字ヨリ横浜ステーシヨン内桟舗へ入ルヲ許ス」とあるように、すでに太陽暦にもとづく時間が明記されていました（『日本国有鉄道百年史』第一巻、成山堂書店、一九九七年。「八字」は原文ママ）。

ほかの人々は、「線路に沿へる便宜の場所」で思い思いに御召列車を迎えました。まだ太陽暦的な時間の観念が全くなかったため、正確な通過時間もわからなかったでしょう。このときの模様につき、書誌学者の森銑三（一八九五～一九八五）は「後に北沢楽天の描いた漫画に、老夫婦が野原に筵（むしろ）を敷いて坐して、陛下のお召し列車の過ぎるのを、合掌して拝んで、これも長生きしたお蔭じゃと喜んでいるのがある。そうした光景も見られたのであろう」（「鉄道開通式」、『明治東京逸聞史』I、平凡社、一九六九年所収）と述べています。江戸時代の街道で大名行列を迎えた人々と同様、土下座して迎えていたことがわかります[2]。

明治五（一八七二）年一二月三日をもって一八七三（明治六）年一月一日とすることで、太陽暦が導入されました。一八七七（明治一〇）年二月五日には京都―神戸間の鉄道開業式が行われ、明治天皇が再び御召列車に乗って往復しています。このとき初めて御料車が使われましたが、その御料車こそ冒頭に触れた1号御料車（初代）にほかなりません。天皇とともに動座した剣璽は、御料車の剣璽棚に置かれたはずです。

御料車の登場と軌を一にするかのように、沿線の奉迎の仕方も大きく変わりました。例えば京都と大阪の間では、「中間ステーション或ハ鉄道左右にハ、小学校生徒及び村落の区戸長並びに庶民等、国旗を列ね、旗幟等を立て、整列敬礼す。其数幾許（いくばく）なるを知らず。宛（あたか）も稲麻竹葦の如し」（『浪花新聞』同年二月六日）という光景が繰り広げられたからです。すでに「土下座」はなくなり、「整列敬礼」へと変わっているのがわかります。前章で触れたように、一八八一年の甲州・東山道巡幸では行列を迎える人々の姿勢が「土下座」から「立礼」に変わりましたが、そうした変化は鉄道による行幸がもたらしたものでした。

しかし当時の新聞には、「当日午前車駕（しゃが）宮を発し給ふ」「七条（京都―引用者注）駐車場着御」「汽車乗御」「御発車」「兵庫（神戸―引用者注）駐車場着御」などとあるだけで、御召列車のダイヤが公表されていませんでした（『浪花新聞』同年二月二日「駐車場」は駅のこと）。太陽暦が導入されたからといって、人々が直ちにそうした時間の観念を受け入れたわけではなかったのです。おそらく沿線の人々は、明治五年の鉄道開業のときと同じように、通過する正確な時間を知らないまま、馬車の行列と同じような感覚で列車を迎えたのでしょう。

しかも当時はまだ、ダイヤグラムが絶対ではありませんでした。例えば一八八八（明治二一）年一一月、近衛諸兵演習の観覧を目的とする埼玉県浦和への行幸に際して、日本鉄道（現JR山手・埼京・東北線）の新宿―浦和間に御召列車が運転されましたが、「御帰途の汽車中では、特に汽車を駐めて、埼玉県師範学校生徒の兵式体操や障碍物競争を御覧になり、或は唱歌を合唱するのを御聴きあそばされ、赤坂の皇居に還幸あそばされたのは午後四時二十五分であった」（渡邊幾治郎『明治天皇の聖徳　軍事』、千倉書房、一九四一年）といいます。ここでは天皇の意思により列車を停められる運転制御表示器が使われた可能性があります。

3．明治、大正期における御召列車の整備

明治中期になると、内閣や憲法、議会など、近代国家を構成するさまざまな制度が確立されてゆくことになります。しかし一八八九年二月発布の大日本帝国憲法と翌九〇年一〇月発布の教育勅語からは、相反する二つの天皇像を見いだすことができます。

明治末期から昭和初期にかけて学界の通説となる天皇機関説によれば、天皇は大日本帝国憲法のもとで権力を制限された立憲君主とされる一方、教育勅語では臣民に対して一方的に命令を下す専制的な君主として描かれています。哲学者の久野収（一九一〇〜九九）は、前者をエリートだけが進む帝国大学で教えられる「密教」、後者を小中学校で教えられる「顕教」と呼んで区別しています（『現代日本の思想』、岩波新書、一九五六年）。

このような天皇像の二重性は、当時の巡幸にも見られました。それが初めてよく現れたのが、陸海軍連合大演習の統監や海軍観兵式の親閲などを目的とする一八九〇（明治二三）年の愛知県、兵庫県などへの巡幸でした。前年に東海道線が全通したのに伴い、明治天皇は途中名古屋や京都に滞在しつつ、初めて起点の新橋から終点の神戸まで鉄道を利用しています。これ以降、御召列車による行幸が本格化しました。

一八九〇年の巡幸では、三月二八日と四月五日に東海道線を走る御召列車の時刻が、事前に新聞に掲

載されました。新聞によっては、新橋、名古屋、京都の出発時間や到着時間はもちろん、途中の停車駅や主要通過駅の停車、通過時間も報道されており、沿線の人々は御召列車が最寄り駅に何時何分に停車、または通過するかをあらかじめ知ることができました。列車はこのダイヤグラムに従って走るものとされ、もはや天皇の意思によって列車が停まるような事態は想定されていなかったのです（原武史『増補版　可視化された帝国　近代日本の行幸啓』、みすず書房、二〇一一年）。このことは、前年発布された憲法によって天皇が立憲君主として解釈されるようになることと通底しているといえます。

しかし他方、沿線では一八七七年に京都―神戸間で見られたような光景が、より大々的かつ精緻に展開されることになりました。ダイヤグラムに従うかたちで奉迎する人々の行動が分単位で規制され、御召列車が走る時間による支配が徹底したからです。御召列車に向かっていっせいに敬礼することは、臣民が天皇に忠誠を示す絶好の機会となりました。それはまさに、天皇が臣民に対して「一旦緩急アレハ義勇公ニ奉シ以テ天壌無窮ノ皇運ヲ扶翼スヘシ」と呼びかけた教育勅語の精神を実践する機会となったのです。

一九〇七（明治四〇）年一〇月、皇太子嘉仁（後の大正天皇）が日本の保護国だった大韓帝国を訪れます。この行啓は、韓国統監の伊藤博文が「日韓親善」を名目として計画したもので、皇太子は仁川と南大門（現・ソウル）の間を御召列車で往復しています。注目すべきは、御召列車の直前に「パイロット列車」と呼ばれる線路の安全を確認するための列車が運転されていることです（原武史『大正天皇』、朝日文庫、二〇一五年）。この列車は「指導列車」と呼ばれるようになり、明治末期からは国内でも御召列車の直前に運転されるようになります。

大韓帝国では、皇太子嘉仁の行啓に続いて、一九〇九年には皇帝の純宗（隆熙帝。一八七四～一九二六）が宮廷列車に乗り、南は釜山から北は新義州までを回る南北巡幸を二回に分けて行いました。これもまた統監の伊藤博文が計画したものでしたが、ソウルと釜山を結ぶ京釜線やソウルと新義州を結ぶ京義線の沿線では、ホームに人々が整列し、ダイヤ通りに走る列車に向かっていっせいに敬礼するなど、日本型の支配が導入されました。皇帝に対する直訴はできなくなる反面、皇帝に忠誠を示すための秩序整然とした空間が、沿線の各駅につくられたのです（原武史『直訴と王権　朝鮮・日本の「一君万民」思想史』、朝日新聞社、一九九六年および小川原宏幸『伊藤博文の韓国併合構想と朝鮮社会―王権論の相克』、岩波書店、二〇一〇年）。

明治末期には、御召列車に関する法令の整備も進みました。一九〇七年一一月九日達第三〇二号「御召列車ノ警護ニ関スル件」（三章五一条）や、これに六条を加えた一二年一月一五日達第一三号「御召列車ノ警護ニ関スル件」（三章五七条）が代表的なものです。こうした法令を通して、列車が通過するホームやその反対側のホームに入れる人々の資格が細かく規定され、駅という空間に地域の秩序が可視化されたのです。また「御召列車ニ対シテハ階上其ノ他高所ヨリ見下スヘカラス」（第九条）という規定は、町人が高いところから大名行列を見下ろさないよう、二階の天井が低く抑えられた江戸時代の町家の感覚を忠実に踏襲していました。

一九一〇年八月に文部省訓令として出された「行幸啓ノ節学生生徒敬礼方」では、御召列車が駅を通過する際、ホームに整列する学生生徒の敬礼の仕方が細かく定められました。すなわち、列車の先頭が見えたときに引率の先生が「気ヲ付ケ」の号令をかけ、直立不動の姿勢をとらせてから、「御車カ組ノ右翼的約十歩ニ近キタルトキ」に再び「礼」の号令をかけ、それとともに学生生徒は「体ノ上部ヲ約三十度前方ニ屈」して敬礼し、徐々にもとの姿勢に戻すものとされました（佐藤秀夫編『続・現代史資料9　教育2』、みすず書房、一九九六年）。ダイヤグラム通りに走る列車によって、人々の身振りが細かく規定されたのです。

哲学者のミシェル・フーコー（一九二六〜八四）は、近代に特有の時間と権力の関係につき、こう述べています。

計画表によって、行為じたいの磨きあげが確実に行なわれ、また、行為の展開と諸段階とが内部から規制されるのである。身振りを以前には測定したり区分したりしていた一種の厳命の形態から、新たに、身振りをその連鎖の始めから終わりまで拘束し整える一種の網目への移行がおこっているわけである。行動についての一種の解剖面（アナトモ）＝時間区分面（クロノロジック）の図式が規定されるわけである。行為は諸要素に分解され、身体の、手足の、関節の位置は規定され、一つ一つの動作には方向と広がりと所要時間が指示されて、それらの順序が定められる。時間が身体深くにしみわたるのである。それにともなって権力によるすべての綿密な取締りが。（『監獄の誕生─監視と処罰』、田村俶訳、新潮社、一九七七年）

フーコーの言う「計画表」をダイヤグラムに言い換えれば、この文章は御召列車が走る沿線の各駅にも当てはまります。列車が走ることで、「権力によるすべての綿密な取締り」が、沿線全体へと広がってゆくわけです。

その「取締り」は、天皇が命令しているわけではありませんでした。それどころか、ダイヤグラムに天皇自身も従っていたのです。究極的な支配の主体が人間でなく時間という点は、江戸時代とは明確に異なっていました。しかし他方、沿線の学生生徒が天皇ではなく天皇の乗る御料車に向かって敬礼していたという点は、江戸時代のフェティシズムにもとづく支配を受け継いでいたといえます。

一八九〇（明治二三）年発布の皇室典範や、一九〇九（明治四二）年公布の登極令など明治末期に整備された法令をもとに、一五（大正四）年一一月には京都で大正天皇の大礼（即位の礼と大嘗祭）が行われ、天皇は御召列車に乗って東京―京都間や京都―山田（現・伊勢市）間などを往復しました。この行幸では、従来の剣璽に加えて、宮中三殿の賢所に置かれた神鏡も京都に運ばれました。それに合わせて、1節で触れた賢所乗御車が製造されたのです。ただしこの行幸では、貞明皇后は妊娠していたために同行しませんでした。使われた御料車は、天皇が乗った7号御料車と食堂車に当たる9号御料車でした。

4．昭和大礼と御召列車

一九二八（昭和三）年一一月には、京都で再び昭和天皇の大礼が行われました。当時はいわゆる大正デモクラシーの時代で、同年二月には初めての普通選挙法にもとづく衆議院議員総選挙が施行され、立憲政友会と立憲民政党が交代で内閣を組織する「憲政の常道」が確立されました。しかし昭和大礼は、大正大礼に比べても天皇の神格化がいっそう進んだことに注意する必要があります。

一一月六日午前八時、昭和天皇と香淳皇后、そして神鏡を乗せた御召列車が東京駅を出発しました。天皇は12号御料車に、皇后は8号御料車に乗り、賢所乗御車も併結されました。列車の編成は大正大礼より二両長い一一両で、冒頭に触れたC51型蒸気機関車がけん引しました（図7-2参照）。一行は六日に名古屋離宮（現・名古屋城）に泊まり、七日には同じ列車が京都まで運転されました。伊勢神宮や神武天皇陵への参拝のため、天皇が御召列車に乗って京都―山田間や京都―畝傍（うねび）間を日帰りで往復したのも、大正大礼のときと同じでした（原武史監修、日本鉄道旅行地図帳編集部編『昭和天皇御召列車全記録』、新潮社、二〇一六年）。

ダイヤグラムは秒単位で作成されましたが、各駅の通過時刻は「稀（まれ）ニ三十秒内外ノ相違ヲ見タルニ過ギ」（『昭和大礼記録』上、鉄道省、一九三二年）なかったといいますから、いかに正確に走ったかがわかります。御召列車の四〇分ないし二〇分前に指導列車が走ると、信号は青のままになり、線路のポイントは固定されました。

沿線の各駅に集まった人数も、大正大礼を上回っていました。具体的に言えば、横浜駅の九八〇〇人をはじめ、三島駅に五八〇〇人、岐阜駅に四二〇〇人など、軒並み二〇〇〇人を超えていたのです（同）。大正大礼のときと同様、彼らは御召列車に向かっていっせいに敬礼しましたが、一九一六（大正五）年一〇月に文部省訓令として出された「行幸啓ノ節学生生徒敬礼方中改正」（前掲『続・現代史資料9』教育2）により、前屈の姿勢をとりながら同時に走ってくるお召列車に視線を注ぎ、列車の通過後「直し」の号令とともに元の姿勢に戻すようにした点に関しては、大正大礼と異なっていました。

このほかに、ホームに入れず、沿線の線路傍で列車を迎えた人々がいました。指導列車を運転した金子均は、「一番心を打たれるのは、田や畠に働いている人達である。指導列車が通る頃には、もう仕事をやめ、親子して、また夫婦して、肩を寄せ合って立っている。（中略）この人達は、ほんとうに『おがむ』のである。恐らく本お召が通過する時には土下座していることだろう」と回想しています（「汽車のけむり19〔続〕お召列車の話」、『鉄道ピクトリアル』二九五号、一九七四年所収）。これが

お召列車百年』鉄道図書刊行会，1973年を参考に作成〕

もし事実だとすれば、江戸時代の宿場で大名行列を迎えた人々と全く変わっていないことになります。

沿線の規制も、大正大礼を上回りました。御召列車が走る線と立体交差する線では、列車の通行ばかりか架線の電流まで停止しました（前掲『昭和大礼記録』下）。天皇が乗る列車の上を電気が流れていること自体、おそれ多いと見なされたのです。

一九二三（大正一二）年一二月二七日には、皇太子裕仁が摂政として帝国議会の開院式に向かう途中、アナーキストの難波大助（一八八九～一九二四）に狙撃される虎ノ門事件が起こりました。この事件を機に、御召列車の走行の際には対向列車の御召列車に面する窓を閉めるようになりましたが、昭和大礼ではさらに対向列車の便所が御召列車と行き違う三〇分前から使用禁止になり、御召列車の停車駅ではホームの便所を幕で覆って天皇の目に触れさせない措置がとられました。便所を不浄なものと見なし、見せないようにすることで、天皇を「聖なるシンボル」として演出しようとしたのです（原武史『鉄道ひとつばなし』、講談社現代新書、二〇〇三年）。この演出は、昭和になると天皇が観兵式などで白馬に乗るようになることと共通しています。

東京朝日新聞の論説委員だった柳田國男は、昭和大礼で御召列車が東京を出発した日に「御発輦（ごはつれん）」と題する社説を記しています。この社説で柳田は、「かくの如き民心の統一は、恐らくは前代その類を見ざるとこ

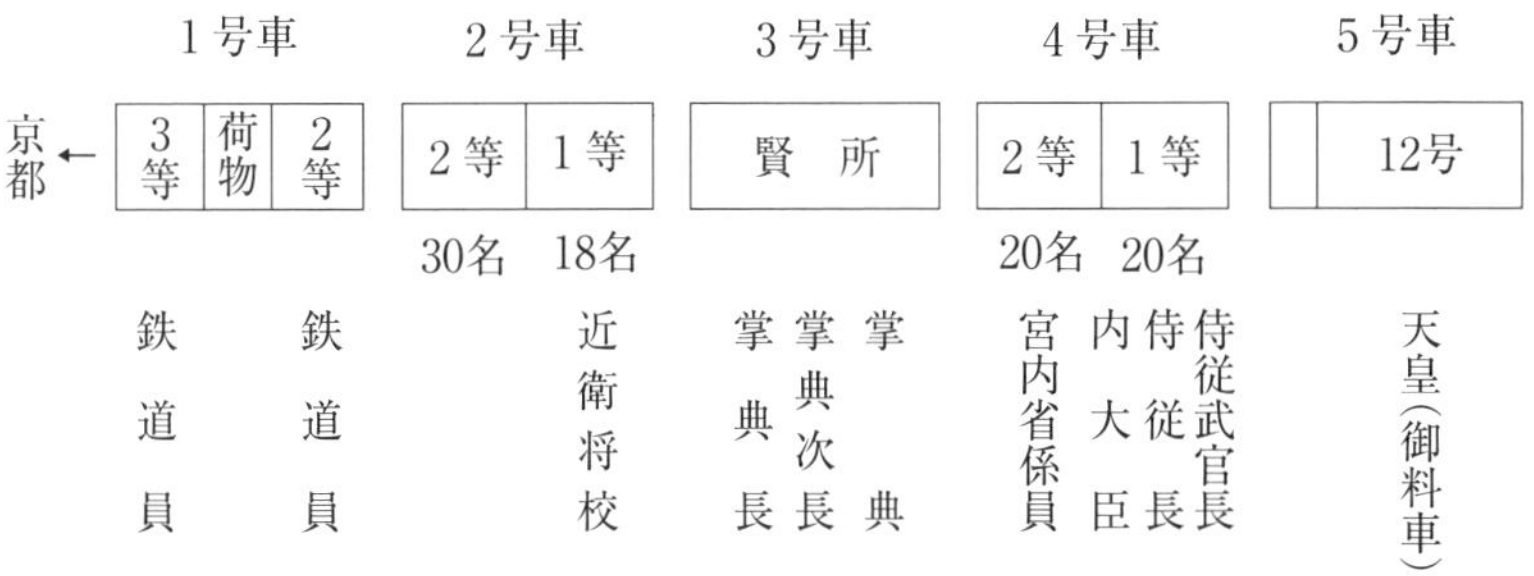

京都←

1号車			2号車		3号車	4号車		5号車
3等	荷物	2等	2等	1等	賢所	2等	1等	12号
			30名	18名		20名	20名	
鉄道員		鉄道員		近衛将校	掌典長 掌典次長 掌典	宮内省係員	内大臣 侍従長 侍従武官長	天皇（御料車）

図７-２　昭和大礼御召列車編成（東京―京都間）〔星山一

ろ」と述べるなど、昭和大礼が日本国民の「民心の統一」をもたらす大きな役割を果たしたことを述べるとともに、その背景に「交通と教育との力」があったことを指摘しています（『定本柳田國男全集』別巻第二、筑摩書房、一九六四年）。実はこの原文はもっと長く、「京都行幸の日」と題されていました。その一節を引用します。

> この御代始の壮大なる御儀式として、親しく神器を奉じて両京の間を往復したまふことは、正に前代を絶したる雄図（ゆうと）と称すべきものであつて、これによつて沿道の老幼婦女の輩、ゐながらにして神聖なる御羽車（おはぐるま）の御行方を拝むことを得るに至つたのも、その間接の効果においては誠に意義多き改革であつた。
> 国の儀式はかくの如くにして、始めて公民生活の主要なる一部をなし、歴史は即ち国民に取つて、殊に大切なる体験なりといふことが出来るのである。（同）

「神器」は賢所の神鏡と剣璽、「両京」は東京と京都、「沿道」は鉄道の沿線、「御羽車」は賢所乗御車を意味します。ここで柳田は、大礼が東京でなく、京都で行われたことによる「間接の効果」、すなわち天皇が御召列車に乗って東京と京都の間を往復することで、その姿を仰ぐべくもなかった沿線の「老幼婦女の輩」が「ゐながらにして神聖なる御羽車の御行方を拝むこと」ができるようになったという事実に着目しています。そして、沿線の人々が列車に向かっていっせいに敬礼する光景のなかに、単なる京都で行われた「国の儀式」にとどまらない、「公民生活の主要なる一部」を見てとっています。

昭和天皇が即位して間もなく御召列車の機関士となった松井虎太郎は、「運転中は何しろ、もう無我夢中でした。沿線には、約一町置きに、線路工夫と巡査が立っております。師団の兵隊が、直立不動のこちこちの姿勢で捧げ銃をして、列車を見送っております。それがちらりちらりと眼に入りますと、何ぶん私の方は御通過の間だけ最敬礼しておれば済むのとはちがいますので、もう次第々々にのぼせて来て、こちらの身体もこちこちになって来るようで、白手袋をはめた指など、先がこわばって来る感じがいたしました」と回想しています（阿川弘之『空旅・船旅・汽車の旅』、中公文庫、二〇一四年）。

御召列車が果たす政治的役割は、一九三二（昭和七）年に建国された傀儡国家、「満洲国」でも応用されました。三八年から四三年にかけて、御召列車に乗って国内各地を巡幸した皇帝の愛新覚羅溥儀は、「日本人が私のために定めたいろいろな格式ばった行事が、私の虚栄心を大いに満足させ、私をまた迷いに陥らせたことだった。もっとも私を陶酔させたものは、『御臨幸』と『巡幸』だった」とし、それらが日本人と同様に「中国人を訓練して、盲目的服従の習慣や封建的迷信思想を養成する」ことに役立ったとしています（『わが半生』下、小野忍他訳、ちくま文庫、一九九二年）。

5．御召列車からお召列車へ

太平洋戦争開戦から一年後の一九四二（昭和一七）年一二月、昭和天皇は戦勝祈願のため、伊勢神宮を参拝しました。このときもまた東京―京都間と京都―山田間に御召列車が運転され、天皇は三二年に製造された1号御料車（2代）に乗りましたが、空襲を想定してダイヤが事前に知らされず、御召列車や指導列車には万一の事態に備えて簡易防空壕や高射砲が装備されました（前掲『昭和天皇御召列車全記録』）。これ以降、四五年八月の敗戦まで御召列車が運転されることはありませんでした。

敗戦直後の四五年一一月一二日、天皇は戦争終結を報告するため、東京から久々に御召列車に乗り、伊勢神宮に向かいました。一五日に帰京しましたが、たまたま東京駅に居合わせた作家の高見順（一九〇七～六五）は、「昔だったら何時間か前から警護の巡査や憲兵が駅に沢山出ていて、天皇陛下の特別列車がおつきになる頃は駅になど私たち一般乗客を入れはしなかったろうと、その変化に驚かされた。巡査の姿はまるで見えなかったから、ちっともわからなかった。列車がついても、気づかなかった。大変な変りようだと感慨無量だった」と記しています（『敗戦日記』、中公文庫、二〇〇五年）。

しかし沿線では、戦前と変わらない光景が繰り広げられました。内大臣として天皇に同行した木戸幸一（一八八九～一九七七）は、一一月一二日に「沿道の奉迎者の奉迎振りは、何等の指示を今回はなさゞりしに不拘（かかわらず）、敬礼の態度等は自然の内に慎（つつしみ）あり」（『木戸幸一日記』下巻、東京大学出版会、一九六六年）と記しています。

さらに天皇は一九四六年から五四年まで戦後巡幸を行い、沖縄県を除く全国各地を回りました。再び主要幹線を走り始めた御召列車を、沿線の人々はどこでも熱心に迎えました。四六年三月二五日に原宿宮廷ホームから群馬県の高崎まで運転された御召列車に同乗した米国人ジャーナリストのマーク・ゲイン（一九〇九～八一）は、こう述べています。

沿線の村々は天皇奉迎のため総出のかたちだった。（あとで知ったのだが、食糧や燃料の配給を支配する隣組を通じて警察の命令が下されたのだそうだ。）どの駅でも駅員の全部が硬直した気をつけの姿勢をとっていたし、踏切りには黒山の群衆――旗を手にした村民、子供、女たちが遮断機に固く身を押しつけていた。畑の百姓は顔をあげて列車をながめ、たちまち腰低く最敬礼するのだった。御召列車を見分けるのは容易なことにちがいなかった。おそろしくみがきたてられて、横っ腹には皇室の菊の紋章がついているのだから、一般民衆の乗る窓ガラスもないすし詰めのボロ車輛とは間違えようがなかった。（『ニッポン日記』、井本威夫訳、ちくま学芸文庫、一九八九年）

このときも明らかに戦前の御召列車との連続性が見られました。ゲインは同じ日に、「群衆は車内の人は見ずに列車の紋章だけを見て『現人神』への最敬礼をした」（同）とも述べていますから、戦前どころか6章で触れた江戸時代の街道に広く見られたような、フェティシズムによる支配をも受け継いでいたといえます。

御召列車は一九四七（昭和二二）年一〇月二日に「お召列車」と表記が変わりました（前掲「お召列車論序説」）。五二年四月の独立回復以降も、国民体育大会や全国植樹祭などの行事のたびに、また多摩御陵（大正天皇陵・貞明皇后陵）への参拝や那須や葉山など御用邸での滞在のたびに、昭和天皇や香淳皇后を乗せたお召列車が走り続けました。しかし一九六四年一〇月の東海道新幹線の開業以降、行幸で新幹線が使われるようになると、沿線での奉迎が不可能になりました。御召列車がつくり出した政治空間は、しだいになくなっていったのです[3]。

注

（1）以下、御召列車に関する詳しい説明は、白川淳『御召列車』（マガジンハウス、二〇一〇年）を参照。

（2）ここには天皇を神道のイデオロギーにもとづくアマテラスの子孫ではなく、民俗的な「生き神」と見なす信仰が見られます。

（3）平成になると、お召列車が運転される回数自体が激減しました。武蔵陵墓地（大正・昭和天皇陵および貞明・香淳皇后陵）への参拝や葉山御用邸での滞在に際しては、列車でなく、自動車が用いられました。

学習課題

1. 江戸時代の駕籠や輿と御召列車の共通点と相違点をまとめてみよう。
2. ダイヤグラムがもたらした新しい支配の形態について考えてみよう。
3. 大韓帝国や「満洲国」でも御召列車が走ったことの政治的意味について考察してみよう。

参考文献

白川淳『御召列車』(マガジンハウス、二〇一〇年)
原田勝正「お召列車論序説」(『近代天皇制の展開』、岩波書店、一九八七年所収)
原武史『増補版　可視化された帝国』(みすず書房、二〇一一年)
ミシェル・フーコー『監獄の誕生―監視と処罰』(田村俶訳、新潮社、一九七七年)
小川原宏幸『伊藤博文の韓国併合構想と朝鮮社会　王権論の相克』(岩波書店、二〇一〇年)
原武史監修、日本鉄道旅行地図帳編集部編『昭和天皇　御召列車全記録』(新潮社、二〇一六年)
『定本　柳田國男全集』別巻第二(筑摩書房、一九六四年)
マーク・ゲイン『ニッポン日記』(井野威夫訳、ちくま学芸文庫、一九九八年)

8 阪急大阪梅田駅

《目標&ポイント》 私鉄最大のターミナルである阪急大阪梅田駅を概観するとともに、明治末期に阪急を創業した小林一三が福澤諭吉の影響を受けながら、大阪を舞台として反官独立の思想を空間的に実践しようとした軌跡を考察します。

《キーワード》 小林一三、福澤諭吉、「官」と「民」、阪急と東急、梅田と渋谷、宝塚歌劇団、阪急百貨店、五島慶太、「阪急切替問題」

1．阪急大阪梅田駅を歩く

阪急電鉄の大阪梅田駅は、宝塚本線（大阪梅田―宝塚）、神戸本線（大阪梅田―神戸三宮）、京都本線（大阪梅田―京都河原町）の主要三線が乗り入れる一大ターミナルです。大阪市北区にあり、二〇一九年九月までは、大阪市営地下鉄や阪神電鉄と同様、梅田駅と称しました（阪神の梅田駅も阪急と同時に大阪梅田駅に改称されました）[1]。二〇一九年の一日の平均乗降人員は五一万二八八七人で、関西私鉄の駅としては第一位です。

ＪＲ西日本で最も利用者が多く、東海道本線（京都線および神戸線）、大阪環状線のほか、桜島線（ゆめ咲線）、福知山線（宝塚線）、関西本線（大和路線）、阪和線などが乗り入れる大阪駅とは、同駅北

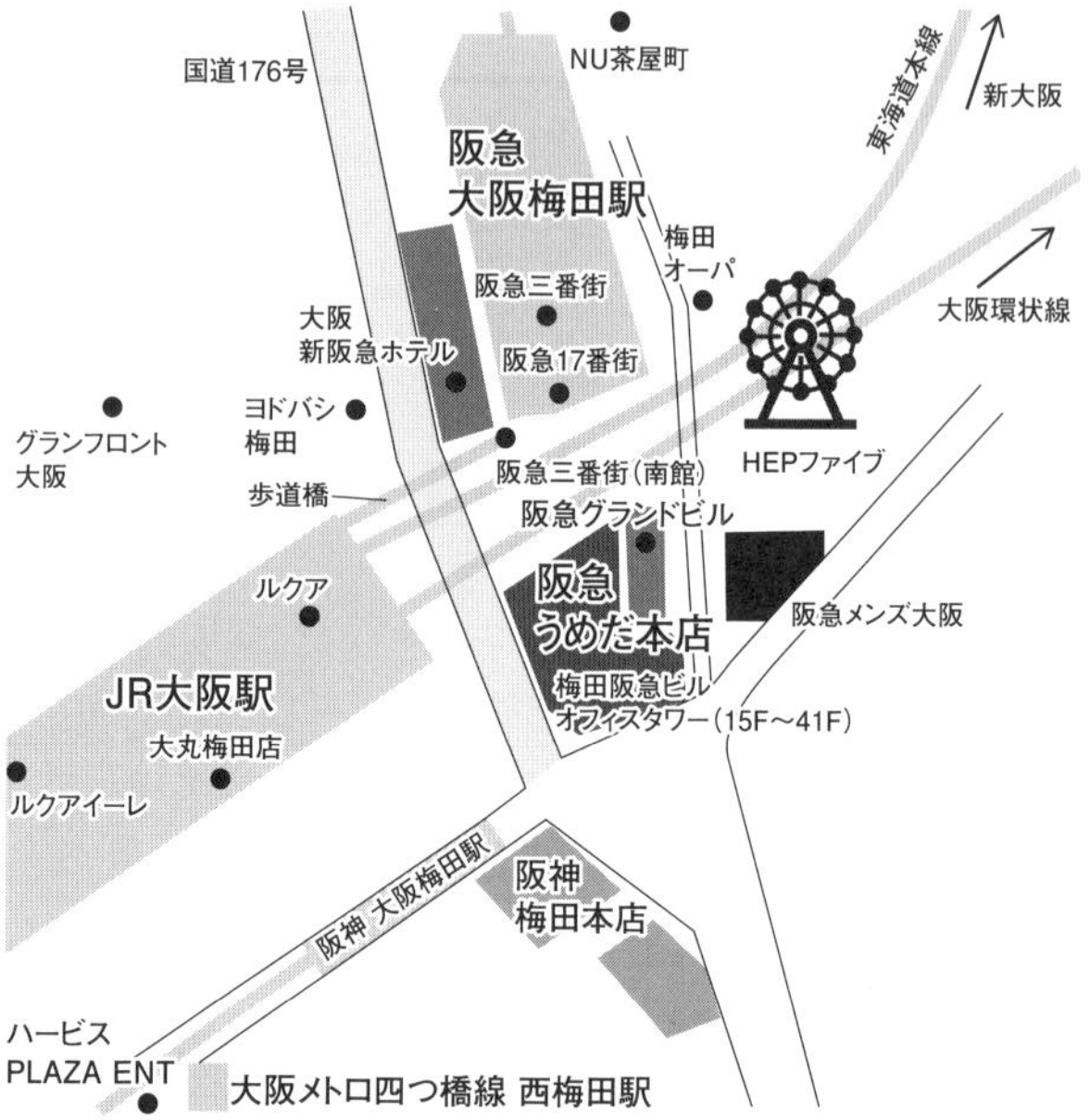

口の国道176号に架かる歩道橋を隔てて向かい合っています。新宿、池袋、渋谷、品川、横浜など、JRの駅に私鉄が乗り入れ、駅名も同じにする関東私鉄であれば、「大阪駅」と言ってもよい場所にあるのです。

しかし、JRのホームの隣に寄り添うようにホームがあるわけではなく、JRのホームに対して垂直に当たる位置にホームが立地している点は、関東私鉄のターミナルと決定的に違います（図8－1参照）。まるで互いの存在を無視しあうかのように、二つの駅をつなぐ歩道橋には屋根すらかかっていません。

東海道本線と大阪環状線の線路の南側に当たる阪急百貨店うめだ本店と阪急グランドビル（阪急32番街）の間には、巨大な吹き抜けとなった南北のコンコースがあります。ここにはもともと地上ターミナル時代の阪急梅田駅があり、一九七一（昭和四六）年一一月に京都本線のホームが現在の高架ホームに移転するまで、その一部が残っていました。このコンコースから動く歩道に乗って東海道本線と大阪環状線の線路の下をくぐり抜け、エスカレーターで阪急ターミナルビル（阪急17番街）の三階へと昇ると、突然目の前の視界が開けます。

正面に四一機の自動改札機がズラリと並び、その向こうには1号線から9号線までのホームが延びて

図8－1　大阪駅と大阪梅田駅の位置

います（図８－２参照）。「〜号線」は阪急ならではの言い方で、「〜番線」と同じ意味です。１号線から３号線までが神戸本線、４号線から６号線までが宝塚本線、７号線から９号線までが京都本線のホームになっていて、一九一〇（明治四三）年の開業以来の伝統色である「阪急マルーン」と呼ばれる小豆色の電車が、ひっきりなしに発着します。そして発車時刻が近づくと、「まもなく発車します」ではなく「ただいま発車します」のアナウンスが流れるのです。これもまた阪急ならではの言い回しではないかと思います。

図８－２　阪急大阪梅田駅ホーム〔写真提供　日本ユニフォトプレス〕

駅構内には、宝塚歌劇団の公演の案内広告がよく見られます。もちろん、ＪＲやほかの私鉄の駅にこうした広告はありません。阪急沿線に住み、歌劇団を愛した作家の田辺聖子（一九二八〜二〇一九）は、「宝塚は阪急資本の一つであるから、大阪の梅田から阪急電車に乗る、そのときから宝塚の前奏曲ははじまっているという人もある。駅のホームにも、車内の中吊りにも宝塚のポスターがあり、ファンをわくわくさせはじめるのである」と述べています（『夢の菓子をたべて　わが愛の宝塚』、講談社文庫、一九八七年）。

５章で触れたように、全国の鉄道網の中心となる東京駅は通過式のターミナルです。一方、阪急大阪梅田駅は頭端式のターミナルです。これほど大規模な頭端式のターミナルは日本にはほかになく、ロンドンのキングスクロス駅やパリの東駅、ニューヨークのグランドセントラル駅など欧米のターミナルにしか見られません。

通過式の東京駅は横長の構造になっているのに対して、頭端式の大阪梅田駅は縦長の構造になっています。この縦長の構造は教会建築を彷彿とさせます。実際に、駅へと通じるコンコースには、二〇〇五（平成一七）年まで教会を思わせるような四方の壁面をステンドグラスで固めたアーチ状の「グランドドーム」がありました。

頭端式のターミナルを重視するのは、阪急に限らず、関西私鉄全体に多かれ少なかれ共通しています。[2] 地下鉄との相互乗り入れを積極的に進め、ターミナルそのものをなくす傾向にある関東私鉄とは、実に対照的です。一九五一（昭和二六）年二月に大阪を訪れた作家の坂口安吾（一九〇六～五五）は、「大阪では電車の起点だか終点だかを『ターミナル』と言います。正しい英語の由」と述べています（『安吾新日本地理』、河出文庫、一九八八年）。言い換えれば、関東私鉄にはもともと、「路線の起点・終点となる駅」を意味する英語本来のターミナルという発想が関西ほど強くなかったことになります。

こうしてみると、阪急大阪梅田駅という空間自体が一つの思想の表明といえるのです。本章では、阪急の前身である箕面（みのお）有馬電気軌道が一九一〇（明治四三）年に開業させた梅田（現・大阪梅田）駅の変遷から見えてくる空間と政治の関係につき考察します。

2. 関西私鉄の思想

巨大な旧江戸城が中心部にあり、その周りを道路や地下鉄の線路が曲線状に取り巻く東京の交通網とは異なり、大阪では南北の道路が「筋」、東西の道路が「通」と呼ばれ、それらの道路の真下を走る地下鉄も直線状に線路が敷かれています。確かに旧大坂城（大阪城）はありますが、旧江戸城ほどその法則性を大きく破ってはいません。

このような空間が誕生したのは、天正一一（一五八三）年から慶長三（一五九八）年にかけて大坂城を築いた豊臣秀吉が大坂の都市計画を進めたからでした。いっさいのタブーを排した合理的な発想は、江戸中期に大坂の商人たちが設立した学問所である「懐徳堂」が育んだ思想につながっています。例えば5章でも触れた門下生の山片蟠桃は、『夢ノ代』で徹底した無鬼論（無神論）を唱えました。

さらに天保八（一八三七）年に大坂で起こったのが、大塩平八郎の乱です。大坂町奉行与力で陽明学者の大塩は、儒教で言う「革命」のための「放伐」を実行し、江戸の徳川氏を倒し、初代とされる神武天皇の統治を理想とする「中興」を起こそうとしたのです（「檄文」、『大塩平八郎集佐藤一斎集』、大日本思想全集刊行会、一九三一年所収）。このような明治維新を先取りする思想が大坂から起こったことに注目する必要があります。

大坂で生まれ、蘭学者の緒方洪庵（一八一〇〜六三）が大坂で築いた適塾で学んだ福澤諭吉もまた、大坂という都市から影響を受けていました。戦前から戦後にかけて慶應義塾の塾長となった小泉信三（一八八八〜一九六六）は、こう述べています。

> 福澤先生を理解する上に於て、先生が大阪に生れたこと、殊に、聡明頴悟、比類なき福澤諭吉が、二十二から二十五といふ溌剌たる成長期を、封建圏外のこの大阪で過ごしたといふことは、看過すべからざることである。事物を合理的に見ること、自由が如何なるものであるかといふことを、先生は此処で知ることが出来たといへると思ふ。（『この一年』、文藝春秋新社、一九五九年）

ところが明治以降、廃藩置県を機に、天皇のいる東京を中心とした中央集権国家の建設が進められます。その大動脈となったのが、鉄道にほかなりません。明治天皇は明治五（一八七二）年九月の新橋―横浜間の鉄道開業式に際して、早くも「今般我国鉄道ノ首線工竣ルヲ告ク（中略）朕更ニ此業ヲ拡張シ此線ヲシテ全国ニ蔓布セシメンヿヲ庶幾フ」と述べています（『日本国有鉄道百年史』第一巻、成山堂書店、一九九七年)。

関西でも一八七七(明治一〇)年に京都―神戸間が開業し、明治天皇が2号御料車(初代)に乗って往復したことは、前章で触れたとおりです。しかし大阪駅がつくられた梅田地区は、中心部から離れた旧淀川以北にあり、その地名が埋め立てた土地を意味する「埋田」に由来するように、もともと湿地や田んぼの広がるだけの土地でした。一八八九年に市制が施行されて大阪市が誕生したときも、梅田は大阪市には含まれず、西成(にしなり)郡北野村と曾根崎村に属していました(北野村と曾根崎村が大阪市に編入されたのは一八九七年になってからでした)。

明治中期になると、阪堺鉄道(後の南海鉄道。現・南海電気鉄道)の難波や大阪鉄道(後の関西鉄道。現・JR関西本線)の湊町(現・JR難波)のように、私設鉄道条例にもとづいて開業ないし延伸した私鉄が大阪駅とは別にターミナルをつくりました。これらのターミナルは、大阪駅よりも中心部に近い旧淀川以南に位置していました。一九〇六(明治三九)年に鉄道国有法が公布されると、関西鉄道は国有化されたのに対して、南海鉄道は私鉄のまま残りました。

明治末期から大正初期にかけての大阪では、私鉄の開業が相次ぎました。具体的に言えば、一九〇五(明治三八)年に阪神電気鉄道が出入橋(現在は廃止)―三宮間を、一九一〇年に箕面有馬電気軌道が梅田(現・大阪梅田)―宝塚・箕面間を、同年に京阪電気鉄道が天満橋―五条(現・清水(きよみず)五条)間を、一九一四(大正三)年に大阪電気軌道(大軌。現・近畿日本鉄道)が上本町(うえほんまち)(現・大阪上本町)―奈良(現・近鉄奈良)間をそれぞれ開業させています。関西の五大私鉄と呼ばれる南海、阪神、阪急、京阪、近鉄が、大正初期までにすべて出揃うわけです。その発達の程度は、同時代の関東を上回っていました。

しかも南海を除く私鉄は、いずれも私設鉄道条例ではなく、軌道条例によって開業しました。つまりこれらの私鉄は、正確に言えば「鉄道」ではなく、路面電車を意味する「軌道」だったのです。線路幅を「三呎（フィート）六吋（インチ）」、すなわち国有鉄道（現在のJR）と同じ一〇六七ミリの狭軌に定めた第七条など、全部で四一カ条もあった私設鉄道条例とは異なり、軌道条例はたった三カ条しかなく、線路幅に関する条文もありませんでした。軌道はせいぜい、道路に付随する補助的な交通手段としか見なされていなかったからです。

しかし阪神は、狭軌ではなく一四三五ミリの国際標準軌にすることで、並行する東海道本線よりも速い電車を走らせようとしました。このため軌道条例の第一条「公共道路上ニ布設スルコト」を広義に解釈し、「軌道のどこかが道路についていたらよい」とすることを、当時の逓信次官だった古市公威（こうい）（一八五四～一九三四）に認めさせます。軌道条例による特許を受けながら、ほとんど私設鉄道並みの専用線路をもち、しかも全線が国際標準軌で電化された初めての本格的な私鉄が関西に誕生したのです。こうした面従腹背の発想は、同じく軌道として開業し、東海道や甲州街道に線路が忠実に敷かれた京浜電気軌道（現・京急電鉄）や京王電気軌道（現・京王電鉄）のような関東私鉄にはありませんでした。

ほかの関西私鉄も阪神にならい、軌道条例によりながら私設鉄道とほぼ変わらない専用線路を国際標準軌で敷設しました。国有鉄道とは線路幅が異なるため、御召列車が乗り入れることはできず、東京駅ともつながりませんでした。各私鉄は大阪駅とは別に、頭端式のターミナルを大阪市内につくり、大阪を中心とした線路網を築いていったのです。

3　梅田駅の開業と小林一三

阪急の創業者である小林一三は、山梨県出身で、福澤諭吉の存命中に慶應義塾で学んでいます。福澤からの思想的影響につき、「僕は青年時代から慶應で独立独行と云ふことを教へられて来たのだが、僕の社会生活は即ちそれだ」（「私の行き方」、『小林一三全集』第三巻、ダイヤモンド社、一九六二年）と述べています。

小林は一八九三（明治二六）年に慶應を卒業して三井銀行（現・三井住友銀行）に就職すると、大阪支店に転勤を命ぜられ、初めて大阪にやって来ました。前述のように大阪は、福澤諭吉が適塾で学びながら自らの思想を形成した都市でした。小林は一九〇七年に三井銀行を辞職してからも大阪にとどまり、箕面有馬電気軌道を事実上一人で立ち上げることになります。

当時の鉄道事業は、人口の多い大都市間を結ぶことで経営が成り立つと考えられていました。実際に大阪と和歌山を結ぶ南海、大阪と神戸を結ぶ阪神、大阪と京都を結ぶ京阪、大阪と奈良を結ぶ大軌は、すべてそうした私鉄として開業しています。ところが、箕面有馬電気軌道が終点とした宝塚や箕面は、大都市と称するにはほど遠い郊外の僻村にすぎませんでした。畠や田んぼのなかをひたすら走るこの電車には、「みみず電車」という陰口もたたかれましたが、小林はそれまでの私鉄が思いつきもしなかった戦略を立てていました。

それを一言でいえば、乗客を新たにつくり出すための戦略でした。小林は沿線の駅前に郊外住宅を多数分譲し、電車に乗って大阪まで通勤する客をつくり出すことで、経営が成り立つと確信していたのです。このため小林は、産業革命が進む大阪の劣悪な生活環境に比べて郊外がいかに人間的な生活に適しているかを強調した「最も有望なる電車」「住宅地御案内＝如何なる土地を選ぶべきか・如何なる家屋に住むべきか」と題するパンフレットを自ら作成し、それぞれ一万戸分を印刷して大阪市内の各戸にばらまきました。

この発想は、イギリスの社会改良家、エベネザー・ハワード（一八五〇〜一九二八）が唱えた田園都市論と重なるものがあります。ハワードは、産業革命の進行とともに環境が悪化するロンドンとは別に、郊外に田園都市を建設することを提唱し、一九〇三年には最初の田園都市がロンドン北郊のレッチワースにつくられたからです。当時は政府でも田園都市に対する関心が高まっていて、一九〇七年には内務省地方局有志が編集する『田園都市』が刊行されています。

しかし、重大な違いもあります。ハワードの田園都市は、ロンドンから独立した職住近接型の都市だったため、電車に乗ってロンドンに通勤することは想定されていなかったのに対して、小林が沿線につくろうとした住宅地は、住民（正確にはサラリーマンの男性）が電車に乗って大阪に通勤することが想定されていました。沿線の住民は、会社の経営を安定させるための顧客でなければならなかったからです。小林自身もまた、箕面有馬電気軌道の開業に先立つ一九〇九（明治四二）年からずっと沿線の大阪府豊能（とよの）郡池田町（現・池田市）に住み、開業後には自ら本社まで電車通勤を実践しています。

さらに小林は、起点とした梅田駅の位置にこだわりました。当初大阪市は、起点を大阪駅が位置する梅田にすることを認めませんでしたが、小林は市と交渉を重ねて承諾を得るとともに、当時の監督官庁だった鉄道院からも跨線橋を架設する許可を得ました。こうして梅田駅は、現在と違って大阪駅の南側につくられ、駅を出た線路はすぐに左へ曲がり、東海道本線と城東線（現・大阪環状線）の線路をオーバークロスして北に進むコースがとられることになったのです（図８-３参照）。小林は、「梅田の東海道線を越す跨線橋工事と梅田停車場たるべき予定の看板は、この会社の信用を高めた」（『逸翁自叙伝　阪急創業者・小林一三の回想』、講談社学術文庫、二〇一六年）と回想しています。

一九一〇（明治四三）年三月一〇日、箕面有馬電

図８-３　開業当初の梅田駅と大阪駅〔原武史『「民都」大阪対「帝都」東京』講談社学術文庫，2020年〕

気軌道の梅田―宝塚間と石橋（現・石橋阪大前）―箕面間が開業します。これが現在の阪急宝塚本線と箕面支線です。小林は開業に合わせて「箕面有馬電車唱歌」を作詞し、大阪市内および沿線のすべての小学校に配布しました。全部で一五番まである唱歌の一番の歌詞はこうでした（『京阪神急行電鉄五十年史』、京阪神急行電鉄、一九五九年）。

東風（こち）ふく春に魁（さきが）けて
開く梅田の東口
往来（ゆきか）ふ汽車を下に見て
北野に渡る跨線橋

ここでいう「汽車」とは、東海道本線のことです。「北野」は跨線橋が位置していた旧西成郡北野村を意味します。小林は、「箕面有馬電車」が大阪駅のすぐ横で東海道本線の列車を見下ろす梅田にこだわったのです。

新橋（一九一四年からは東京）を起点とする国家権力の象徴である東海道本線の上を、梅田を起点とする私鉄が通るということは、単なる物理的な上下関係を超えて、それ自体が一つの思想表現になり得るものでした。福澤諭吉はベストセラーとなった『学問のすゝめ』で「凡そ民間の事業、十に七、八は官の関せざるものなし。これをもって世の人心益々その風に靡（なび）き、官を慕い官を頼み、官を恐れ官に諂（へつら）い、毫（ごう）も独立の丹心を発露する者なくして、その醜体見るに忍びざることなり」（岩波文庫、一九七八年）と述べていますが、小林は福澤自身も学んだ大阪を舞台に、「官」に対する「民」の優位を高らかにうたいあげたわけです。

7章では、御召列車に関する法令の整備について触れました。一九〇七年一一月九日帝国鉄道庁総裁達第三〇二号「御召列車ノ警護ニ関スル件」（三章五一条）は、一二年一月一五日鉄道院総裁達一三号「御召列車ノ警護ニ関スル件」（三章五七条）に改正されましたが、新たに加わった条文のなかには次のようなものが含まれていました。

> 第三十九条　上下ニ於テ交叉スル線路ノ上方又ハ下方ニ御召列車カ運転スル場合ハ同時ニ他方ノ線ニ列車ヲ運転セシメサル様最寄駅長ニ於テ手配スヘシ（『鉄道公報』号外、一九一二年一月一五日）

この条文は、箕面有馬電気軌道の開業を踏まえているように見えます。実際に一九一〇年一一月の明治天皇の岡山行幸と一一年一一月の天皇の久留米行幸では、御召列車が「北野に渡る跨線橋」の下を通りました。この新たな事態を踏まえ、電車の運行を規制するための具体的な条文が必要とされたように思われるのです。

4．阪急文化の誕生

小林一三は後年、次のように述べています。

> われわれから言へば、京阪神といふものは鉄道省にやつて貰はなくてもよろしい。そんなことは大きにお世話です。われわれがどんなにでもして御覧に入れます。（「交通問題を中心として」、前掲『小林一三全集』第四巻所収）

私はよくうちの人に言はれるのですよ。「もういろんなことを言はないでおいて下さい。僕等は鉄

> 道省へ行つてヘイコラしてゐなければ憎まれて困りますから」と言ふ。意気地のない奴ばかりだ。僕等は生れが銀行で畑が違ふけれども、阪急を創立してからでも、鉄道省へも内務省へも逓信省へもヘイコラしたことはない。そのかはりどこのお情けにすがつたこともない。どこへ行つたつてケチなことは言はない。それで来てゐるから、どこでも憎まれてゐる。（同）

福澤諭吉からの思想的影響は明らかでしょう。この反官独立の思想とともに小林に顕著にみられるのが、東京と大阪を比較する複眼的思考法です。

> 必ず東京の事業には政治が伴つてゐる。或は近代の政治組織がこれに喰ひ入つてゐる。東京のあらゆる会社がさうであるといつてよくはないかと思ひます。あらゆる有名な会社事業は大概政治の中毒を受けてゐる。（中略）その点に行くと大阪はまことに遣りよい。何ら政治に関係して居らない。しかも政治に関係して居らないと殆んど政治といふものと実業といふものが分れて居るためにさういふ心配は少しもない。（中略）要するにこの政治中心の東京を真似ずして、政治以外に一本調子でやつて行く西の方の財界の精神を尊重して行きたいと思ふのであります。（「事業　東京型と大阪型」、前掲『小林一三全集』第三巻所収）

大阪ならではの「政治組織」に頼らないための独自のアイデアとして小林が思いついたのが、起点の梅田に向かう客の流れだけでなく、終点の箕面と宝塚に向かう客の流れをつくることでした。具体的には、箕面の動物園と宝塚の新温泉、少女歌劇がそれに当たります。このうち動物園は失敗に終わりましたが、新温泉と少女歌劇は成功しました。特に少女歌劇は宝塚歌劇団へと発展し、やがて阪急文化の代名詞になりました。さらに途中の豊中に駅を開設して運動場をつくり、大阪朝日新聞社が主催していた全国中等野球優勝野球大会を誘致し、記念すべき第一回大会をここで開いています。現在の高校野球の前身に当たります。

一九一八（大正七）年に箕面有馬電気軌道は阪神急行電鉄に社名を変更しています。いわゆる阪急の誕生です。この名称には、鉄道院と内務省がクレームをつけました。二つの官庁は、大阪府と、兵庫県の知事に対して、行政指導に従って適切な商号に変更させるよう、つまり軌道条例によって特許を受けたのだから軌道と名乗るべく指導するよう通牒しました。しかし商号変更は届出事項だったため、阪急はそれに従いませんでした。「官」に容易に従わない小林の思想が、ここにも鮮やかに現れています。

二〇年七月には、梅田と神戸を結ぶ神戸本線が開業しました。神戸という駅名は国有鉄道の神戸駅と同じでしたが、実際には三宮よりも手前の上筒井にありました。三六年には現在の神戸三宮まで延伸し、ここを神戸駅としています。事実上国鉄の大阪駅と同じ場所にあるのに梅田駅と名乗り、国鉄の神戸駅とは全く違う場所にあるのに神戸駅と名乗る。関東の私鉄にこうした発想はありませんでした。

神戸本線の区間は、東海道本線をはさんで大阪湾沿いを走る阪神の梅田—三宮間に並行していました。六甲の山麓を走り、カーブが少なく、阪神に比べて駅の数も少ない神戸本線の電車を、小林は「綺麗で早うて、ガラアキで眺めの素敵によい涼しい電車」と呼び、その乗り心地と車窓からの眺めの良さを宣伝しました（『75年のあゆみ』記述編、阪急電鉄、一九八二年）。阪神急行電鉄という社名にも、阪神電気鉄道への対抗意識が現れていました。

こうして阪神間は、大正期に早くも三つの鉄道が並行する、日本で最も交通の発達した地域になりました。現在は一つの会社になっている阪急と阪神は、この区間でしのぎを削りながら、互いに異なる文化を形成していったのです。前者の象徴が宝塚歌劇団だとすれば、後者の象徴は干支（えと）で甲子（きのえね）に当たる一九二四（大正一三）年に開設された阪神甲子園球場でした。

田辺聖子の小説「波の上の自転車」には、阪急と阪神の沿線イメージの違いが、夫婦の会話を通して語られています。

> 妻の万佐子（まさこ）は阪神間地方は日本で最高の住み心地のいい地方だと信じ、その中でも山手の高級住宅地を走る阪急沿線以外には住みたくないと信じ込んでいる。この沿線には日本有数の資産階級の豪邸が軒を並べ、私立の名門学園、坊ちゃん学校、嬢ちゃん学校（由利子の入ったのもその一つである）、更には、宝塚歌劇団のある地域を縫う。だから乗客は、インテリ、資産家（インテリはともかく、資産家は電車に乗るかねえ、というのが村山の疑問だが）、良家の令夫人令嬢、美しき歌劇団生徒たちだと、妻は主張する。（自分もその一人と錯覚してんのと違（ちゃ）うか、と村山はにがにがしい）
>
> それに反し、阪神は下町、海辺工業地帯をくぐりぬけて走り、乗客はモロ、庶民のおっさんおばはんである、と妻は断定する。（『田辺聖子全集』5、集英社、二〇〇四年）

妻の万佐子はアッパーミドルが多く住むとされるハイソな阪急沿線に、夫の村山は労働者階級が多く住むとされる庶民的な阪神沿線に親近感をもっています。注意すべきは、単なる階級の違いだけでなく、ジェンダーが絡んでいることです。宝塚歌劇団のある前者が女性的と表象されるのに対して、工業地帯を走る後者は男性的と表象されるのです。

阪急も阪神も、同じく大阪市の梅田を起点とし、尼崎市、西宮町（二五年から西宮市）、精道（せいどう）村（四〇年から芦屋市）、神戸市の東西を通っていました。確かに阪急の夙川（しゅくがわ）も阪神の甲子園も、同じ西宮市

図8－5 昭和初期の阪急百貨店〔前掲『「民都」大阪対「帝都」東京』〕

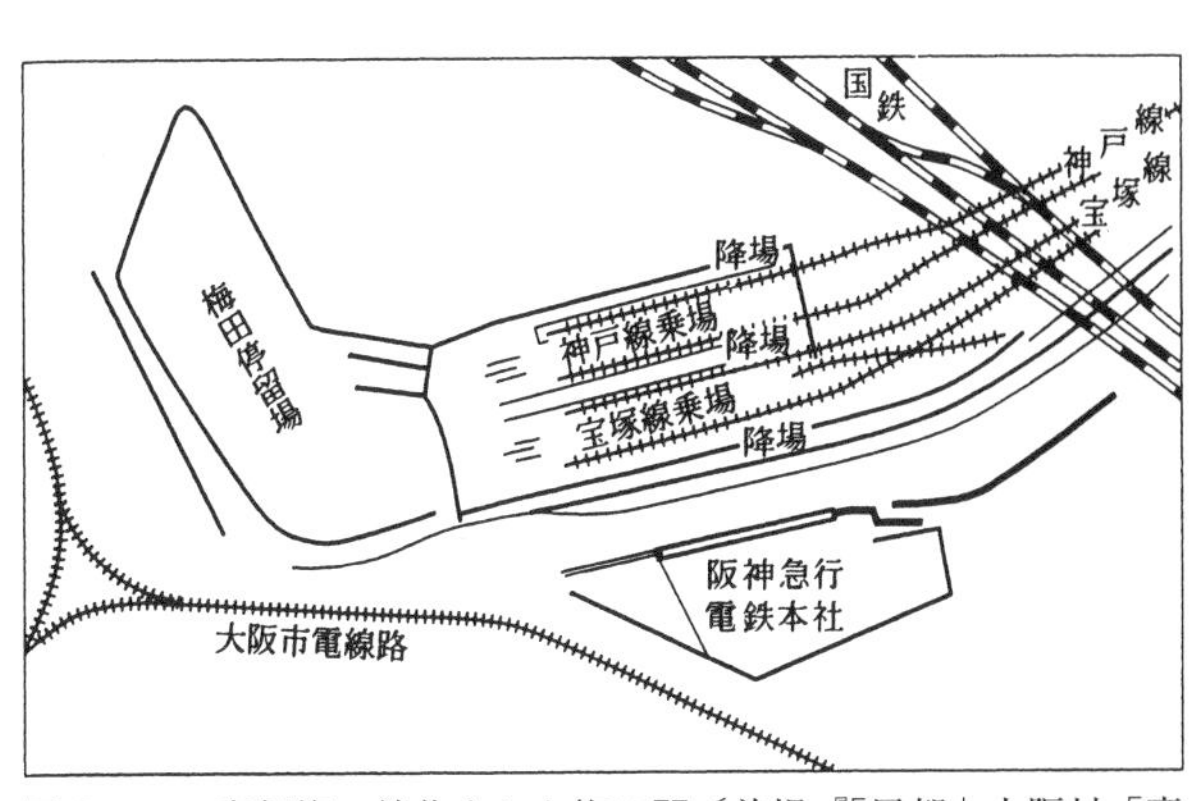

図8－4 高架複々線化された梅田駅〔前掲『「民都」大阪対「帝都」東京』〕

にあります。しかし夙川の住民は、甲子園の住民よりも芦屋市に属する隣駅の芦屋川の住民のほうに親近感をもっているはずです。阪神間では、私鉄が行政単位の市町村よりも強い住民のアイデンティティを沿線につくり出したからです。

一九二六（大正一五）年七月には、梅田ターミナルが改築されて地上駅から高架駅に変わるとともに、梅田と宝塚本線、神戸本線の分岐点に当たる十三（じゅうそう）の間が高架複々線化されました。これにより、梅田―十三間では阪急の四本の線路が東海道本線の上をまたぐことになり、その一時間あたりの本数は東海道本線の一〇倍に達しました（図8-4参照）。大阪駅のすぐ横で繰り広げられるこの光景自体が、大阪における「民」の優位を可視化していたのです。

さらに一九二九（昭和四）年四月には、日本で初めてのターミナルデパートとなる地上八階、地下二階の阪急百貨店が梅田に開業しました。現在の阪急百貨店うめだ本店です。百貨店の正面には「神戸ユキ急行電車のりば」「神戸行特急 廿五分（にじゅうご）」といった大看板が掲げられ、ここがデパートであるとともに阪急のターミナルでもあることを誇示していました（図8-5参照）。

梅田―神戸間を一〇分おきに二五分で結ぶ神戸本線の特急は三四年七月に登場し、三六年に三宮まで延伸しても二五分のままでした。ちなみに現在の特急は二七分かかりますから、二分早かったことになります。まさに阪急の名にふさわしい電車だったわけです。高速運転が可能な国際標準軌にこだわった成果ともいえるでしょう(3)。

関西私鉄とは対照的に、一九年に公布された地方鉄道法にもとづいて敷設された関東私鉄の多くは、国鉄と同じ狭軌で敷設されました。三二年三月に渋谷—桜木町間が全通した東京横浜電鉄（現・東急東横線）もその一つでした。

阪急百貨店をモデルとしつつ、三四年一月に同電鉄渋谷駅のターミナルデパートとして開業したのが、地上七階、地下一階の東横百貨店（後の東急百貨店東横店）でした。創業者の五島慶太（一八八二～一九五九）は、自叙伝『七十年の人生』（要書房、一九五三年）で「終始一貫自分が智恵を借りて自分の決心を固めたものは小林一三だ」「百貨店も全く小林の智恵により、阪急百貨店と同じようなものをつくつた」と述べています。確かに大正末期に五島が専務となった目黒蒲田電鉄（後に東京横浜電鉄と合併。現・東急目黒線）の沿線に当たる洗足（せんぞく）や多摩川台（田園調布）などに田園都市と呼ばれる分譲住宅地を開発し、電車で都心に通勤させる手法は、小林一三のそれを完全に模倣していました。

しかし五島は慶應出身の小林とは異なり、東京帝国大学を卒業して鉄道院に勤めた経歴の持ち主で、国から補助金をもらうことも厭いませんでした。阪急百貨店が国有鉄道の大阪駅とは区別された場所に建てられたのに対して、東横百貨店は東京横浜電鉄の渋谷駅に隣接する山手線の渋谷駅にまたがるようにして建てられたばかりか、東京高速鉄道（現・東京メトロ銀座線）や玉川電気鉄道（後の東急玉川線。現・東急田園都市線）のホームも百貨店内につくられるようになり、どの鉄道の百貨店なのかはっきりしなくなりました。

こうして渋谷駅は、阪急梅田駅とは対照的に、国鉄、私鉄、地下鉄が混然一体となったターミナルになってゆくのです。小林自身が「必ず東京の事業には政治が伴つてゐる」と述べたように、東京では大阪ほど「民」の独立を志向する思想が強くなかったのです。

5.「阪急切替問題」

鉄道省は、旧態依然とした大阪駅を放置していたわけでは決してありませんでした。その証拠に、大正から昭和になると、駅の高架化と東海道本線の電化工事の計画が本格的に浮上します。しかしながら、それが容易にはできない事情がありました。大阪駅のすぐ横で、阪急の高架複々線が国鉄の線路をオーバークロスしていたからです。

一九三一（昭和六）年六月、鉄道省大阪鉄道局に属する大阪改良事務所から阪急に向けて全部で八項目からなる通達書が届きました。その内容は、電化と高架化が決定したから、交差している阪急の高架線を地上線にせよ、その費用は阪急側で負担せよというものでした。この一方的な通達に対して、阪急は一応の考慮を申し出ましたが、鉄道省側の理解を得られず、交渉は長びくに至りました（前掲『75年のあゆみ』記述編）。大阪の二大新聞だった『大阪朝日新聞』や『大阪毎日新聞』は、この問題を「阪急切替問題」「阪急ガード切替問題」などと書き立てました。

三二年六月には、社長の小林一三自身が直接鉄道省に赴き、鉄道大臣の三土(みつち)忠造（一八七一～一九四八）に電化の中止と切り替えの再考慮を訴えています（「省線吹田―鷹取間電化の中止を阪急鉄道省に陳情」、『鉄道』第四巻第三九号、一九三二年所収）。しかし阪急は鉄道省に対して法外な費用を請求しているというデマも発生するなど、阪急を非難する声が集中しました（前掲『75年のあゆみ』記述編）。阪急は鉄道省と協議を重ねた結果、阪急の高架線を地上線にし、切り替えに伴う工事の費用を双方で分担することで、ようやく解決を見ました。

この結末を見届けた小林一三は、三四年一月に社長を辞任して会長となり、活動の主力を大阪から東

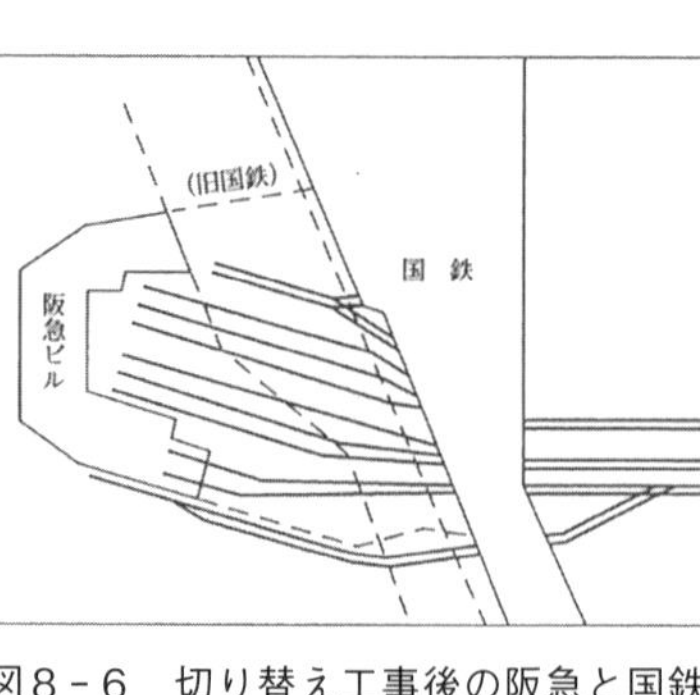

図8－6　切り替え工事後の阪急と国鉄〔前掲『「民都」大阪対「帝都」東京』〕

京に移してゆきました。三四年五月三一日から六月一日にかけて、国鉄と阪急の高架切り替え工事が行われ、東海道本線と城東線の線路が地上から高架になる代わりに、阪急の線路が高架から地上に移しかえられました（図8－6参照）。

一九一〇（明治四三）年の開業当時から「往来ふ汽車を下に見て　北野に渡る跨線橋」という光景にこだわってきた小林一三にとって、この工事は単なる物理的な「上」から「下」への切り替えだけでなく、大阪における「民」の優位が東京を中心とする国家権力によって否定されたことを意味したはずです。工事が終わった翌日、昭和天皇の名代として、傀儡国家「満洲国」の首都新京（現・長春）に向かう弟の秩父宮雍仁（やすひと）（一九〇二～五三）を乗せた御召列車が東京駅を出発し、阪急の地上線を見下ろすようにして高架線を通り、新装なった早朝の大阪駅に途中停車したことは、その印象をますます強めました(4)。

一九四四（昭和一九）年に大阪の天神橋（現・天神橋筋六丁目）と京都の大宮を結んでいた新京阪線（現・京都本線）が十三を経由して梅田に乗り入れ、五九年には京都本線の線路が増設されて梅田―十三間が三複線になるなどの変化はあったにせよ、阪急梅田駅は戦後もずっと地上駅のままでした。再び高架駅にするには、国鉄の線路との立体交差を避ける必要がありました。実際に六六年二月から、梅田駅を国鉄の線路の北側に移す工事が始まります。六七年八月にまず神戸本線のホームが移され、続いて六九年一一月には宝塚本線のホームが、七三年一一月には京都本線のホームが移されました。こうして現在の阪急大阪梅田駅が完成したのです。

前述した東急東横線の渋谷駅は、二〇一三年三月に東京メトロ副都心線との相互乗り入れを行うため地下駅となり、ターミナルが消滅しました。二〇年三月には東急百貨店東横店も閉店しました。一方、阪急の大阪梅田駅は、1節で記したように、場所は移ってもなお東京駅に対抗するターミナルとしての思想的性格を保ち続けています。阪急百貨店うめだ本店も開業当時と同じ場所にあります。この違いはやはり大きいと言わなければなりません。

注

（1）もっとも阪急では、梅田を大阪梅田に改称する前から車内放送で梅田を「大阪梅田」と称していましたし、各駅のホームの案内板にも「大阪方面」と記されていたように、習慣的に「大阪」を梅田と同じ意味で使っていました。

（2）関西私鉄のターミナルとしては、阪急の大阪梅田のほかに阪神の大阪梅田、南海の難波、京阪の淀屋橋、近鉄の大阪上本町などが挙げられます。このうち大阪上本町は、地下が通過式の駅ですが、地上は頭端式のターミナルになっています。

（3）昭和初期の関西では、阪急以外の私鉄も超特急や特急を走らせるなど、スピードアップに努めました。新たに開業した阪和電鉄（現・JR阪和線）は国鉄と同じ狭軌でしたが、阪和天王寺（現・天王寺）―阪和東和歌山（現・和歌山）間を四五分で結ぶ超特急を走らせています。この超特急は、国鉄も含めた国内の鉄道で最も速い電車でした。

（4）当時の秩父宮は、参謀本部第一部第二課（作戦課）に務めていました。もともとは第一師団歩兵第三連隊の中隊長でしたが、昭和天皇の内意により青年将校から引き離すために転属になったのです。しかしこのときは天皇の名代として、帝政を施行したばかりの「満洲国」を訪問しています。天皇の弟が乗った列車は通常、特別仕立ての列車にはなりませんが、天皇の名代だったために御召列車と同格になりました。

学習課題

1. 小林一三が福澤諭吉から受けた思想的影響につきまとめてみよう。
2. 阪急大阪梅田駅とJR大阪駅の位置関係を歴史的に考えてみよう。
3. 阪急と東急の共通点と相違点についてまとめてみよう。

参考文献

原武史『「民都」大阪対「帝都」東京　思想としての関西私鉄』（講談社学術文庫、二〇二〇年）
小泉信三『この一年』（文藝春秋新社、一九五九年）
小林一三『逸翁自叙伝　阪急創業者・小林一三の回想』（講談社学術文庫、二〇一六年）
『小林一三全集』第三巻、第四巻（ダイヤモンド社、一九六二年）
福澤諭吉『学問のすゝめ』（岩波文庫、一九七八年）
『75年のあゆみ』記述編（阪急電鉄、一九八二年）
『田辺聖子全集』5（集英社、二〇〇四年）五島慶太『七十年の人生』（要書房、一九五三年）

9 日比谷公園／皇居前広場

《目標＆ポイント》 東京の中心にあり、互いに隣り合う日比谷公園と皇居前広場は、明治から平成にかけて重要な政治空間となり、日比谷焼打ち事件や血のメーデー事件の舞台にもなりました。両者の歴史をたどりつつ、空間と政治の関係を考えます。

《キーワード》 日比谷焼打ち事件、大正デモクラシー、超国家主義、関東大震災、二重橋、紀元二千六百年、連合国軍パレード、血のメーデー事件、「打ち消しのマイナスガス」

1．日比谷公園と皇居前広場を歩く

東京都千代田区にある日比谷公園は、東京都公園協会が管理する都立公園の一つです。総面積は約一六万一六三七平方メートルで、園内には市政会館および日比谷公会堂、日比谷図書文化館（もとの都立日比谷図書館）、野外音楽堂、レストランの松本楼などが点在しています。公園の周囲には、霞ケ関の官庁街や日比谷のオフィス街などがあります。園内は常に散策する人々の姿が絶えず、都心のオアシスとなっています（図9-1参照）。

日比谷公園の北側には、晴海（はるみ）通りと日比谷濠をはさんで皇居前広場、正式には皇居外苑があります。皇居前広場は日比谷公園とは異なり、環境省が管理する国民公園の一つで、日比谷濠、凱旋濠、二重橋

図9-1　日比谷公園。著者撮影

図9-2　皇居前広場から見た正門石橋。著者撮影

濠、蛤濠、桔梗濠、和田倉濠、馬場先濠に囲まれており、二重橋濠をはさんで3章で触れた皇居に、また蛤濠と桔梗濠をはさんで江戸城本丸御殿のあった皇居東御苑に接しています。総面積は芝生部分を含めると約四六万五〇〇〇平方メートルで、日比谷公園の三倍近くもあります。北京の天安門広場（約四四万平方メートル）を上回る、世界最大の広場にほかなりません。

日比谷公園に比べると、散策する人々は多くありません。かろうじて二重橋濠にかかる正門鉄橋（二重橋）や正門石橋が見えるあたりに人々が集まっていますが、それでも日本人よりはむしろ外国人の観光客のほうが目立っています。日比谷公園とは異なり、ベンチはもちろん自動販売機すらなく、広場に関する案内板も立っていません（図9-2）。

日比谷公園が明治時代に公園として着工され、一九〇三（明治三六）年に日本で初めての西欧的公園として仮開園式を挙げたのに対して、皇居前広場ははじめから広場として計画されたわけではありませんでした。ここは江戸時代には江戸城の一部で西ノ丸下と呼ばれ、大名の屋敷や馬場などが置かれていましたが、明治中期までにそれらの建物をなし崩し的に排除することで広大な空き地が出現したのです。

この点に関する限り、清末に義和団の乱で建物が破壊され、中華民国の初期に「千歩廊」と呼ばれる二列の長い木造家屋などが撤去されることでT字状の広場が出現した北京の天安門広場と一見似ています。しかし一九四九年の中華人民共和国の成立とともに広場が矩形に変わり、「革命」によって生まれた国家の正統性を誇示する政治空間へと大きく変わった天安門広場に対して、皇居前広場には一貫して明確な設計図がありませんでした（市川紘司『天安門広場　成立と近代』、筑摩書房、二〇二〇年）。

一九六〇年代までの都心の主な交通手段は、都電（もとの市電）でした。都電には日比谷公園前や馬場先門（ばばさきもん）といった停留所があり、戦時中は電車が皇居前広場に面した馬場先門にさしかかると、車内から二重橋に向かって最敬礼するよう強制されました。ところが七〇年代以降、都電に代わって地下鉄が発達するようになりました。確かに東京メトロ千代田線に乗ると、「日比谷」の次の駅が「二重橋前」ですが、車窓からは何も見えないために日比谷公園と皇居前広場が隣接しているという実感はもてなくなっています。

本章では、都心に隣接する日比谷公園と皇居前広場が相異なる政治空間として利用されてきた歴史に焦点を当てるつもりです。日比谷公園は日露戦争後に「日比谷焼打ち事件」の舞台になったのに対して、皇居前広場は独立回復直後に「血のメーデー事件」の舞台になりました。どちらもさまざまな政治集会や天皇制に絡む儀式などが開かれましたが、双方の性格はかなり異なっていました。その違いにも注目したいと思います[1]。

2. 日比谷焼打ち事件と大正デモクラシー

作家の幸田露伴は、東京市内の公園が上野公園と芝公園しかなかった一八九九（明治三二）年に著した「一国の首都」（『露伴全集』第二七巻、岩波書店、一九五四年所収）のなかで、「今の上野等の公園の余りに神聖犯すべからざるが如く見え、光景粛然として高士独嘯（どくしょう）の地たるが如き観あるは、美なることは美なりと雖（いえど）も聊（いささ）か公園の本旨に協（かな）はざるに似たるを以て、少しく児女老幼の偕楽の具の備はらんことを望まずんばあらざる也」と述べています。一八八八（明治二一）年に練兵場が青山に移ったことで廃止された日比谷練兵場の跡地を利用し、喫茶店やレストランを備えて一九〇三年に仮開園した日比谷公園こそは、露伴が想定したような人々が集いたくなる公園の名にふさわしいものでした。

しかし日比谷公園の名を一躍全国に知らしめたのは、一九〇五（明治三八）年九月五日に起こった日比谷焼打ち事件でした。

日露戦争の講和条約（ポーツマス条約）の締結に反対する講和問題同志連合会が日比谷公園で開いた国民大会で、ロシアから直接的な賠償金が得られなかったことに不満をもつ人々が、この条約の破棄を叫んで暴徒化しました。暴動は二日間にわたって続き、講和支持の論陣をはった『国民新聞』を発行する民友社のほか、内務大臣官邸、警察署、派出所、キリスト教会、路面電車などが、彼らによって破壊されたり放火されたりしたのです。

なぜこのような前例のない事件が日比谷公園で起こったのでしょうか。歴史学者の藤野裕子は、それを解く前提として、「国民」の名のもとに政府に反対する大会がこの公園で開かれた意味に注目しています。

国民大会とは、階層や年齢を問わず、できる限り多くの「国民」を一つの場に集めて、講和条約が「国民ノ意思」に反することを政府当局や天皇にアピールする試みであった。近代都市ならではの広大な公園はこうした政治集会が可能な空間であり、なかでも官庁街のただなかにあって、皇居にも程近い日比谷公園は、反政府のデモンストレーションを行うのにうってつけの場所であったといえる。（『都市と暴動の民衆史 東京・1905-1923年』、有志舎、二〇一五年）

それまでの公園は、主に国家に関わる祝賀行事が行われる会場として使われてきました。例えば上野公園では、明治天皇も出席した内国勧業博覧会や東京市が主催する日清戦争勝利の「第一回祝勝会」などが開かれました。日比谷公園でも、日露戦争で日本海海戦に勝利したときには「東京市祝勝会」が開かれています（丸山宏『近代日本公園史の研究』、思文閣出版、一九九四年）。しかし、その四カ月後に開かれた国民大会は、戦争の勝利を祝うのではなく、「講和条約が『国民ノ意思』に反することを政府当局や天皇にアピールする試み」となりました。その試みが民衆の意思を暴発させる都市暴動を引き起こしたのです。

後に民本主義を唱える吉野作造（一八七八～一九三三）は、「民衆が政治上において一つの勢力として動くという傾向の流行するに至った初めはやはり〔明治〕三十八年九月からとみなければならぬと思う」（「民衆的示威運動を論ず」、三谷太一郎編『日本の名著48 吉野作造』、中央公論社、一九七二年所収）と評価しています。日比谷焼打ち事件が大正デモクラシーの起点として評価されるゆえんです。

確かに大正期になると、日比谷公園では憲政擁護大会や普通選挙を求める大会など、デモクラシー関連の大会がしばしば開かれ、それらが国政にも影響を与えるようになります（前掲『近代日本公園史の研究』）。しかし日比谷焼打ち事件の再現を思わせる都市暴動もまた相次ぎました。一九〇六（明治三九）年の電車賃値上げ反対から一八（大正七）年の米騒動まで、日比谷公園で開かれた八つの集会が暴動と化しています。前述のようなデモクラシー関連の大会でも、暴動が発生しています（前掲『都市と暴動の民衆史』）。

これらの大会に参加したのは、決して「国民」全体ではなく、血気さかんな一五歳から二五歳までの若年男性の労働者が中心でした（同）。女性はもとより、三〇代以上の男性や労働者以外の男性も多くはありませんでした。

ところが、こうした日比谷公園の性格が大きく変わるきっかけとなった出来事がありました。一九二一（大正一〇）年三月から九月まで、皇太子裕仁（後の昭和天皇）が訪欧したことです。これに伴い日比谷公園では、一三万人の人出を集めて東京日日新聞（現・毎日新聞）主催の映写会が開かれました（田中純一郎『日本教育映画発達史』、蝸牛社、一九七九年）。ヨーロッパ各地を回る皇太子の姿が、活動写真を通して上映されたのです。

皇太子は九月三日に帰国しました。八日には、日比谷公園に約三万四〇〇〇人もの人々が集まり、皇太子が臨席して「市民奉祝会」が開かれました。従来、こうした奉祝会は上野公園で開かれることが多かったのですが、初めて日比谷公園で開かれたのです。[2] 続いて一三日には、2章で触れた平安神宮大極殿で、「京都市奉祝会」が同じように開かれています。日比谷公園は、上野公園や平安神宮大極殿と同様の天皇制の儀礼空間へと変容したわけです。

奉祝会に集まった人々は、男性が主体だった点は日露戦争後の国民大会と共通しますが、若年労働者は含まれていませんでした。従来の儀式では参列することが許されなかった市民も含まれていたとはいえ、そうした人々も三等郵便局長や私立小学校長といった「長」のつく男性が中心だったからです（原武史『大正天皇』、朝日文庫、二〇一五年）。

奉祝会では、東京市長の後藤新平（一八五七〜一九二九）が皇太子に祝辞を述べてから、皇太子が「令旨（りょうじ）」を読み上げました。皇太子が日比谷公園のような国内の大規模な公共空間で肉声を発したのは、これが初めてでした（同）。奉祝会に居合わせた東京市助役の永田秀次郎（一八七六〜一九四三）は、こう述べています。

> 九月三日以後の我皇室は我々のものである。決して貴族のものでも無く軍閥のものでもなく官僚のものでもなく直接に我々七千万同胞のものである。我親愛なる皇太子殿下は実に直接に我々のものである。殿下が外遊の前後に於る御態度と今回の御令旨とは真に我々国民をして斯（かく）の如くに感ぜしめなくては叶はぬ様に仕向けられたのである。斯の如くにして我国体の精華は我々民族の脳中に光風霽月（せいげつ）の如くに清朗なるものとなつた。（『平易なる皇室』、敬文館、一九二二年。傍・原文）

文中の「九月三日」は皇太子が帰国した日を、「七千万」は植民地を含む当時の日本の人口を意味しています。永田は、日比谷公園で皇太子と「我々七千万同胞」が一体となる「君民一体」の光景が生まれたことのなかに「我国体の精華」を見いだしています。その光景は、「君民一体」を妨げる「君側の奸」の強制的排除を目指す超国家主義を生み出しました（原武史『日本政治思想史』、放送大学教育振興会、二〇一七年）。大正デモクラシーの舞台となった公共空間が、同時にそれと相対立する超国家主義を生み出したのです。

政治学者の佐藤信は、一九二〇年代以降の大衆運動の中心が、日比谷公園から芝公園や上野公園に移ったことを指摘しています（前掲『近代日本の統治と空間』）。日比谷公園で普通選挙の実施を求める大会が開かれても、暴動を伴うことはなくなります（前掲『都市と暴動の民衆史』）。このような政治空間の秩序化の背景に、新たに登場した皇太子裕仁＝昭和天皇を頂点とする天皇制国家の影を認めることも不可能ではないでしょう。

一九二九（昭和四）年には、日比谷公園のなかに日比谷公会堂が開館します。公会堂は政治的討議を行う講堂として、また娯楽を享受する劇場として用いられました。戦時体制が強まるとともに、公会堂では戦意を高揚させる大会が多く開かれるようになります（新藤浩伸『公会堂と民衆の近代　歴史が演出された舞台空間』、東京大学出版会、二〇一四年）。

3．天皇制の儀礼空間としての皇居前広場

皇居前広場は日比谷公園に隣接しながら、毎年一月に天皇が臨席する陸軍始観兵式が大正初期に三回開かれただけで、民衆運動の舞台にはなりませんでした。広場が変わる転機となったのは、一九二三（大正一二）年九月一日に起こった関東大震災です。三〇万人がこの広場に避難したことで、広場としての収容能力がはからずも証明されました。「十万余坪に余る宮城二重橋前の大広場は、災前無用の長物として市民から非難の声が高かつたが、今度の大震災では実に数十万の貴い人命を救ひ、現に多数の避難民を収容して居るので、市民も漸く其必要を切実に感じて来た」（『読売新聞』一二年十月二十三日。原文は読点なし）。

二四年一月には、震災によって延期されていた皇太子裕仁と久邇宮良子（後の香淳皇后）の結婚式が宮中三殿で挙行され、六月五日には東京市が主催する「皇太子成婚奉祝会」が皇居前広場で開かれました。広場には仮宮殿が建設されました。

五十余坪の便殿内には高麗縁の畳を敷詰めた二間幅の長廊下を真中に、約十畳敷の女官控室、侍従

> 文武官控室が両側に七室あり、燃ゆるやうな絨毯を敷詰められた四間に、四間半の便殿は一面鏡の格天井で、燦然たる金縁が目も醒めるばかり。鳳凰を染出した見事な襖立て、式場寄りの綾のカーテンと調和よく、中央にはつゝじ其他の盛花が露を含んでドッシリと二鉢置かれてある。それよりコバルトに白を振分けた柱を立てた一間の廻廊を通じて式場に臨まれるやうになつてゐるが、垂れ下つた古松の枝は廊下の軒下に差し覗いて一入の風情である。（『東京朝日新聞』二四年六月五日。句読点を補った）

仮宮殿と呼ぶにはあまりに立派なつくりだったことがわかります。さらに夜になると、五色の「奉祝サーチライト」が点灯されました。「これは六マイル四方の遠方までも照らすので千葉からでも横浜からでもよく見え」（『東京日日新聞』二四年六月四日）ました。成婚奉祝会には約三万五〇〇〇人が参列しました。

昭和になると、天皇を主体とするさまざまな儀式が皇居前広場で行われます。広場は、全国や植民地の代表が集まり、天皇の前で忠誠を誓う政治空間となるのです。注目すべきは、天皇の現れ方に五通りのタイプがあったことです。具体的にいえば、①広場に仮宮殿が造営され、天皇（と皇后）が着座するタイプ、②広場に小さな台座が設置され、天皇がそこに立つタイプ、③天皇が広場に馬（白馬の場合もある）に乗って現れるタイプ、④天皇（と皇后）が二重橋（正門鉄橋）やその付近に夜間に立つタイプ、⑤天皇が白馬に乗り、二重橋に現れるタイプの五つです。

このうち、①のタイプの儀式としては、前述した成婚奉祝会のほか、一九三〇（昭和五）年三月の「帝都復興完成式典」、三八年四月の「自治制発布五十周年記念式典」、四〇年一一月の「紀元二千六百年式典」および「奉祝会」がありました。なかでも「紀元二千六百年」に際しては、総面積七四〇〇平方メートル、正面の長さ五一・三メートル、中央の奥行き一三・五メートル、中央の高さ八・五メートルという、成婚奉祝会を上回る規模の仮宮殿が建てられました（『天業奉頌』、紀元二千六百年奉祝会、一九四三年）。

> 式殿ハ宮城正門石橋前ノ広場ニ東面シテ建テラル。大内山ノ翠松ヲ背景ト為シ、紫宸殿ヲ象(かたど)リシ荘重典雅ナル大殿、入母屋造ノ屋線モ美シク、丹楹(たんえい)粉壁相映ズル所、菊花御紋章ヲ白ク染抜キタル紫縮緬(ちりめん)ノ幔幕(まんまく)ヲ絞リ繞(めぐ)ラス。正面楣(まぐさ)上ニ懸クル「万歳」ノ額ハ其ノ字体並ニ額縁ノ暈繝(うんげん)模様等、亦紫宸殿ノモノニ模セリ。（『紀元二千六百年祝典記録』第5巻、ゆまに書房、一九九九年）

2章で触れたように、京都御所の紫宸殿は光格天皇の時代に復興され、大正天皇や昭和天皇の即位の礼（紫宸殿の儀）が行われました。仮宮殿は、この紫宸殿を意識しながら建てられたというのです。建築史家の井上章一は、「よく見れば、両者のちがいははっきりしている。建築畑の人なら、これを混同することはないだろう。ただ、つくり手が京都御所の紫宸殿あたりをイメージしていたろうことは、うたがえない。皇室の長い伝統が、建築面でも強調されたのである」（『夢と魅惑の全体主義』、文春新書、二〇〇六年）と述べています[3]。

最も多かったのは、②のタイプの儀式でした。生身の身体をさらした天皇の目の前で万単位の臣民が分列式をはじめ、奉祝歌や君が代の斉唱、万歳三唱を行いました。ここで言う臣民には、女性や退役した軍人である在郷軍人が含まれますから、日比谷公園で開かれた大会や奉祝会よりも幅広い層が動員されたわけです。数ある儀式のなかでも、天皇と臣民の距離が最も近く、「君民一体」が最も高まりやすいのがこのタイプでした[4]。

昭和天皇は日中戦争勃発の前年に当たる一九三六（昭和一一）年まで、陸軍特別大演習統監のため毎年秋に全国各地を訪れましたが、それが終わるや大演習が行われた道府県を視察しました。その際には、既存の校庭や練兵場、グラウンド、飛行場などの「空き地」で、親閲式や奉迎会が行われました。つまり地方でも皇居前広場と同様の儀式が行われることで、「君民一体」の空間がつくられたといえるのです。

いわゆる日本ファシズムというのは、ドイツのナチズムやイタリアのファシズムのように、特定の思想やイデオロギーにもとづいて都市改造を断行し、政治空間をつくり出したわけではありません。逆に皇居前広場をはじめとする全国各地の「空き地」に天皇が現れることで、そこがにわかに政治空間と化し、「国体」が視覚化されたのです。だからこそ、たとえ全国が焦土となっても、再び天皇が焼け残った「空き地」に現れさえすれば、いとも簡単に戦前と同様の空間を再現させることができました。

図9－3　白馬に乗って二重橋に現れた天皇（1942年2月）〔© 朝日新聞社提供〕

ただ皇居前広場からは、ほかの「空き地」にはないものが眺められました。二重橋濠にかかる正門鉄橋、すなわち二重橋です。橋というのは本来通行するものであり、立ち止まるものではありません。しかし日中戦争以降になると、天皇が現れる舞台として二重橋が活用されることで、④と⑤のタイプの儀式が加わるようになりました。

一九三八（昭和一三）年一〇月の武漢陥落に伴う「武漢三鎮占領祝賀」と、四二年二月のシンガポール陥落に伴う「戦勝第一次祝賀式」では、昭和天皇が白馬「白雪」に乗り、二重橋に現れました（図9-3参照）。数ある儀式のなかでも、二重橋と白馬があいまって、天皇は最も「神」として認識されたのです。この前例のないパフォーマンスは、広場に集まった臣民に対して勝利の幻想を与えるうえではかり知れない効果をもたらしました。武漢三鎮占領祝賀のときには、天皇は夜にも皇后を伴い、提灯をもって二重橋に現れています。

こうして昭和天皇は、皇居前広場や二重橋を政治空間として最大限活用することで、「人間」から「神」までの像を自在に演じました。関東大震災で罹災民が埋め尽くした広場は、昭和になると天皇がしばしば現れることで、「聖なる空間」となったのです。戦争末期に空襲がどれほど激しくなろうとも、家を失った市民が広場に逃げこむことはありませんでした。

4．占領期の皇居前広場と日比谷公園

敗戦は、皇居前広場の運命を大きく変えました。広場に面した日比谷の第一生命相互ビルが連合国軍最高司令官総司令部（GHQ本部）となり、広場をはさんで皇居と対峙しながら、広場を大々的に利用することになったからです。

戦前の親閲式では、天皇の台座は広場の二重橋寄りに置かれ、天皇は皇居や二重橋をバックに立っていました。一方、連合国軍は、広場のGHQ本部寄りに観閲台を設置しました。このためパレードの際には、戦前の親閲式と進行方向がちょうど反対になり、行進する連合国軍はGHQ本部の方を見ることになりました。式が終わるたびに撤去していた天皇の台座とは異なり、観閲台はずっと広場に設置され、観客席も設けられました。

侍従次長の木下道雄（一八八七〜一九七四）は、「二重橋前の十万坪の広場は、管理の統制を欠いた

ため、六十余ケ所の照明灯は一つも残らず破壊され、道路といわず芝生といわず、到るところ踏み荒らされて、昔のような、すがすがしい清らかなおもかげは、どこにもない。あまつさえ占領軍観兵式用の大スタンドが、二重橋の真正面に二ケ所設けられ、時折兵士どもが分列式などをやっている」と回想しています（『新編宮中見聞録』、日本教文社、一九九八年）。

　皇居前広場で初めて行われた連合国軍の行事は、一九四六年三月二日の第一騎兵師団第七騎兵連隊パレードでした。これ以降、五一年一月二三日の連合国軍衛兵中隊パレードまで、多いときには月に三回も連合国軍のパレードが行われました。その主力は米軍でしたが、英連邦軍やオーストラリア軍、ニュージーランド軍、インド軍が単独で行う場合も少なくありませんでした。パレードの日付も、米国の独立記念日（七月四日）やヴィクトリア女王（一八一九～一九〇一）の誕生日に当たる英連邦のエンパイヤデー（五月二四日）などが選ばれました。五〇年に朝鮮戦争が勃発すると、米軍を主体とする国連軍のパレードも行われています。

　しかし、最高司令官のダグラス・マッカーサー（一八八〇～一九六四）はなかなか出てきませんでした。第八軍司令官のロバート・アイケルバーガー（一八八六～一九六一）や英連邦軍総司令官のホラス・ロバートソン（一八九四～一九六〇）とともに初めて観閲台に立って閲兵したのは、四七年七月四日の米国独立記念日パレードでした。連合国対日理事会英連邦代表のマクマホン・ボール（一九〇一～八六）は、その模様を次のように記しています。

> 何という独立記念日であったことか！　九時半に宮城前広場へ行き、壮大なパレードを見たが、東京最大のものだった。（中略）マッカーサーは何十枚も自分の写真を撮らせたに違いない。彼は芝居じみた最高に晴れやかな顔をしていた。ロビー〔ロバートソン〕は、彼のすぐ後ろに立っていた

が、行進を率いていたアイケルバーガーが台座のところへ来て、マッカーサーのそばに立ち、カメラマンとロビーの間に入るまでは、歓喜に酔っている様子だった。台座の上にいた人たちは一時間半にわたって立ち続けなければならなかった。（アラン・リックス編『日本占領の日々』、竹内栄治、菊池努訳、岩波書店、一九九二年）

こうしてマッカーサーは、昭和天皇にとって最大の儀式空間だったはずの広場を、そのまま連合国軍にとって最大の儀式空間へと変えてしまったのです。これ以降、マッカーサーは年に一、二度、皇居前広場に現れるようになりました。

連合国軍のほかにしばしば皇居前広場を利用したのは、労働組合や合法政党となった日本共産党、旧無産政党を吸収した日本社会党からなる左翼勢力でした。その発端となったのが戦後に初めて復活した一九四六年五月一日のメーデーです。

敗戦とともに、日比谷公園は再び大衆運動の中心になりました。左翼勢力の集会が行われるようになったからです。四六年一月二六日には、中国から帰国した日本共産党の野坂参三（一八九二〜一九九三）を歓迎する大会が、約三万人を集めて開かれています。米国人ジャーナリストのマーク・ゲインは、「岡野進歓迎の人民大会を見物するために日比谷公園に出かけた。彼、岡野進は、共産中国から帰国したばかりで、いまその地下時代のその仮名を捨てて野坂参三という本名にかえったところである。この公園は周囲を樹でとりかこまれた単なる空地である。この大会のために紅白の布でかざられた式壇がとくに設けられ、その上には歓迎委員たちが厳粛に椅子に腰かけていた」と述べています（『ニッポン日記』、井本威夫訳、ちくま学芸文庫、一九九八年）。

ところがメーデーの会場は、人数の多さを考慮して皇居前広場に変更されました。当日は、予想をはるかに上回る約五〇万人が広場に集まりました。

赤旗の勝利である、赤い帯である、大内山の翠越しに見る「赤い広場」である。五月一日、わが宮城は「静かなるクレムリン」の表情に沈んでゐた、（中略）思へば、過ぐる戦ひの日、武漢陥落を祝ひ、シンガポール陥落に興奮した民衆が日の丸の旗と提灯の「火の帯」をもつて同じこの広場を埋めたとき、記者の目前にあるこの二重橋に立たせ給ふた白馬鞍上の陛下の御姿ゆるやかに提灯を振つて応へたあのお姿が幻のやうに去来するのである、しかし、いまは日の丸の旗一本も見当らぬ。（『朝日新聞』一九四六年五月二日）

広場に居合わせたマーク・ゲインによれば、「いちばん大きなそしていちばん長い歓呼がおこったのは、徳田〔球一〕が両手を高く上げて『天皇を打倒しろ！』をどなったとき」でした（前掲『ニッポン日記』）。

連合国軍のパレードに対して「この宮城(きゅうじょう)前の広場は、今日如何に使用せられつつあるか。思いも寄らぬ外国兵の分列式を行うやら、調練をするやら、若くは将官歓迎の式場に使用するやら、殆ど御濠を隔てたる内には、今上天皇が在ます事を、無視しているかの如き状態である」（『徳富蘇峰　終戦後日記Ⅱ―「頑蘇夢物語」続篇』、講談社、二〇〇六年）と嘆いた徳富蘇峰（一八六三〜一九五七）は、メーデーに対しても怒りをあらわにしています。

昨日迄脱帽して過ぎた所の我が国民は、宮城前の広場を以て、如何なる場所と心得ているか。場所もあろうに、五月一日には、メイデーとかいう、外国労働者共の、示威運動をする定例日の会場をここに設け、蓆旗とか紙旗とか、あらゆる穏かならぬ文句を書き付けたる、旗幟を押立て、楽隊で囃し、幾多の演壇を設け、皇室に対しても、頗る不敬なる言語を弄し、果ては天皇打倒などという言さえも、大呼したという。彼等は単に、宮城前の広場が、いわば宮城の外庭である事を忘却し、我物顔にこれを使用するばかりでなく、中には飽く迄宮城の外庭である事を知りて、知りて、知り抜きつつ、故らに当て付けがましく、かかる言葉を吐き散らして、手前勝手の熱を、吹き煽ったものと察せられる。（同）

大衆運動の中心は、日比谷公園から隣接する皇居前広場に移りました。左翼勢力は、四六年五月一日のメーデーに続いて、一九日にも「食糧メーデー」を広場で開いたからです。「国体はゴジされたぞ　朕はタラフク食ってるぞ　ナンジ人民飢えて死ね　ギョメイギョジ」というプラカードが掲げられたのは、このときでした。

五月二〇日にマッカーサーが「大衆デモに対する警告声明」を出したのに続き、二四日には昭和天皇もまた四五年八月一五日の玉音放送以来、再びラジオで食糧難の克服を訴えたことで、こうした動きは沈静化に向かいました。けれども皇居前広場での左翼勢力の集会自体は、これ以降も続きました。四七年には日本共産党がこの広場を「人民広場」と呼んでいます（『アカハタ』四七年四月一日）。

ＧＨＱの対日占領政策の転換、いわゆる「逆コース」に伴い、日本共産党員とそのシンパが公職追放されるなど「レッドパージ」（赤狩り）が盛んになると、皇居前広場での左翼勢力の集会は禁止されました。メーデーは五〇年を最後に会場を皇居前広場から神宮外苑に移さざるを得なくなり、同年五月三〇日には広場で共産党指揮下の大衆が連合国軍と衝突する「人民広場事件」も起こっています。

昭和天皇は、戦後巡幸のためしばしば皇居を不在にしていました。戦後に広場に現れたのは四六年一一月三日の「日本国憲法公布記念祝賀都民大会」が初めてで、それ以外は四八年を除く毎年五月三日の憲法記念日に開かれた記念式典だけでした。ただし宮内庁編『昭和天皇実録』第十（東京書籍、二〇一七年）によれば、天皇は皇居からひそかに連合国軍のパレードを見ていたようです。「夕刻、御散策の途中、宮殿跡付近にお出ましになり、元東御車寄前の土堤上より宮城外苑で行われた英印軍の分列式を御覧になる」（四六年八月六日条）、「夕刻、御散策の途中、元東御車寄前土堤より宮城外苑で行われた米軍の閲兵式を御覧になる」（同年八月一四日条）などとある通りです。もちろん、天皇が左翼勢力の集会を見ることはありませんでした。

一九五一年九月にサンフランシスコ講和条約が調印され、五二年四月二八日には独立を回復しました。これに伴い、広場からは観閲台が撤去されましたが、独立回復から三日後の五月一日に「血のメーデー事件」が起こりました。神宮外苑で開かれていたメーデーが終わるころになって、独立回復後もなお広場を使えないことに対する不満の声が上がり、多くの賛同を得たのが事件のきっかけでした。デモ隊は神宮外苑から広場へと乱入し、警官隊と衝突した結果、デモ隊は死者二人、負傷者約一五〇〇人、警官隊は負傷者約八〇〇人を出す惨事となったのです。

5. 独立回復期の皇居前広場と日比谷公園

血のメーデー事件の二日後に昭和天皇と香淳皇后が出席した「平和条約発効並びに憲法施行五周年記念式典」を最後に、皇居前広場はほぼ全く使われない空白期に入りました。一九五九年四月の皇太子明仁（現上皇）の結婚など、皇族の慶事に際して広場に人々が集まったほかには、せいぜい一九六四年の東京オリンピックの開会式前日に当たる一〇月九日、広場に設置された聖火台で集火式が行われた程度でした。

この空白期が長く続く間に、広場には独特の空気が立ち込めるようになります。建築史家の藤森照信は、その空気をこう表現しています。

皇居前が県庁前や町の公園と同じかというと、これが全くちがう。物量が放射するプラスの威風は感じないのだが、代りに、ここでは鼻をかみづらいとか冗談をいいづらいとか、何々をしてはいけないという打ち消しのマイナスガスが立ち込めている。このガスは、濠の奥の方の水と緑が接する暗い辺から湧いて、二重橋を包み、二重橋前の広場に流れ出てくる。(『建築探偵の冒険・東京篇』、ちくま文庫、一九八九年)

広場にはもはや仮宮殿が建てられることもなく、パレードや集会、祝賀行事が開催されることもありませんでした。それとともに「打ち消しのマイナスガス」が発生し、憲法に定められた象徴天皇制とは相反する禁忌の空気が充満していったのです。

日比谷公園内の日比谷公会堂では、占領期には昭和天皇が出席して全国社会事業大会や発明大会などが開かれましたが、独立回復後も天皇や皇后が出席して各種の記念式典が行われ、六三年八月一五日には天皇、皇后臨席のもと、第一回全国戦没者追悼式が開かれています。[5] 他方で六〇年一〇月一二日には日本社会党委員長の浅沼稲次郎(一八九八～一九六〇)が反共主義者の少年に暗殺されたように、テロの舞台にもなりました。この点は5章で見た大正、昭和初期の東京駅と共通します。

皇居前広場の空白期は、昭和天皇の在位六〇年に当たる一九八六年一一月に広場で祝賀儀式が復活することで破られました。天皇は夜間に提灯をもって二重橋に現れ、広場に集まった約二万五〇〇〇人が万歳を叫び、君が代を斉唱しました。これはまさに、天皇が夜間に皇后とともに提灯をもって二重橋に現れた三八年一〇月の武漢三鎮占領祝賀の再現でした。さらに平成から令和にかけては、広場で夜間に民間団体が主催する天皇関連の祝賀儀式が四回繰り返され、二重橋や正門石橋に天皇、皇后が現れました。この点では昭和初期に戻ったという言い方もできます[(6)]。

一方、日比谷公園では、二〇〇八（平成二〇）年一二月から〇九年一月にかけて、NPOや労働組合からなる実行委員会が「年越し派遣村」と呼ばれる避難所を開設しました。これはリーマン・ショックの影響で派遣切りなどが起きたことに対して、生活困窮者が年を越せるようにしたものでした。実行委員会は東京都道301号白山祝田町線をはさんで公園と向かい合う厚生労働省に対策を求めましたが、政府当局にアピールする試みという点では約一〇〇年前の国民大会に通じるものがありました。政治空間としての日比谷公園は、まだ命脈を保っているわけです。

注

（1）なお皇居が宮城と呼ばれた時代には、皇居前広場もまた宮城前広場と呼ばれました。しかし本章では、皇居前広場に呼称を統一します。

（2）長谷川香『近代天皇制と東京　儀礼空間からみた都市・建築史』（東京大学出版会、二〇二〇年）によれば、日比谷公園以外の敷地が検討されたかどうかはわかっていません。

（3）このときの仮宮殿は市民に解放されたあとに解体され、東京府北多摩郡小金井町（現・小金井市）に移設されて「光華殿」と名付けられました。現在の江戸東京たてもの園ビジターセンターがそれに当たります。

（4）青年将校の一人、大蔵栄一は、彼らの会合の席上、「妖雲を払い除いた暁は、天皇に二重橋の前にお出でいただいて、国民といっしょに天皇を胴上げしようではないか」と話し合ったことを回想しています（『二・二六事件への挽歌』、読売新聞社、一九七一年）。ここには彼らにとっての皇居前広場のあるべき姿が語られています。

(5) 全国戦没者追悼式が日比谷公会堂で行われたのは第一回だけで、第二回は靖国神社、第三回以降は日本武道館に会場が移りました。

(6) 環境省では二〇二〇年から神戸芸術工科大学芸術工学研究機構機構長の西村幸夫を座長とする「皇居外苑の利用の在り方に関する懇談会」を開き、今後の皇居前広場の利用についての議論を重ねています。

1. 日比谷焼打ち事件以降の日比谷公園が政治空間として果たした役割について考えてみよう。
2. 関東大震災以降の皇居前広場が政治空間として果たした役割について考えてみよう。
3. 空間と政治の観点から見た日比谷公園と皇居前広場の共通点と相違点についてまとめてみよう。

参考文献

藤野裕子『都市と暴動の民衆史―東京・1905-1923年―』(有志舎、二〇一五年)
三谷太一郎編『日本の名著48　吉野作造』(中央公論社、一九七二年)
丸山宏『近代日本公園史の研究』(思文閣出版、一九九四年)
新藤浩伸『公会堂と民衆の近代　歴史が演出された舞台空間』(東京大学出版会、二〇一四年)
原武史『完本　皇居前広場』(文春学藝ライブラリー、二〇一四年)
井上章一『夢と魅惑の全体主義』(文春新書、二〇〇六年)
藤森照信『建築探偵の冒険・東京篇』(ちくま文庫、一九八九年)
長谷川香『近代天皇制と東京　儀礼空間からみた都市・建築史』(東京大学出版会、二〇二〇年)

10 伊勢神宮／靖国神社

《目標&ポイント》 三重県の伊勢神宮と東京都の靖国神社は、明治から戦後にかけて天皇や首相らがしばしば参拝し、式年遷宮や臨時大祭といった政治的な儀式が行われてきました。二つの神社から浮かび上がる空間と政治の関係について考察します。

《キーワード》 外宮、内宮、八咫鏡、古殿地、式年遷宮、英霊、臨時大祭、全国民黙祷時間、一億総神拝の時間、時間支配

1. 伊勢神宮内宮と靖国神社を歩く

三重県にある伊勢神宮は、正式には神宮といい、県内の四市二郡にわたって分布する一二五社からなる宮社の総称を意味します。各地の神社を包括する宗教法人・神社本庁の「本宗（ほんそう）」、すなわち総本山とされています。

最も格式が高いのが、伊勢市にある「内宮（ないくう）」と呼ばれる皇大神宮（こうたいじんぐう）と、「外宮（げくう）」と呼ばれる豊受大神宮（とようけだいじんぐう）です。前者は皇室の祖先神であるアマテラス（天照大御神）を、後者はアマテラスの食事をつかさどる女神の豊受大神をまつっています。三種の神器の一つである八咫鏡（やたのかがみ）の本体が神体になっているのは、内宮のほうです。

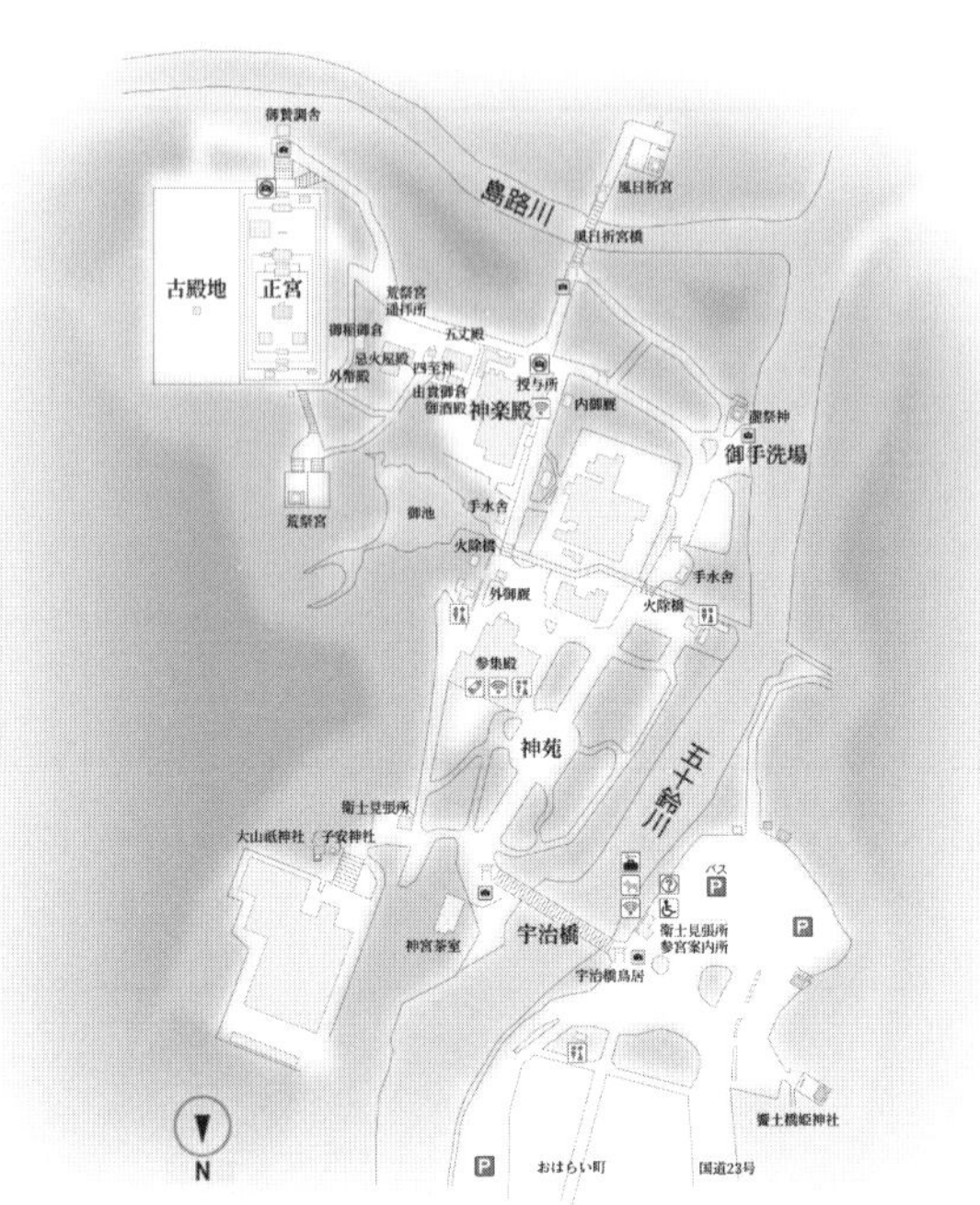

図10－１　伊勢神宮内宮域内図〔ホームページより〕

伊勢神宮の起源は古く、正確にいつ建てられたのかはわかっていません。社伝では、第一一代垂仁（すいにん）天皇二五年に現在の内宮に鎮座したとされています。垂仁天皇が実在したかどうかはわかりませんが、少なくとも七世紀末からアマテラスを太陽の神とし、同時に天皇家の祖先神としてここにまつってきたとされています。

伊勢神宮の祭礼は、まず外宮に食事を供え、祈り終えてから内宮で行われます。一般の参拝者も外宮、内宮の順に参拝するのがならわしとなっています。外宮は伊勢市（一九〇六年から五四年までは宇治山田市）の市街地に近く、ＪＲ参宮線と近鉄山田線が乗り入れる伊勢市駅の南西約五〇〇メートルのところ（山田地域）にあるのに対して、内宮は外宮から南へ約五・五キロ離れた、伊勢湾に注ぐ五十鈴川（いすずがわ）のほとり（宇治地域）にあります（図10－1参照）。

内宮に参拝するには、まず五十鈴川にかかる木製の宇治橋を渡らなければなりません。宇治橋は、人間の住む日常世界と神々の住む神聖な世界をつなぐ架け橋とされています。この橋を渡って右折すると、白い玉砂利が敷かれた参道が奥に向かって延び、その両側には松の低木が整備された「神苑」と呼ばれる庭園が、五十鈴川に沿うようにして広がります。玉砂利を踏み締めながら進み、第一鳥居をくぐると右手に「御手洗場」が現れます。かつてはここで石だたみを降り、川の澄み切った水で手と口をすすいだものでした。

ここから参道は左折しています。右手には五十鈴川の支流、島路川が流れています。第二鳥居をくぐると、左手に銅版葺、入母屋造の神楽殿が見えてきます。参拝者の祈祷やお札の授与を行うところです。さらに進むと左側の樹林が途切れ、石段と板垣南御門に当たる鳥居が現れます。石段を上がり、板垣南御門を通った向こうに、杉の巨木に囲まれたアマテラスの鎮座する社殿「正宮」があります。このあたりは、神域の奥にある最も神聖な場所に当たります（図10－2参照）。

図10－2　皇大神宮（内宮）「正宮」南側の板垣西御門

正宮は八咫鏡の本体がまつられた「正殿」を中心として、瑞垣、内玉垣、外玉垣、板垣の四重の垣根がめぐらされ、日本古来の様式を保持した唯一神明造と呼ばれる建築様式で造られています。正殿後方の左右には、皇室からの供物を納める「東宝殿」と「西宝殿」があります。正殿も東・西宝殿も南面しています。

正殿に行くには、板垣南御門のほか、外玉垣南御門、中重鳥居、内玉垣南御門、端垣南御門といった門や鳥居を通って北へと向かわなくてはなりません。天皇だけがこれらの門や鳥居をくぐり、正殿の階段下で参拝することができます。一般の参拝者は、通常は板垣南御門を通り、外玉垣南御門の前でしか参拝できず、正殿そのものを見ることはできません。

2章で触れたように、平城宮や平安宮の大極殿も南面しています。建築家の磯崎新は、伊勢神宮でも同じ形式が適用されているとしながら、大極殿とは異なり伊勢神宮内宮では〝隠す〟手段が何重にも講じられているとし、そこに「カミの姿をひたすら私たちの眼から遠ざけることによって、聖なる存在を浮かびあがらせようとするレトリック」を読みとっています（『建築における「日本的なもの」』、新潮社、二〇〇三年）。

4章で触れたように、日光東照宮もまた多くの建物が南面し、参道を北に進んだ一番奥には、将軍だけが参拝することのできる奥社拝殿が控えていました。伊勢神宮内宮もまた北に進んだ一番奥に聖域が控えている点は日光東照宮と似ていますが、奥社拝殿は将軍が昇殿できたのに対して、正殿は天皇といえども即位のときを除いて昇殿できず、正殿に安置された神体の八咫鏡を見てはならないとされている点は違っています。天皇と祭神の間には、絶対的な距離があるということです。これは日光東照宮の場合、祭神が徳川家康という、実在した将軍の先祖であるのに対して、伊勢神宮内宮の場合、祭神がアマテラスという、神話にもとづく祖先神であるという違いが関係しているように思われます。

また視覚的にも、日光東照宮が徳川将軍家の権勢を誇示するかのような豪華絢爛な装飾に満ちているのに対して、伊勢神宮内宮にそうした装飾を認めることはできません。戦前に日本を訪れたドイツ人建築家のブルーノ・タウト（一八八〇～一九三八）が、伊勢神宮の建築を「この荘厳な建築こそ、現代における最大の世界的奇蹟である」としたのに対して、日光東照宮の建築を「ここには伊勢神宮に見られる純粋な構造もなければ、最高度の明澄さもない。材料の清浄もなければ、釣合の美しさもない」と酷評したことはよく知られています（『日本美の再発見』、篠田英雄訳、岩波新書、一九六二年）。

正宮に隣接して、白い玉砂利が敷きつめられただけの空間があります。これを「古殿地」といい、間口六〇メートル、奥行き一四五メートルあります。伊勢神宮では内宮、外宮ともに、二〇年に一度、隣接する土地に社殿が新しく建てられ、祭神が新しい宮に遷る「式年遷宮」が、飛鳥時代から約一三〇〇年にわたって繰り返されてきました。最近では二〇一三（平成二五）年に、第六二回式年遷宮が行われています。

一方、靖国（正式には「靖國」）神社は、東京都千代田区九段北にあります。伊勢神宮とは異なり単立の宗教法人であるため、神社本庁傘下の神社ではありません。祭神は「英霊」と呼ばれる国家のために殉難した人々の霊で、約二四六万六五〇〇柱をまつっています。そのなかには、極東国際軍事裁判（東京裁判）でA級戦犯に指名された一四名が含まれています。

もちろん、これほど祭神の多い神社はほかにありません。

最寄り駅は、東京メトロ東西線、半蔵門線と都営地下鉄新宿線が乗り入れる九段下駅です。地上に出て靖国通りを市ケ谷方向に進むと、通りの北側に沿って境内が延びています（図10-3参照）。都心の一等地にあるため、伊勢神宮とは環境が異なります。五十鈴川のような川は流れておらず、周りを山々に囲まれているわけでもありません。

靖国神社が建てられたのは、伊勢神宮よりもずっと新しい明治二（一八六九）年のことで、幕府軍と政府軍が戦った戊辰戦争で犠牲となった政府軍の兵士をまつったことに由来しています。当初は「東京招魂社」と称しましたが、一八七九（明治一二）年に明治天皇自身により「国安かれ」を意味する靖国神社に改称されています。

神社の入口に第一鳥居（大鳥居）が立っています。これをくぐると、招魂社の建立を建議した大村益次郎（一八二四～六九）の銅像があります。参道は東西にまっすぐ延びていて、長さは約四〇〇メートルあります。この参道をさらに進むと第二鳥居、神門、中門（ちゅうもん）鳥居が立っています。中門鳥居の向こうには、一九〇一（明治三四）年に建てられた入母屋造の拝殿と、明治五（一八七二）年に建てられた本殿があります（図10-4参照）。

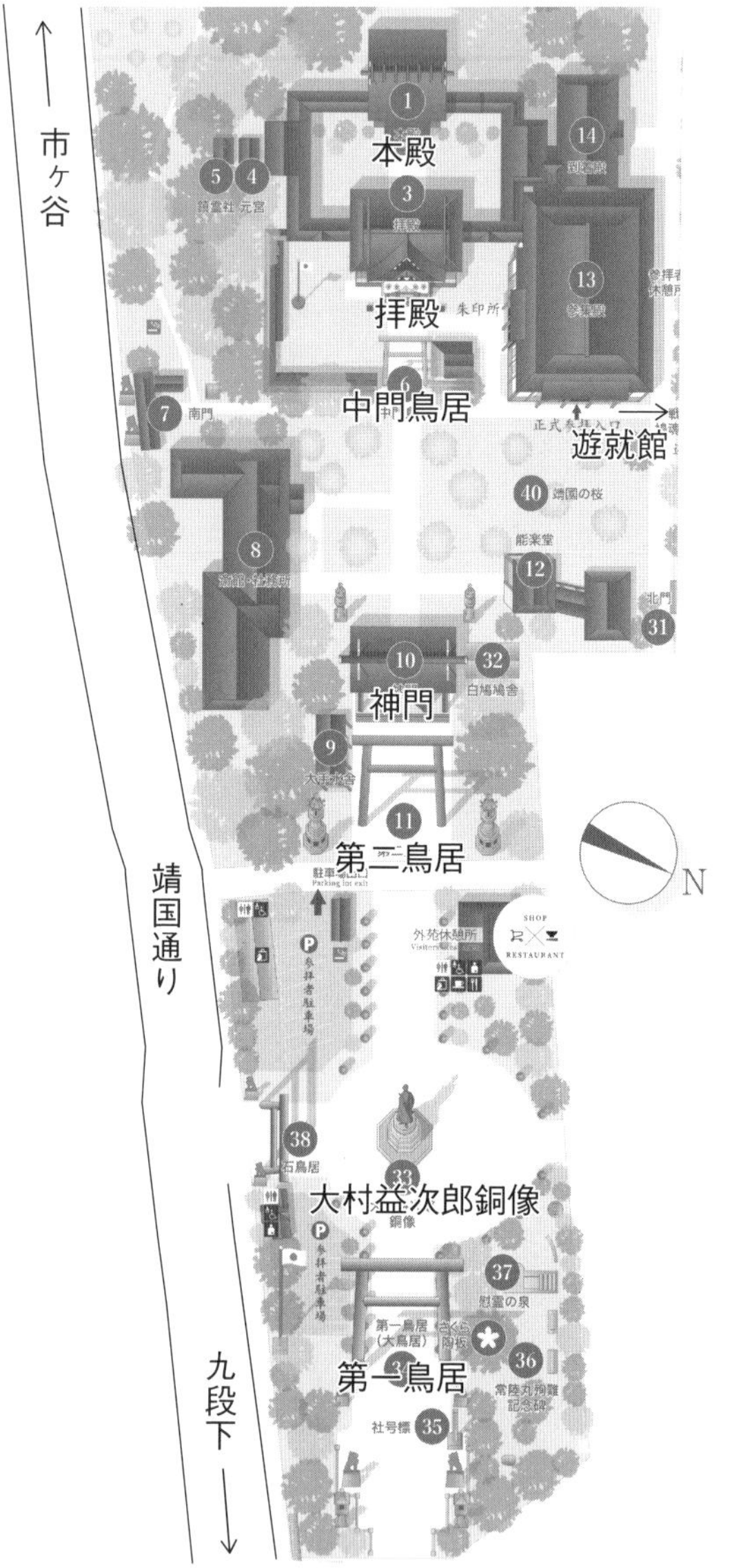

参道が東西に延びていることからわかるように、靖国神社では拝殿も本殿も南面していません。また希望すれば、誰もが本殿内に入って参拝することができます。参拝者の序列を厳しくしている伊勢神宮内宮とはこの点が異なりますが、天皇が参拝するときには大臣以下の随行者はすべて本殿の廊下にとどまり、天皇は侍従長だけをしたがえて本殿の御座に着きます（大江志乃夫『靖国神社』、岩波新書、一九八四年）。

中門鳥居をくぐらずに右折すると、東京で桜の開花の目安となっているソメイヨシノの木々があり、その向こうに「遊就館」が見えてきます。西南戦争後の一八八二（明治一五）年に政府軍の遺品など

図10－3　靖国神社境内図〔靖国神社ホームページより一部抜粋〕

を収蔵、展示する施設として開館し、敗戦によりいったん廃止されましたが、八六年に再開されました。神社に付属する博物館としての性格をもつ一方、その展示の仕方には靖国神社ならではの歴史観が反映しています(1)。

伊勢神宮も靖国神社も、明治以降に天皇がしばしば参拝しました。伊勢神宮へは、明治から令和までの五人の天皇が、結婚や即位、戦争終結の報告や戦勝祈願などのために参拝してきました。一方、靖国神社へは、明治から昭和までの三人の天皇が祭神を新たに合祀する臨時大祭などに合わせて参拝してきましたが、一九七五（昭和五〇）年の終戦三〇年臨時大祭を最後に天皇が参拝したことはありません。

神社というのは、一見政治とは何の関係もないように見えます。しかし明治以来の伊勢神宮と靖国神社の歴史をたどってみると、いわゆる国家神道体制を支えたこの二つの神社が政治ときわめて関係が深かったことがわかってきます。そして国家神道が解体された戦後もなお、そうした関係が消えたわけではないのです。

図10－4　靖国神社中門鳥居と拝殿。著者撮影

2. 明治以降の伊勢神宮

明治維新に至るまで、歴代の天皇が伊勢神宮に参拝することはありませんでした(2)。歴史学者のジョン・ブリーンは、「京都『御所』の内侍所（ないしどころ）に天照大神を祀る神鏡があった、あるいは未婚の皇女である斎王が戦国時代まで伊勢で天照大神に仕えていた、などの理由で、天皇は伊勢まで参拝する必要がなかったともいわれる」と述べています（『神都物語　伊勢神宮の近現代史』、吉川弘文

館、二〇一五年)。

明治二(一八六九)年、一六歳の明治天皇が京都から東京に向かう途上、初めて外宮、内宮に参拝しました。「参拝の目的は、維新の『報告』や『祈り』だけではない。根本的な理由は、伊勢が語る神話にある。それは、伊勢神宮が祀る天照大神は歴代天皇の祖先神で、すなわち歴代天皇は大神の血を分けた子孫であり、天皇は時空間を超越した神聖な存在であることを証明するものだ。天皇の伊勢参拝は、この神話を体現させるゆえに行われた」(同)。江戸後期から台頭してきた国学や復古神道のイデオロギーが、史上初めての天皇の伊勢神宮参拝を実現させる要因になったと言ってもよいでしょう。

このことは、豊受大神をまつる外宮に対する、アマテラスをまつる内宮の優位を意味しました。江戸時代までは神職数にせよ、社会への影響力にせよ、内宮よりも外宮のほうが大きかったのですが、明治四(一八七一)年には伊勢神宮に関する事務を行う「神宮司庁」が内宮の境内に設置されることで、外宮に対する内宮の優位が確立されました。

もちろん江戸時代にも、陽明学者の熊沢蕃山(ばんざん)(一六一九～九一)のように、「日本の太神宮(だいじんぐう)御治世の其むかし、神聖の徳あつく、よく天下を以て子とし給ひ、下民にちかくおはしましたること、堯舜のごとくなりし、其遺風なり。後世の手本として、茅葺(かやぶき)の宮殿の残り給うも、同じ理にて候」(『集義和書』、『日本思想体系30　熊沢蕃山』、岩波書店、一九七一年所収)と述べるなど、アマテラスを中国の聖人である堯や舜にたとえ、内宮の「茅葺の宮殿」はアマテラスの「治世」を「後世の手本」としていまに伝えているとする学者もいました。しかし内宮と天皇の結び付きが強まったのは、明治になってからでした。

明治四年五月には、太政官布告により社格制度が定められました。平安時代に編纂された律令の施行細則『延喜式』にならい、全国の神社を上は官幣大社(神祇官がまつる大社)から下は無格社までランク付けしたものですが、伊勢神宮はすべての神社の上にあり、社格のない特別の存在とされました。つまりこの制度は、天皇とつながる伊勢神宮を頂点として、全国の神社の体系化をはかったものといえるわけです。

内宮の優位が確立されるとともに、内宮境内の景観も一変しました。宇治橋を渡ったところにあった「館町（たちちょう）」と呼ばれる市街地が取り払われる代わりに、「神苑」が整備されたのです。つまり冒頭で記したような景観は古代からずっとあったわけではなく、天皇が歴史の表舞台に登場する明治になって初めて現れたといえます。

一八八九（明治二二）年一〇月に行われた第五六回式年遷宮は、明治政府にとって事実上初めての遷宮に当たりました。3章で触れたように、この年は東京の皇居内に完成した宮中三殿に神鏡などが遷座し、天皇と皇后が明治宮殿に移り、二月一一日の紀元節に大日本帝国憲法が発布されるなど、重要な出来事が相次ぎました。

二〇年おきに行われる式年遷宮は、この年に行われることがあらかじめわかっていました。建築家の武澤秀一は、「この年におこなわれた天皇と皇室にかかわる重要な出来事はみな、式年遷宮に連動していたといって過言ではない」「神宮は、皇祖の神威が一段と高まる式年遷宮をとおして、同年発布された『万世一系』を謳う憲法を根拠づけ、強力にささえたのである」などと述べています（『伊勢神宮と天皇の謎』、文春新書、二〇一三年）。あくまでも推測にすぎませんが、無視できない指摘でもあります。

一九〇五（明治三八）年一一月、日露戦争の戦勝を報告するため、明治天皇が外宮と内宮に参拝しました。一五（大正四）年一一月と二八（昭和三）年一一月には、即位を報告するため、大正天皇と昭和天皇が外宮と内宮を参拝しています。

いずれの場合も、東海道線の始発駅だった新橋ないし大礼が行われた京都から山田（現・伊勢市）まで、御召列車が運転されました。明治以降、国家の重大事に際しては、天皇自らが直接祖先神であるアマテラスに報告することが恒例となるのです。

一九二九（昭和四）年一〇月の第五八回式年遷宮には、首相の浜口雄幸（一八七〇～一九三一）のほか、内務大臣や宮内大臣、枢密院議長、貴族院議長、衆議院議長らが参列しました。首相が式年遷宮に参列したのは初めてで、前年の大礼に続き、国家的な儀式が行われたわけです（前掲『神都物語』）。このときの式年遷宮は初めての国民儀礼でもありました。遷御が行われた一〇月二日は休日に定められ、六万人もの参拝者が三重県宇治山田市（現・伊勢市）に押し寄せたからです。これに合わせて全国でも奉祝行事が開催されました（同）。

一〇月二日の午後八時、アマテラスの神体である八咫鏡の本体を納めた木製の容器（仮御樋代）が船のかたちをした容器（仮御船代）に納められ、内宮の正殿を出立し、新たに建てられた正殿に向かいました。このとき昭和天皇は、宮中三殿に付属する神嘉殿の南庭に建てられた仮屋のなかに入り、内宮に向かって遥拝しました。磯崎新は、「この正殿の内部は、完全に私たちの眼から遮断されている。遷宮の儀式もそのクライマックスはこの部屋のなかで行われるが、それは暗闇のなかでなされるだけでなく、天皇から直接伝達される秘儀とされていて、その内容などは一切つまびらかにされていない」（前掲『建築における「日本的なもの」』）と述べています。

3. 戦争と靖国神社

明治初期、一般の神社は神祇官、次いで神祇省や教部省が所管していましたが、東京招魂社はそうではなく、軍務官、次いで兵部省、そして陸軍省と海軍省が所管しました。つまり一般の神社とは異なり、軍事施設として位置付けられたのです。

一八七四（明治七）年一月二七日、明治天皇が東京招魂社の例大祭に初めて参拝しました。戊辰戦争の開戦日に当たる旧暦の日付に合わせて例大祭が行われたわけです。天皇と靖国神社の深い関係は、このときから始まりました。

一八七九年に靖国神社に改称されましたが、それとともに社格が定められ、「別格官幣社」に列格されました。別格官幣社というのは、国家に功績をあげた忠臣や、国家ないし天皇のために命をささげた武将や兵士などをまつる神社のことで、明治五（一八七二）年に楠木正成（?～一三三六）を主祭神とする兵庫県の湊川神社が初めての別格官幣社に列格しました。それ以降、4章で取り上げた徳川家康をまつる栃木県の日光東照宮や、豊臣秀吉をまつる京都府の豊国神社、藤原鎌足（六一四～六九）をまつる奈良県の談山（たんざん）神社、織田信長をまつる京都府の建勲（たけいさお）神社などが別格官幣社になっています。

靖国神社では毎年例大祭が開催されましたが、戦没者を英霊として合祀する場合には臨時大祭と呼ばれ、天皇が参拝しました。明治天皇が初めて臨時大祭に参拝したのは、一八七五（明治八）年二月二一日に明治政府による最初の海外出兵に当たる台湾出兵の戦没者を合祀したときでした（前掲『靖国神社』）。戊辰戦争や一八七七年の西南戦争では幕府軍や西郷軍の戦没者は祭神にならず、政府軍の戦没者だけが祭神になったのとは異なり、日本人の戦没者が一括して祭神となったのです。

初めての本格的な対外戦争である日清戦争の後には、臨時大祭が一八九五（明治二八）年一一月と九八年一一月の二回開催され、明治天皇が参拝しています。前者の臨時大祭では敵との戦闘で戦死したか負傷した後に死んだ者を合祀したのに対して、後者の臨時大祭では戦没者全体の八六％を占めた戦病死者も合祀しました。

同じように、日露戦争の後にも二度にわたって臨時大祭が開催され、明治天皇が参拝しています。ちなみに日露戦争で靖国神社に合祀された日露戦争の戦没者数は、陸軍八万五二〇八名、海軍二九二五名、合計八万八一三三名で、日清戦争の六・六倍以上に達しました（同）。9章で触れた日比谷焼打ち事件は、この戦没者の多さが要因となりました。

明治天皇と大正天皇が靖国神社に参拝したのはそれぞれ七回と二回でしたが、昭和天皇は戦前・戦中に二〇回、戦後に八回、合わせて二八回参拝しています。このこと自体、明治や大正に比べて戦争の期間が長かった昭和という時代を反映しています。前述のように、靖国神社の祭神は二四六万六五〇〇柱ありますが、このうちの約九四％に当たる二三二万九〇〇〇柱あまりが昭和に入ってからの戦没者に当たります。

一九二九（昭和四）年四月二六日には、山東出兵の戦没者を合祀する臨時大祭が開催され、昭和天皇が天皇になって初めて参拝しました。侍従長や侍従武官長、宮内大臣が随行し、首相の田中義一（一八六四～一九二九）のほか閣僚や皇族、軍人が神社で迎えたように、天皇の参拝は国家的な儀式にほかなりませんでした。

前述した伊勢神宮の第五八回式年遷宮は、この半年後に行われています。伊勢神宮も靖国神社も、昭和になって政治的性格を強めてゆくのです。

4．戦中期の伊勢神宮と靖国神社

一九三七（昭和一二）年七月、日中戦争が勃発しました。この戦争が終結しないまま、四一年一二月には太平洋戦争が勃発しました。これに伴い、戦没者の数は爆発的に増えてゆきました。靖国神社では三八年から四五年まで、毎年四月と一〇月に臨時大祭が開催され、そのたびに昭和天皇が参拝することになります。

三八年四月から四四年四月までの臨時大祭では、昭和天皇が本殿で玉串をささげた午前一〇時一五分ないし一〇時三〇分が「全国民黙祷時間」とされ、同じ時間に植民地や占領地、「満洲国」を含む全国ですべての臣民が一分間の黙祷をするよう求められました。

2章で触れたように、特定の時間を定め、その時間に合わせて全国民に同じ行動をとることを求めるような支配は「時間支配」といえます。時間支配は、狭い空間の限界を超え、直接見えない国民も同じ時間に同じ行動をとっていると〈想像する〉ことで成り立つ支配です。こうした支配は、一九一五（大正四）年一一月一〇日に京都御所で行われた即位の礼に当たる「紫宸殿の儀」で初めて大々的に行われました。このときは同じ時間に全国民が天皇に向かって万歳をしたわけですから、天皇が支配の主体になっていました。

一方、靖国神社の臨時大祭では、天皇もまた全国民と同様、新たに合祀された戦没者を含む祭神の前で頭を下げています。つまり支配の主体が「人」ではなく、「神」になっているわけです。丸山眞男の「政事（まつりごと）の構造」（『丸山眞男集』第十二巻、岩波書店、一九九七年所収）にならって言えば、「上」（上位者）から「下」（下位者）への支配ではなく、「下」から「上」への奉仕が行われているのです[3]。

時間支配は天皇の伊勢神宮、靖国神社のほか、特定の祝祭日、記念日などに合わせて三八年から四五年まで続けられましたが、最も多く設定されたのが靖国神社の臨時大祭に際しての「全国民黙祷時間」でした（原武史「戦中期の〈時間支配〉」、『増補版　可視化された帝国』、みすず書房、二〇一一年所収）。たとえ一時的にせよ、北は「満洲国」から南は南洋諸島までの「想像の共同体」の中心に靖国神社があったことになります。

財界人で日産自動車常務などを歴任した朝倉毎人（つねと）（一八八二～一九七一）は、「全国民黙祷時間」に合わせて欠かさずに黙祷を励行しました。以下、日記からいくつか引用してみます。

十時十五分ニ御参拝ト同時ニ全国一斉ニ黙祷ヲ為ス。光栄アル御霊魂ハ永久ニ鎮坐ス。（三八年四月二六日）

午前十時十五分汽笛一斉全市ニ鳴ル。陛下ニハ靖国神社ニ御親臨ノ時間ナリ。全国民一同ニ黙祷ヲ捧グ。（三九年一〇月二〇日）

午前十時十五分陛下親シク靖国ノ英霊ヲ拝シ賜リ全国一斉ニ黙祷合掌ヲ為ス。一分間。宅ニ在リテ厳粛黙祷ヲ祈ル。上御一人ノ心ヲ心トシテ億兆一心ノ態ヲ示スハ喜ブベキモ、若シ之ガ形式ニノミ走リテ実質的精神上空虚ナルニ於テハ相済マザル所ナリ。為政者此点ヲ深ク反省スルヲ要ス。（四〇年一〇月一八日）

午前十時十五分ニ全国一億ノ民草、陛下ノ御親拝ニ従ヒテ祈念拝礼ヲ為ス。此瞬間神国ナラデハ解シ得ザル神々敷心境ナリ。（四二年四月二五日）

午前十時十五分全国一斉ニ御親拝ニ相随フテ皆瞑目。英霊ヲ拝シ奉レリ。此ノ心此ノ一心アレバコソ我皇国ノ精神ハ天地ヲ貫キ八紘為宇ノ拡充ヲ見ルベキナリ。（四二年一〇月一六日）

（『朝倉毎人日記　昭和十二年—昭和十五年六月』および『同　昭和十五年七月—昭和十七年』、山川出版社、一九八九年）

朝倉は四〇年一〇月十八日の臨時大祭では、「若シ之ガ形式ニノミ走リテ実質的精神上空虚ナルニ於テハ相済マザル所ナリ」と記したように、黙祷という「形式」ばかりが重視され、「精神」が空虚になる問題点を指摘しています。言説化されたイデオロギーによって裏付けられない支配の弱点を自覚していたわけです。

しかし四一年一二月の太平洋戦争勃発以降、語調が明らかに変わっています。四二年四月二五日に

「此瞬間神国ナラデハ解シ得ザル神々敷心境ナリ」と記したとき、朝倉は午前一〇時一五分という瞬間に自分と全国民、そして天皇が同じ「精神」で一つになっていることを疑っていないように見えるからです。さらに同年一〇月一六日には、ただ黙祷するだけで天皇のもとに全世界が一つの家になる「八紘為宇」が実現されるかのように記しています。

昭和天皇は、「紀元二千六百年」を報告するため、四〇年六月一〇日、伊勢神宮の外宮と内宮に参拝しています。その時間はあらかじめ決まっていて、外宮に参拝する時間は午前一一時一二分、内宮に参拝する時間は午後一時五四分と新聞でも報道されました（『東京朝日新聞』一九四〇年六月七日）。靖国神社の臨時大祭と同様、この時間が「全国民黙祷時間」とされ、全国民が一分間黙祷するように求められたのです。

しかし宮内庁編『昭和天皇実録』第八（東京書籍、二〇一六年）によると、天皇が実際に外宮を参拝したのは午前一一時四分、内宮を参拝したのは午後一時五五分でした。つまり「全国民黙祷時間」よりも外宮では八分早く、逆に内宮では一分遅かったわけです。7章で触れたようなダイヤグラムに従って動く御召列車とは異なり、靖国神社よりもずっと広い伊勢神宮の境内を歩く天皇の動きを分単位で規制することはできなかったということです。

四〇年七月三日には、「紀元二千六百年」に合わせて訪日した「満洲国」皇帝の愛新覚羅溥儀が伊勢神宮を参拝しています。内宮を参拝した午後一時二四分は、「満洲国」だけで「全国民黙祷時間」とされました。溥儀が帰国した直後の同年七月一五日と八月二二日には、首都の新京（現・長春）に伊勢神宮に当たる建国神廟と靖国神社に当たる建国忠霊廟が創設されています。

太平洋戦争勃発から一年あまりが過ぎ、戦況が悪化しつつあった一九四二（昭和一七）年一二月一二日、昭和天皇は戦勝祈願のため、再び伊勢神宮の外宮と内宮に参拝しています。天皇は二年前と同様、内宮正殿前で参拝し、祭神のアマテラスに向かって「速けく敵等を事向けしめ給ひ天壌の共隆ゆる皇国の大御稜威を八紘に伊照り輝かしめ給ひて無窮に天下を調はしめ給へ」という一節を含む「御告文」（祝詞）を読み上げました（同。原文は宣命書き）[4]。天皇が内宮正殿で参拝した時間は午後一時二二分でしたが、空襲を警戒して事前には知らされなかったため、二年前とは異なり「全国民黙祷時間」は設定されませんでした。

昭和天皇が外宮と内宮を参拝したことは、翌々日の新聞に天皇が参拝を終えて内宮を退下する写真とともに大きく報道されました。昭和天皇と同年齢だった俳人の山口誓子（一九〇一～九四）は、この直後に外宮と内宮を参拝し、内宮を参拝したときの心境を記しています。

> 大御前の石階を上つて行つた私は、すでに私を忘れた私であつた。白砂の御幌の手前に身を屈めて私は拍手をうつた。
>
> 私は瞑目して敵国降伏の祈念をこめた。祈るべきことはすでに夙朝家を立ち出づるときから決まつてゐる。途すがらもそのことを心の中に持ちつゞけて来た。大御前に額いた私はすべてを一心の裡に凝らし、たゞ祈り、ただ念じた。いまは祈ること、念ずることの足らざることを懼るゝばかりであつた。
>
> その祈念はその儘　大御心を体し奉り、身命を捧げて君恩に応へ奉らうとする誓に通じていた。
>
> （「伊勢詣」、『山口誓子全集』第十巻、明治書院、一九七七年所収）

誓子が参拝したのは、一般の参拝者と同様、正宮の外玉垣南御門の前でした。しかし、たとえ拝礼する場所は違っても、祭神のアマテラスに向かって天皇と同じことを祈ったことは間違いありません。

この時期の伊勢神宮は、天皇も臣民も、ひたすら対外戦争の勝利という国家の重大事を祈るための政治空間になっていたのです。

翌四三年からは、昭和天皇が内宮正殿前で参拝した一二月一二日の午後一時二二分が「一億総神拝の時間」とされ、全国民が一分間黙祷するよう求められました。四〇年六月一〇日とは異なり、内宮に参拝した時間だけが黙祷時間とされたことで、究極の支配の主体がアマテラスであることが鮮明になりました。

けれども、なぜ午後一時二二分に黙祷や遥拝をしなければならないのかを合理的に説明することはできませんでした。四四年一二月一二日には、後の東京医科大学の学生だった山田風太郎（一九二二～二〇〇一）と外交評論家の清沢洌（きよし）（一八九〇～一九四五）が、それぞれ日記にこう記しています。

一時二十二分伊勢神宮に遥拝黙祷。これも何のことやら分らざればききたるに、一昨年のきょうのこの時期、天皇陛下神宮に御親拝、敵国降伏を祈願したまえばなりと。これも珍なり。（『戦中派虫けら日記』、ちくま文庫、一九九八年）。

今日、午后一時二十二分、国内をあげて、伊勢大神宮に必勝祈願をした。小磯〔国昭〕首相の提唱で、かねてから、そういう演説をしていた。神風をふかすようにというのである。二十世紀中期の科学戦を指導する日本の首相は神風をまき起す祈願を真面目にやる人なのである。（『暗黒日記』2、ちくま文庫、二〇〇二年）

前掲『昭和天皇実録』第九によれば、四三年一二月一二日も四四年一二月一二日も、天皇は午後一時二二分に遥拝していません。天皇はすでにこの時間に戦勝を祈願しているので、もう遥拝する必要はなかったのでしょう。山田風太郎が「珍なり」と述べたように、なぜその時間にすべての臣民が遥拝しなければならないのかわからないまま、午後一時二二分という時間だけが絶対化したのです。これこそが究極の時間支配といえるかもしれません。

昭和天皇は、敗戦直後に「敵が伊勢湾附近に上陸すれば、伊勢熱田両神宮は直ちに敵の制圧下に入り、神器の移動の余地はなく、その確保の見込が立たない、これでは国体護持は難しい、故にこの際、私の一身は犠牲にしても講和をせねばならぬと思った」と回想しています（『昭和天皇独白録』、文春文庫、一九九五年）。名古屋市の熱田神宮は、三種の神器の一つである草薙剣の本体を祭神としています。天皇にとっては、草薙剣とともに伊勢神宮内宮の八咫鏡を確保することが「国体」を護持することだったことがわかります。

5. 戦後の伊勢神宮と靖国神社

一九四五（昭和二〇）年一一月一三日、昭和天皇は戦後初めて伊勢神宮に参拝しました。同行した侍従次長の木下道雄は、「神の御力によりて国家の再建と世界平和確立に尽くさんとす」と述べています（『側近日誌』、文藝春秋、一九九〇年）。三年前に戦勝祈願をしたのと同じ神に向かって、世界平和の確立を祈ったわけです。続いて一一月二〇日には、臨時大祭に相当する大招魂祭に合わせて靖国神社に参拝しています。

GHQ（連合国軍最高司令官総司令部）は、国家神道の解体を目的として、同年一二月一五日に神道指令を発令しました。これに伴い、四六年一月に宗教法人神社本庁が発足し、伊勢神宮が「本宗」とされたことは冒頭で触れたとおりです。

ただし靖国神社は加わらず、単立の宗教法人となりました。ジャーナリストの石橋湛山（一八八四〜

一九七三）は、「我々は茲で全く心を新にし、真に無武装の平和日本を実現すると共に、引いては其の功徳を世界に及ぼすの大悲願を立てるを要する。それには此の際国民に永く怨みを残すが如き紀念物は仮令如何に大切のものと雖も、之れを一掃し去ることが必要であらう」（「靖国神社廃止の儀」、『石橋湛山全集』第13巻、東洋経済新報社、一九七〇年所収）として敗戦後いち早く靖国神社の廃止を唱えましたが、陸海軍は解体されても神社の性格自体は変わらぬまま存続し、戦没者を合祀する臨時大祭も引き続き開催されたのです。

一九五二年四月の独立回復以降もなお、昭和天皇は伊勢神宮と靖国神社に参拝し続けますが、靖国神社に極東国際軍事裁判（東京裁判）でA級戦犯に指名された一四名が七八年一〇月に「昭和殉難者」として合祀されて以降、靖国神社には参拝しなくなりました。その背景には、A級戦犯の合祀に不快感を示した天皇の意向があったとされています。平成、令和の天皇も、伊勢神宮には参拝しても靖国神社には参拝していません。

一方、七八年一〇月以降も、高松宮ら皇族は参拝を続けたほか、福田赳夫から安倍晋三まで七人の首相が靖国神社を参拝しています。このことは、中国や韓国との外交関係を悪化させる一因になっています。毎年八月一五日には、「英霊にこたえる会」と日本会議が主催する「戦没者追悼中央国民集会」が境内で開かれるなど、物々しい空気に包まれます。

注

（1）靖国神社にとって、戦争が終わったのは一九五二年四月二八日の主権回復の日でした。したがって四八年一二月二三日に処刑されたA級戦犯も「昭和殉難者」として合祀されることになりました。

（2）『日本書紀』によると、持統天皇は持統天皇六（六九二）年に伊勢に行幸していますが、神宮に参拝したという記録は残っていません。

（3）この支配と奉仕の違いに関しては、原武史『日本政治思想史』（放送大学教育振興会、二〇一七年）の2章「総論2 空間と政治」を参照。

（4）画家の藤田嗣治（一八八六～一九六八）は、一九四三年一二月に開かれた「第二回大東亜美術展」に、このときの参拝を題材とする「天皇陛下伊勢の神宮に御親拝」を出品しています。

1．明治以降の伊勢神宮と天皇の関係につきまとめてみよう。
2．明治以降の靖国神社と天皇の関係につきまとめてみよう。
3．戦中期の伊勢神宮と靖国神社で行われた「時間支配」の実態につき考えてみよう。

参考文献

ジョン・ブリーン『神都物語　伊勢神宮の近現代史』（吉川弘文館、二〇一五年）
磯崎新『建築における「日本的なもの」』（新潮社、二〇〇三年）
武澤秀一『伊勢神宮と天皇の謎』（文春新書、二〇一三年）
大江志乃夫『靖国神社』（岩波新書、一九八四年）
原武史『増補版　可視化された帝国　近代日本の行幸啓』（みすず書房、二〇一一年）
『山口誓子全集』第十巻（明治書院、一九七七年）
木下道雄『側近日誌』（文藝春秋、一九九〇年）
『石橋湛山全集』第13巻（東洋経済新報社、一九七〇年）

11 出雲大社／大本神苑

《目標&ポイント》島根県の出雲大社と京都府の宗教法人大本の神苑は、明治初期から昭和初期にかけて、伊勢神宮や国家神道とは異なる神学や教義を掲げて対立し、敗退や弾圧を余儀なくされました。その空間的特徴を探ります。

《キーワード》オオクニヌシ、『日本書紀』、千家尊福、祭神論争、出口なお、出口王仁三郎、筆先、大本神諭、霊界物語、スサノヲ

1．出雲大社を歩く

島根県出雲市大社町杵築東（きづきひがし）にある出雲大社は、古くから「杵築大社（きつきのおおやしろ）」と呼ばれ、オオクニヌシ（大国主神）を祭神としています。[1]『古事記』や『日本書紀』には、オオクニヌシが国譲りをしたときにオオクニヌシの住まいとして出雲大社に当たる立派な神殿が建てられたという記述がありますが、伊勢神宮と同様、実際にいつ創建されたのかはわかっていません。

歴史学者の村井康彦は、『日本書紀』斉明天皇五（六五九）年是歳（ことし）条の「是歳、出雲国造（くにのみやつこ）に命（おお）せて、神の宮を脩厳（つくりよそ）はしむ」（『日本書紀』四、岩波文庫、一九九五年）という記述に注目し、さして大きくなかった社殿をこのとき立派なものに修造したとしています（『出雲と大和　古代国家の原像をたずね

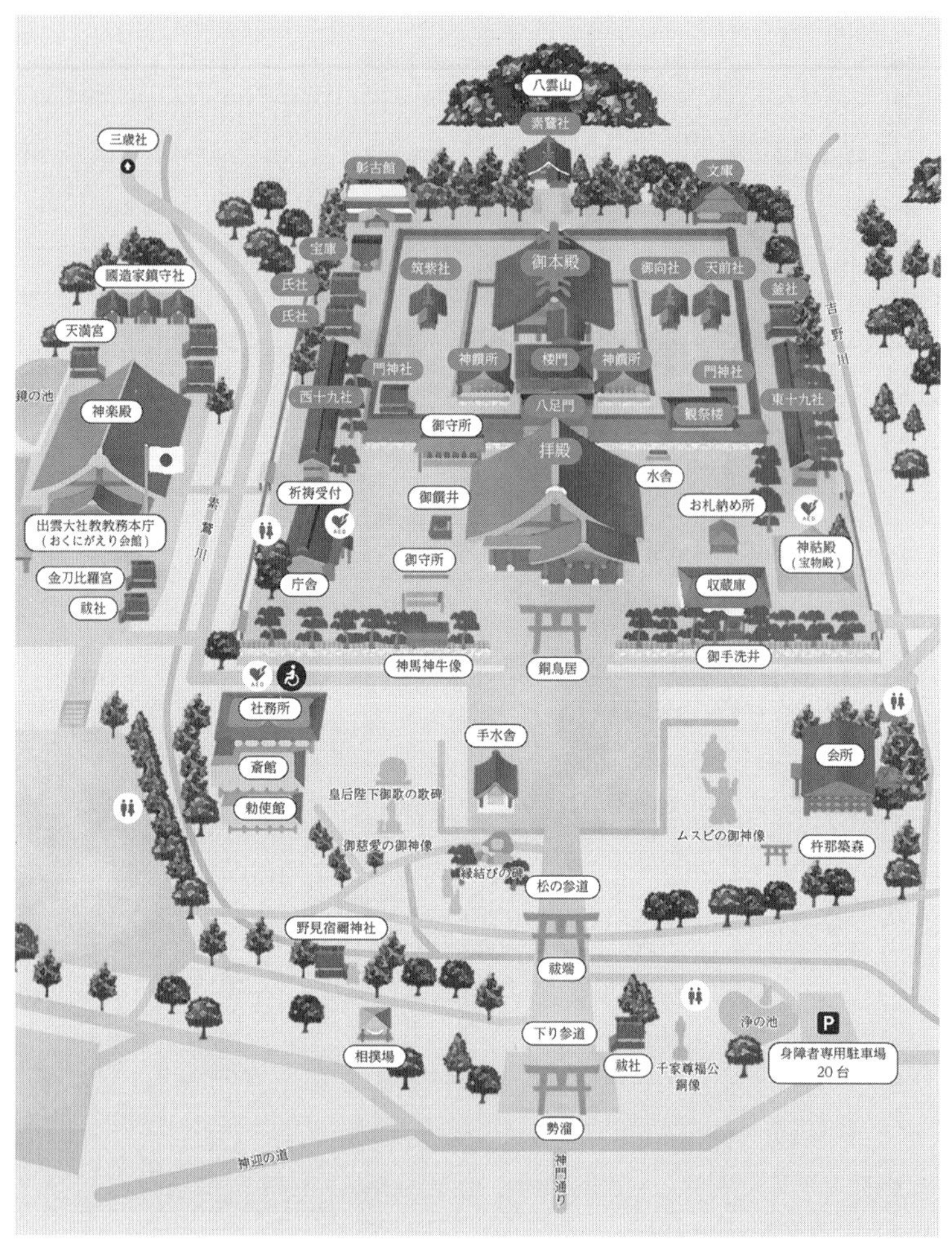

図11-1　出雲大社境内図〔出雲大社ホームページより〕

て』、岩波新書、二〇一三年）。この説が正しければ、少なくともこれよりも前に出雲大社が創建されていたことになります。

出雲大社のある出雲市はJR山陰本線の沿線に位置していますが、大社の最寄り駅は一畑（いちばた）電車大社線の出雲大社前駅です。かつては出雲市駅から大社線という線が分岐し、終点に大社駅がありましたが、一九九〇（平成二）年に廃止され、国の重要文化財に指定された駅舎だけが保存されています。

一畑電車の出雲大社前駅は、表参道に当たる「神門通り」に面しています。出雲大社が鎮座する北北西の方角に向かってまっすぐに延びるこの通りは、ゆるい上り坂になっていて、両側には旅館や土産物店や蕎麦屋が並んでいます。

まもなく、正門と呼ばれる鋼管製の鳥居「勢溜の大鳥居」が見えてきます。この鳥居をくぐるといよいよ境内に入ります（図11-1参照）。すぐ右手に、後に触れる明治初期の千家尊福（一八四五～一九一八）の銅像が立っています。さらにその右側には、「大本教祖火の御用記念碑」と『大本神諭』の石碑があります。大本教祖は一八九二（明治二五）年に大本教団を開創した出口なお（一八三七～一九一八）、『大本神諭』はなおの筆先をもとにした教典のことです。なぜここに同教団の記念碑や石碑が建っているのかは、後で説明したいと思います。

図11－2　出雲大社拝殿

参道はなおも北北西の方角に向かってまっすぐに延びながら、こんどは一転して下り坂になります。樹齢四〇〇年を超える枝振りの松並木が両側に続く参道は「松の参道」と呼ばれ、道全体が松並木をはさんで左側、中央、右側の三つに分かれています。もともと中央は神職や天皇、皇族以外、通ってはならない道とされ、現在も通行できません。

青銅製の銅鳥居をくぐると、拝殿が現れます。一九五九（昭和三四）年に新築されたもので、戦後最大の木造神社建築といわれています。高さは一二・九メートルで、大社造と切妻造の折衷様式がとられています。正面に飾られた、長さ六・五メートル、重さ一トンの大きなしめ縄が目を引きます（図11-2参照）。なお出雲大社では、参拝の仕方が伊勢神宮のような二礼二拍手一礼とは異なり、二礼四拍手一礼とされています。一八九〇（明治二三）年九月に出雲大社を訪れた小泉八雲（ラフカディオ・ハーン。一八五〇～一九〇四）はこう述べています。

> 正門を過ぎると、何千もの群集が拝殿――昨夜見た巨大な殿社の前につめかけている。拝殿に上がる者はない。皆、群竜の彫られた扉口の前に立ち、閾（しきみ）の前の賽銭箱（さいせんばこ）へ賽銭を投げ入れている。（中略）それから閾の前で手を打ち、頭を垂れる。そうして立ちすくんだように、拝殿の背後に聳（そび）え立つ本殿を――至聖の在（まし）ます処を見つめるのである。拝礼は束の間の出来事である。打ち鳴らす柏手も四度（よたび）にすぎない。しかし、とうとうと押し寄せる人々の祈りの音は、滝つ瀬の響きのように絶えることなく境内にこだましている。（平川祐弘編『神々の国の首都』、講談社学術文庫、一九九〇年）

10章で触れたように、一八八九（明治二二）年には伊勢神宮で第五六回式年遷宮が行われましたが出雲大社を参拝したのはその翌年に当たりました。国家神道体制の中核に位置付けられている伊勢神宮に劣らぬ参拝客を集めていたのがわかります。

拝殿の向こうに八足門（やつあしもん）があります。小泉八雲が述べたように、通常はここから奥に立ち入ることはできず、本殿を仰ぎ見ることになります。本殿の前には楼門があり、正月に限って八足門が開放され、楼門の前まで立ち入ることができます。

拝殿と八足門の間にある石張りの広場には、互いに接し合う三つの赤い円と、それらを取り囲む直径二メートル以上の大きな円が四カ所に描かれています（そのうちの二カ所は、大きな円の半分が八足門に昇る石段の下に隠れてしまっています）。赤い円は、二〇〇〇（平成一二）年に発掘されたスギの柱があった場所を意味しています。スギの柱が三本ずつ束ねて使われることで、巨大な一本の柱を形成していたのです。

　発掘された柱は、本殿の棟を支える「心御柱（しんのみはしら）」や「宇豆柱（うづばしら）」などで、鎌倉時代のものと推定されました。当時はここに本殿が建っていたわけです。心御柱や宇豆柱は、出雲大社の宝物殿や、大社に隣接する島根県立古代出雲歴史博物館で見ることができます。

　前述した千家尊福を含め、代々出雲大社の祭祀を受け継ぐ出雲国造の地位にあった千家家には、「金輪御造営差図」と呼ばれる出雲大社の平面図が残されています。平面図には大社造を構成する九本の柱が描かれていますが、発掘された柱の位置は、図にピタリと一致していました。この図によれば、中世の出雲大社は本殿の高さが現在の倍に当たる一六丈（四八メートル）あり、本殿からは長さ一町（約一〇九メートル）の引橋（階段）が延びていたことになりますが、三本の柱が発見されたことでにわかに現実味を帯びてきたのです。

　さらにさかのぼれば、一六丈の倍に当たる三二丈（九六メートル）あったという説すらありました。本居宣長は『玉勝間』（岩波文庫、一九七五年）で、「出雲大社、神殿の高さ、上古のは三十二丈あり、中古には十六丈あり今の世のは八丈也、古の図を、金輪の造営の図といひて、今も国造の家に伝へもたり、其図、左にしるすが如し」としたうえで、門人の千家俊信（せんげとしざね）（一七六四～一八三一）から送られたと思われる金輪御造営差図を掲げています。ただ宣長は、この平面図を見ても素直には信じられなかったようで、「此図、千家国造の家なるを、写し取れり、心得ぬことのみ多かれど、皆たゞ本のまゝ也」と記しています。

現在の本殿もまた九本の柱によって構成される大社造で、延享元（一七四四）年に再建されたものです。その中心にある柱はやはり心御柱と呼ばれます。出雲大社でも伊勢神宮と同様、遷宮が行われますが、建物をまるごと解体して古殿地に移す伊勢神宮とは異なり、延享元年以降は神体を仮殿に一時的に移す間に本殿の傷んだ部分を取り替えるなどの修造にとどまっています。心御柱が建物に合体しているために、まるごと解体するのが難しいのです。

出雲大社では、江戸初期からほぼ六〇年おきに遷宮が繰り返されてきました。二〇〇八（平成二〇）年四月から一六年三月まで続いた第一期の「平成の大遷宮」では、大屋根や千木（ちぎ）などが新装されました。宣長が記したとおり、本殿の高さは八丈（二四メートル）で、祭神のオオクニヌシは奥の神座に鎮まっています。本殿全体は南面しているのに対して、神座だけが西面しているのです。政治社会学者の岡本雅享（まさたか）はこう述べています。

> 太陽神・天照大神を祭る神宮の本殿神座が南向きであるのに対し、大社の本殿神座は西を向いている。次田真幸（つぎたまさち）は『古事記』全訳注の解説で、出雲神話では神霊の世界が海の彼方にあると考え、神は海原を渡って寄り来たり、海の彼方へ去ると考えられたというが、大社の西には、旧暦十月に諸国の神々が上がってくるという稲佐の浜がある。（中略）今の倍あったという中世の本殿では、海を見渡しながら神祭りができただろう。（『千家尊福と出雲信仰』、ちくま新書、二〇一九年）

旧暦一〇月は神無月（かんなづき）ですが、出雲では「神在月（かみありづき）」と呼ばれます。この月に日本海から後述する国譲り神話の舞台となった稲佐の浜に神々が上がり、出雲大社に集まってくると言われているからです。本殿の神座が西を向いているのも、このことと関係しています。

本殿に昇ることを許された小泉八雲は、「三番目の奥手にあるご神座からは金襴の帳が引き上げられていて、その背後にこそ主神たる大国主神が祀られているのである。だが目に映るものといえば、ごく普通の神道の飾りものとご神座の外側だけで、その中のご神体は何人たりとも見ることを許されないのである」（前掲『神々の国の首都』）と述べています。神体が見えない構造になっていること自体、伊勢神宮と共通しています。

拝殿の西側には、出雲大社と出雲大社教の神殿に当たる神楽殿があります。しばしば混同されますが、出雲大社は伊勢神宮を本宗（総本山）とする宗教法人神社本庁に属しているのに対して、出雲大社教は独立した宗教法人です。正面には、拝殿よりもさらに大きな、長さ約一三メートル、重さ五・二トンの大しめ縄がかかっています。

2. 出雲大社と祭神論争

前述のように、出雲大社に当たる建物は『古事記』にも『日本書紀』にも出てきますが、両者の記述はかなり異なっています。

まず『古事記』を見てみましょう。オオクニヌシ（大国主神）に国譲りを迫るべく高天原から派遣されたタカミカヅチ（建御雷神）が、オオクニヌシの子に当たるコトシロヌシ（事代主神）とタケミナカタ（建御名方神）がすでに屈服したことを伝えると、オオクニヌシは自分も背かないとしたうえでこう答えています。

この葦原中国は、命のまにまに既に献らむ。ただ僕が住所は、天つ神の御子の天つ日継知らしめす、とだる天の御巣の如くして、底つ石根に宮柱ふとしり、高天原に氷木たかしりて治めたまは

ば、僕は百足(ももた)らず八十(やそ)坰手(くまで)に隠りて侍らむ。（『古事記』上、講談社学術文庫、一九七七年）

オオクニヌシは、葦原中国を献上する代わりに、一つの条件を出しています。それは、自分が隠退する場所として、「天つ神の御子」、すなわちアマテラスの子孫に当たる代々の天皇が皇位を継ぐ立派な宮殿と同じように、地底の盤石に宮柱を太く立て、大空に千木を高々とそびえさせた神殿を造ることでした。(2) この神殿こそ、出雲大社にほかなりません。神殿が造られることで、オオクニヌシは速やかに隠退したのです。

一方、『日本書紀』は、神話に相当する神代巻が本文（本書）と、それとは多少記述の異なる一書からなっています。ここで注目すべきは一書（第二）のほうです。(3)『古事記』同様、オオクニヌシに国譲りを迫るべく、高天原からタケミカヅチとフツヌシ（経津主神）が派遣されますが、オオクニヌシは素直に従わず、かえって怪しむところは『古事記』と違っています。タケミカヅチとフツヌシはいったん高天原に戻り、司令塔のタカミムスビ（高皇産霊尊）にオオクニヌシの反応を報告しているのです。

その報告を受けたタカミムスビの言葉と、タカミムスビの言葉を聞いたオオクニヌシの言葉を、次に引用しましょう。

今、汝が所言(もうすこと)を聞くに、深く其の理有り。故、更に条(おちおち)にして勅したまふ。夫れ汝が治(しら)す顕露(あらわ)の事は、是吾孫(すめみま)治すべし。汝は以て神事(かみのこと)を治すべし。又汝が住むべき天日隅宮(あまのひすみのみや)は、今供造(つく)りまつらむこと、即ち千尋(ちひろ)の栲縄(たくなわ)を以て、結ひて百八十紐(ももむすびあまりやそむすび)にせむ（以下略）
天神(あまつかみ)の勅教(のたまうみこと)、如此慇懃(かくねんごろ)なり。敢へて命(おおせこと)に従はざらむや。吾が治す顕露の事は、皇孫(すめみまさ)当に治めたまふべし。吾は退(さ)りて幽事(かくれたること)を治めむ。（『日本書紀』一、岩波文庫、一九九四年）

タカミムスビが言う「天日隅宮」は、出雲大社を意味します。確かにオオクニヌシの住まいとして立派な神殿が造られた点は『古事記』と共通しますが、オオクニヌシは決してそこに隠退したわけではなかったのです。

タカミムスビとオオクニヌシのやりとりで注目すべきは、『古事記』にはない「顕露の事」と「幽事」、すなわち「顕」と「幽」が対概念として使われていることです。オオクニヌシは国譲りに際して、それまでもっていた「顕」の支配権を「皇孫」、つまりアマテラスの孫のニニギ（瓊々杵尊）に譲る代わりに、新たに「幽」の支配権をもつという交換条件をタカミムスビから示され、喜んでこの交換条件に従っているのです。

この「顕」と「幽」に着目しながら、本居宣長が大成した国学を宗教化させ、復古神道へと発展させたのが、宣長の没後門人を自称した平田篤胤（あつたね）（一七七六～一八四三）でした。篤胤によれば、「顕」とは「顕明界」、すなわち目に見える世界であるとともに生前の世界であり、天皇が治めているのに対して、「幽」とは「幽冥界」、すなわち目に見えない世界であるとともに死後の世界であり、オオクニヌシが治めています。つまり天皇といえども死後は霊魂が幽冥界へと運ばれ、オオクニヌシの支配を受けることになるのです。

篤胤は一度も出雲大社を訪れることはありませんでしたが、その思想は出雲大社に影響を及ぼしました。第八十代出雲国造となる宮司の千家尊福は、篤胤の『霊の真柱（たまのみはしら）』や『古史伝』から影響を受けつつ、自らの神学を形成してゆきました（前掲『千家尊福と出雲信仰』）。このことが明治になり、伊勢神宮との思想的対立を呼び起こすのです。

10章で触れたように、明治以降に天皇を政治の表舞台に登場させた政府は、天皇の祖先に当たるアマテラスをまつる伊勢神宮内宮を頂点として全国の神社をランク付けしました。これにより出雲大社は愛知県の熱田神宮や大分県の宇佐神宮などと同格の官幣大社となり、社格のない伊勢神宮よりも格下に位置付けられました。

この位置付けに不満を抱いたのが千家尊福でした。尊福は、一八七三（明治六）年に教部省の教化機関として開設された大教院や、その二年後に大教院に代わって設立された神道事務局の祭神に、『古事記』の冒頭に登場するアメノミナカヌシ、タカミムスビ、カミムスビとアマテラスに加えてオオクニヌシを合祀するよう主張しました。神道が宗教であるなら、幽冥界を治めているオオクニヌシこそがまつられなければならないからです。

しかし伊勢神宮の神官たちは、これを認めませんでした。神社界では、出雲大社を中心とする「出雲派」と伊勢神宮を中心とする「伊勢派」の間に、オオクニヌシを合祀すべきか否かをめぐり、「祭神論争」と呼ばれる論争が起こりました（原武史『〈出雲〉という思想　近代日本の抹殺された神々』、講談社学術文庫、二〇〇一年）。

尊福は「斯土に生ずる万物は、素より大国主大神の経営の国土に生ずる者にして、縦従天日の煦照を受るも、土地を離る、時は生化すべからざるを弁ふべし。（中略）然れば此土に生を稟る者は、大地官とます大国主大神の恩顧に因るにあらざれば、天神の高徳をも蒙る能はざる所以を明かにして、天神を敬崇するにも先地恩の切なるを感銘欽謝するべし」（『神道要章』、無窮会図書館蔵、一八八〇年）と述べるなど、「天神」アマテラスに対する「大地官」オオクニヌシの優位を明確に唱えました。このとき「出雲派」に加わった神官のなかには、6章で触れた『夜明け前』の主人公、青山半蔵のモデルとなった島崎正樹もいました。

祭神論争は一八八一（明治一四）年、明治天皇の勅裁によって終結し、出雲派が事実上敗北しました。このことは、幽冥界を治めるオオクニヌシが政府によって否定され、神道は祭祀であって宗教ではないとする国家神道が確立されることを意味しました。出雲派の主張は、政府公認の民間の宗教団体である教派神道の一派としてのみ認められます。これが今日の宗教法人・出雲大社教につながっています。そして明治中期以降、出雲大社に代わって靖国神社が国家神道体制のもとで宗教的な役割を担うようになったことは、10章で触れたとおりです。

3．大本神苑と綾部

島根県出雲市と同様、JR山陰本線の沿線に位置する京都府綾部市に、「梅松苑」と呼ばれる宗教法人・大本の神苑があります[4]。ここはもともと、開祖の出口なおが住んでいたところに当たります。一八九二（明治二五）年になおが突然神がかり、筆先と呼ばれる平仮名の文章を一九一八（大正七）年の死の直前まで書き続けました。これらの膨大な筆先は、なおの娘、すみ（一八八三～一九五二）と結婚した出口王仁三郎（一八七一～一九四八）によって漢字仮名交じり文の『大本神諭』としてまとめられ、教典になりました。

梅松苑は、綾部の中心地である本宮山一帯に広がっています。苑内には二〇世紀最大級の木造建築とされる本殿「長生殿」、国の登録有形文化財に指定された「みろく殿」など、数々の神殿が建ち並んでいます（図11-3参照）。これらはすべて戦後に建てられたものです。というのも大本は、第一次大本事件と第二次大本事件として知られているように、一九二一（大正一〇）年と三五（昭和一〇）年の二度にわたって弾圧されたからです。第二次大本事件より

図11-3　梅松苑「みろく殿」

前には、松雲閣（祥雲閣）、竜門館（竜宮館）、教主殿、月光閣、五六七殿(みろくでん)（現在のみろく殿とは別）などがありましたが、これらの建物はすべて事件後に破壊されました。

出口なおが一貫して綾部を「都」ないし「神都」と見なしていたことは、『大本神諭』天の巻（村上重良校注、平凡社東洋文庫、一九七九年）に収録された以下の筆先からもうかがえます。

> 綾部は結構な処、昔から神が隠して置いた、世の立替の、真誠の仕組の、地場であるぞよ。（一八九二年旧正月）
>
> てんしは綾部に守護が致してあるぞよ。あとは宜くなりて、綾部を都と致すぞよ。世界には何でなり共、見せしめがあるぞよ。綾部に天地の神々のお宮を建て、三千世界を守るぞよ。（一八九三年）
>
> 綾部は世の本の太古から、神の経綸(しぐみ)の致してある結構な処であるから、綾部は流行病は封じてあるぞよ。（一八九四年旧正月三日）
>
> かみを守護いたす安全な処は、綾部の大本より外には無いぞよ。（一九一八年旧正月一二日）

綾部を「都」「神都」とすることで、東京は相対化されます。「東京は元の薄野(すすきの)に成るぞよ。永久(ながう)は続かんぞよ。東の国は、一晴れの後は暗がり。これに気の附く人民はないぞよ」（一八九二年旧正月）。また出口なおにとっての伊勢は、宇治山田の伊勢神宮ではなく、現在地に遷る以前に一時的にまつられたとされる、綾部に近い丹後の元伊勢の内宮（皇大神社）と外宮（豊受大神社）でした。一九〇一（明治三四）年旧三月七日（四月二五日）の筆先には、「今度の元伊勢の御用は、世界を一つに致す経綸の御用であるぞよ」（同）とあります。この翌日（四月二六日）、なおや王仁三郎らが元伊勢に参拝し、くみ取り禁制の水を持ち帰りました。

旧三月七日の筆先は、「もう一度出雲へ行て下されたら、出雲の御用を出来さして、天も地も世界を平均すぞよ。此御用を済して下さらんと、今度の大望な御用は分明かけが致さんぞよ。解りかけたらば速いぞよ。世の立替は水の守護と火の守護とで致すぞよ」（同）と続きます。伊勢とは異なり、なおにとっての出雲は、正真正銘の出雲でした。同年七月一二日、なおや王仁三郎らが出雲大社に参拝し、出雲国造に代々受け継がれてきた火を持ち帰りました。

冒頭に触れた「大本教祖火の御用記念碑」と『大本神諭』の石碑は、このときの参拝にちなんだものです。綾部と出雲の結びつきが強まったのです。

大正期になると、大本は「皇道大本」と改称し、軍人や知識人が入信することで発展してゆきました。一九一七（大正六）年一一月一六日には、貞明皇后が単独で綾部を訪れています。目的は蚕業奨励で、農商務省蚕業試験場綾部支部と郡是製糸（現・グンゼ）の工場を視察しましたが、その途上で大本神苑の前を通過しました。同年旧一一月二三日（一八年一月五日）の筆先には、皇后の綾部訪問を意識したと思われる次の一節があります。

> 時節が来たぞよ。時節と云ふものは結構なものの、恐いものであるぞよ。何事も此方から顕はさいでも、我身の方から全然正体を現はして、何処となく飛び歩行て、見るのも厭であるなれど、全部顕はせに、我が我の姿を、田舎まで見せに歩行くのが顕はれるのであるから、「時節ほど結構な恐いものは無い」と申すのであるぞよ。（『大本神諭』火の巻、平凡社東洋文庫、一九七九年）

文中の「時節」は皇后を意味すると思われます。皇后の名前が節子だからです。東京から「我が我の姿を、田舎まで見せに歩行く」皇后を、なおは「結構なものの、恐いもの」ととらえています。やがて体調を崩し、引退させられる大正天皇よりも貞明皇后のほうが宗教的な力をもっていることを、なおは鋭く見抜いていたのです。

一九一八（大正七）年になおが死去すると、筆先はもはや書かれなくなりました。その翌年一一月、大本は綾部と同じ京都府内の、同じ山陰本線の沿線にある亀岡にあった亀山城址を入手します。ここは明智光秀（一五二八？～八二）の居城でした。亀山城址は、綾部の梅松苑と並ぶもう一つの聖地となり、「天恩郷」と呼ばれるようになりました。ちなみに亀岡の郊外には、オオクニヌシをまつる丹波国一之宮の出雲大神宮があります。

大本は二〇年に大阪にあった大正日日新聞社を買収すると、この新聞を通して「大正維新」を唱えるようになります。大正維新というのは、筆先に出てくる「立替え立直し」をもとにした終末論で、王仁三郎よりもなおの筆先にひかれて入信した浅野和三郎（一八七四～一九三七）や谷口正治（まさはる）（雅春。一八九三～一九八五）ら知識人が積極的に唱えました。

このことが新聞紙法違反および不敬罪に問われ、一九二一（大正一〇）年二月に第一次大本事件が起こりました。王仁三郎や浅野ら幹部が起訴されましたが、これを機に知識人が大本から離れたため、かえって王仁三郎の実権が確立されました。王仁三郎は、発禁となった『大本神諭』に代わる教典『霊界物語』の口述を、第一審判決直後の同年一〇月から始めています。

4. 出口王仁三郎の空間認識

『霊界物語』は全八一巻もある膨大な教典です。王仁三郎は二三年七月に六五巻までの口述を、その後中断を経た二六年五月に七二巻までの口述を終えています。全巻が完成したのは、三四（昭和九）年八月のことでした。

この教典では、オオクニヌシに代わってスサノヲ（神素盞嗚大神、瑞の御霊の大神）が死後の世界を意味する「霊界」全体を支配しており、その分身である「宣伝使」たちが活躍します。『霊界物語』の完成は、王仁三郎が影響を受けた平田篤胤の復古神道をもとに、もう一つの出雲神学が確立されたことを意味していたのです。

注目すべきは、『霊界物語』が口述された場所です。その場所は、神苑のある京都府の綾部と亀岡のほか、鳥取県の岩井温泉や皆生温泉、静岡県伊豆の湯ヶ島温泉、愛媛県松山の道後温泉、京都府の丹後由良、天の橋立などにまたがっています(5)。

王仁三郎は、「古音出雲の国と称せられたる地点は、近江の琵琶湖伊西の総称であって、素盞嗚大神様のうしはぎ給うた土地である。湖の以東は天照大神様の御領分であった「素尊御陵」、『月鏡』、第二天声社、一九三〇年所収」と述べているように、もともと琵琶湖伊西はスサノヲの治める「出雲の国」だったと認識していました。『霊界物語』が口述された場所は、湯ヶ島温泉を除けばすべて「出雲の国」にあり、湯ヶ島温泉のある伊豆の一之宮、三島神社にもオオクニヌシの子のコトシロヌシ（事代主神）がまつられています。

第六十九巻（山河草木申の巻）は、一九二四（大正一三）年一月に松山の道後温泉と元伊予別院で口述されました。『伊予国風土記』逸文にあるように、道後温泉はオオクニヌシ（大穴持命）とスクナヒコナ（少名彦命）が開発した温泉として知られています。この巻では、国依別と末子姫という男女の神が、国の後継者をめぐって対話する場面があります。

末子「女が後を継ぐとは前代未聞では厶いませぬか、養子でもせなくちゃなりますまい。さうすれば万代不易の国司家は断絶するぢやありませぬか」

> 国依「三五教(あななひきょう)の教にも女の御世継が良いと示されてあるではないか。女の世継としておけば、腹から腹へ伝はつて行くのだから、其血統に少しも間違ひはない。若し男子の世継とすれば、一方の妻の方に於て、夫に知らさず第二の夫を拵(こしら)へてゐた場合、其生れた子は何方(どちら)の子か分らぬやうになつて来る。それだから却て女の方が確実だ（以下略）」（『霊界物語』第六九巻、愛善世界社、二〇〇九年）

国依別の言う「三五教」は、大本自身を指しています。王仁三郎は「腹」、すなわち性という最もプライベートな視点から、大日本帝国憲法と旧皇室典範に定められた男系男子による皇位継承を原則とする「万世一系」の危うさを指摘しているのです。

このやりとりが口述された一九二四年一月というのは、前年一二月二七日に起こった虎ノ門事件の直後でした。7章で触れたように、皇太子裕仁が摂政として帝国議会の開院式に向かう途上、アナーキストの難波大助に狙撃された事件です。この事件の直後からある不穏な風説が広まっていたことは、永井荷風（一八七九～一九五九）が日記『断腸亭日乗』で、欄外に「大助ハ社会主義者ニアラズ摂政宮演習ノ時其処ノ旅館ニテ大助ガ許婚(いいなずけ)ノ女ヲ枕席ニ侍ラセタルヲ無念ニ思ヒ腹〔復〕讐ヲ思立シナリト云フ」（『荷風全集』第二一巻、岩波書店、一九九三年）と朱書きしていることからもうかがえます。[6]

実は事件前年の一一月、皇太子裕仁は摂政として香川県で陸軍特別大演習を統監してから松山に向かい、迎賓館として建てられた旅館（久松定謨(さだこと)別邸、現・萬翠荘(ばんすいそう)）に泊まっています。新嘗祭に当たる一一月二三日には、終日久松別邸にこもり、ビリヤードや将棋に興じていました（宮内庁編『昭和天皇実録』第三、東京書籍、二〇一五年）。

なぜ王仁三郎は、事件の直後にわざわざ松山に行ったのでしょうか。その背景には、荷風が記したような風説を意識していた可能性が考えられます。

例えば、皇太子の相手をした女性に子供が生まれたとします。しかしその女性が、同時並行的に難波大助とも性関係をもっていた場合、生まれた子供が皇太子の子供なのか難波の子供なのか、直ちにはわからなくなります。反対に女性を皇太子にした場合、たとえほかにどういう男性と性関係をもとうが、生まれた女子に皇位を継がせていけば「其血統に少しも間違ひはない」――国依別が言外にほのめかしているのは、こういうことなのです。

王仁三郎は道後温泉で、「久方の天津日の御子の天降りまして　憩はせ玉ひし貴の御室かな」という和歌を詠んでいます（前掲『霊界物語』第六九巻）。「久方の天津日の御子」は皇太子を意味します。一九〇三（明治三六）年一〇月に皇太子嘉仁（後の大正天皇）が道後温泉を訪れ、皇族用客室で休憩していますから（『大正天皇実録』補訂版第二、ゆまに書房、二〇一七年）、このときの模様を詠んだと解すのが自然でしょう。けれども二二年一一月に皇太子裕仁が松山を訪れた際にも自動車で道後温泉を一周したことを踏まえると（前掲『昭和天皇実録』第三）、別の可能性も浮かんできます。その場合、問題は「憩はせ玉ひし貴の御室」をどう読むかです。ここに「不敬」の匂いを嗅ぎ取ることも不可能ではないでしょう。

5. 抹殺された大本

『霊界物語』が完成した翌年に当たる一九三五（昭和一〇）年一二月八日、第二次大本事件が起こります。妻のすみとともに宍道湖に近い松江の大本島根別院にいた王仁三郎は、治安維持法違反や不敬罪などの容疑で再び検挙されました。

第二次大本事件は、検挙された人数が約一〇〇〇名に及ぶなど、第一次大本事件よりも規模が大きく、新聞でもこう報じられました。「大本教最高首脳部出口王仁三郎以下八名に対する起訴命令、並に皇道大本を始め傍系七団体に対する結社禁止及び主要建物の破却命令は、愈〔三月〕十三日午前十時半頃同時に発せられることになつたので、ここに信徒三十万を擁し敬神尊王、皇道宣布の擬装の下にその裏面において不敬の言動を敢てし恐るべき不逞不穏の陰謀を進めてゐた大本教は、全く掃蕩潰滅することになつた」（『東京朝日新聞』三六年三月一三日。原文は読点なし）。綾部と亀岡の建物は徹底的に破壊され、亀岡にあった石造の神殿「月宮殿」はダイナマイトで爆破されました。地上から大本を抹殺することが目指されたのです。

事件のあとに亀岡を訪れた作家の坂口安吾は、一九四二（昭和一七）年に発表された評論「日本文化私観」のなかで、「鉄条網を乗り越えて、王仁三郎の夢の跡へ踏みこんだ」ときの体験を次のように記しています。

> 頂上に立つと、亀岡の町と、丹波の山々にかこまれた小さな平野が一望に見える。雪が激しくなり、廃墟の瓦につもりはじめていた。目星しいものは爆破の前に没収されて影をとどめず、ただ、頂上の瓦には成程金線の模様のはいった瓦があったり、酒樽ぐらいの石像の首が石段の上にころがっていたり、王仁三郎に奉仕した三十何人かの妾達がいたと思われる中腹の夥しい小部屋のあたりに、中庭の若干の風景が残り、そこにも、いくつかの石像が潰れていた。とにかく、こくめいの上にもこくめいに叩き潰されている。（『堕落論・日本文化私観』、岩波文庫、二〇〇八年）

すさまじい破壊ぶりが伝わってくるかのようです。「王仁三郎に奉仕した三十何人かの妾達がいた」というのは、教団のいかがわしさを流布させるために作り出されたデマであって、事実ではありません。知識人の坂口安吾ですらこのように記しているということは、このデマがいかに広がっていたかを暗示しています。

戦後に国家神道が解体されると、出雲大社は官幣大社ではなくなって伊勢神宮を本宗とする神社本庁の傘下に入り、出雲大社教は独立の宗教法人となりました。王仁三郎は獄中に入っても信仰を捨てることはなく、一九四二（昭和一七）年に保釈されて亀岡に戻りました。裁判は最高裁に当たる大審院までいきましたが、全員免訴となりました。四六年に大本を「愛善苑」として再発足させた王仁三郎は、それから間もない四八年一月に死去しました。

敗戦に伴い、綾部と亀岡の神苑も再建されました。第二次大本事件で破壊される前の建物を忠実に復元させるよりも、新たな建物を築くほうに主力が注がれました。民族学者の梅棹忠夫（一九二〇～二〇一〇）は、「もとの大本は、豪華ではあったが、いわば竜宮的な趣味のわるさがあった。わたしの記憶にはないが、写真をみても、本殿の月宮殿などもずいぶんごてごてした建物だった。いかにも新興宗教的ないやらしさがあった。しかし、いまここにある大本は、ひどく印象がちがう。建物にも、庭にも、都会的に、しかも純日本的に、高度に洗練された美的感覚がある」と述べています（『日本探検』、講談社学術文庫、二〇一四年）。

国家権力に対峙し、二度も弾圧された大本の活動は、戦後に再評価されるようになります。例えば中国文学者で作家の高橋和巳（一九三一～七一）は、六四年一一月に大本本部を訪れ、六五年一月から「ひのもと救霊会」という宗教団体を描いた長編小説「邪宗門」を『朝日ジャーナル』に連載し始めることで、当時の学生運動に多大な影響を与えました。[7]

〉〉注

(1) 出雲大社は、正式には「いずもおおやしろ」と読みます。祭神はスサノヲとされた時期もありましたが、江戸時代にはオオクニヌシと異名同神の「大己貴神」ないし「大己貴命」となり、幕末には「大国主神」となりました。西岡和彦『近世出雲大社の基礎的研究』（大明堂、二〇〇二年）を参照。

(2) ただし古代文学を研究する三浦佑之（すけゆき）は、「治める」に「造る」という意味はないため、従来から存在していた神殿をきちんと守りとおすと解釈すべきだとしています（『読み解き古事記神話篇』、朝日新書、二〇二〇年）。

(3)『日本書紀』の一書は全部で六つに分かれており、掲載順に「第一」から「第六」まで序数で呼ばれています。

(4) 大本教というのは俗称であり、正式には大本といいます。

(5) 作家の川端康成（一八九九～一九七二）は、王仁三郎が湯ケ島温泉の湯本館に滞在していたとき、出口すみが湯に入るところを目撃しています（『伊豆の旅』、中公文庫、一九八一年）。

(6)『摘録　断腸亭日乗』上（岩波文庫、一九八七年）では、「摂政宮～侍ラセタルヲ」の箇所が伏せ字になっています。

(7) 大本と「ひのもと救霊会」の共通点と相違点については、永岡崇『宗教文化は誰のものか　大本弾圧事件と戦後日本』（名古屋大学出版会、二〇二〇年）を参照。

1. なぜ明治初期に、出雲大社を中心とする「出雲派」は伊勢神宮を中心とする「伊勢派」と対立したのかを考えてみよう。
2. なぜ大本教団は大正、昭和の二度にわたって弾圧されたのかを考えてみよう。
3. 空間から見た出雲大社と大本神苑の共通点と相違点についてまとめてみよう。

参考文献

岡本雅享『千家尊福と出雲信仰』（ちくま新書、二〇一九年）

小泉八雲『神々の国の首都』（平川祐弘編、講談社学術文庫、一九九〇年）

原武史『〈出雲〉という思想』（講談社学術文庫、二〇〇一年）

出口ナオ『大本神諭』天の巻・火の巻（村上重良校注、平凡社東洋文庫、一九七九年）

原武史『皇后考』（講談社学術文庫、二〇一七年）

出口王仁三郎『霊界物語』第六十九巻、山河草木、申の巻（愛善世界社、二〇〇九年）

坂口安吾『堕落論・日本文化私観』（岩波文庫、二〇〇八年）

高橋和巳『邪宗門』上下（河出文庫、二〇一四年）

12 国立／新宿

《目標&ポイント》日本で珍しい計画的につくられた学園都市・国立で、朝鮮戦争を機に起こった住民運動を概観するとともに、同じ中央線の沿線に当たる新宿で一九六〇年代に起こる運動にも注意しつつ、同線の空間政治学を考察します。

《キーワード》学園都市、朝鮮戦争、立川基地、浄化運動、文教地区、公民館、新左翼、ベ平連、フォークゲリラ、中央線

1．国立文教地区を歩く

東京都国立市にあるＪＲ中央線の国立駅は高架駅で、北口と南口があります。一九二六（大正一五）年に国分寺と立川の間に開業したときには南口しかなく、北口が開設されたのはそれより三〇年以上も遅い、一九五九（昭和三四）年になってからでした。国立の市街地は南口に広がっていて、北口はすぐに国分寺市に面しています。

国立という地名は、隣接する国分寺と立川から一字ずつとったことに由来します。ただし箱根土地株式会社の社長として国立に学園都市を建設した堤康次郎（一八八九～一九六四）は、「新しい日本という国がここから生まれるという意気込みで、国立という名をつけたのも私である」（『人を生かす事業』、

有紀書房、一九五八年）と述べています。

南口には、駅の高架化に伴いいったん撤去された開業当時の三角屋根の駅舎が二〇二〇年四月に復元され、「旧国立駅舎」として一般公開されています（図12-1参照）。駅舎のすぐ南側は、円形の緑地帯を中央に、バスや自動車が周回できるロータリーになっていて、緑地帯には「国立文教地区」の看板が立っています。文教地区については後で触れますが、パチンコ店や風俗店、ホテルなどの業種の進出が規制されているのです。

南口から幅四三・二メートルの「大学通り」が、国立市の南部にあるJR南武線の谷保駅に向かって南へまっすぐ延びています（図12-2参照）。この通りを見ただけでも、国立が東京郊外の単なる衛星都市ではなく、しっかりとした都市計画にもとづいてつくられた、日本でも珍しい町（大学都市）であることがわかります。

図12-1　旧国立駅舎と駅前ロータリー。著者撮影

国立市内に住んでいた作家の山口瞳（一九二六～九五）は、「わが中央線の国立駅の三角屋根もわるくない。駅前広場から大学通りを見渡す眺めもいい」と述べています（『月曜日の朝・金曜日の夜』、新潮文庫、一九八一年）。通りの両側にはソメイヨシノとイチョウが交互に植えられ、春はピンク色に、秋は黄金色に染まります。

南口から東側斜め四五度に延びる道は「旭通り」、西側斜め三〇度に延びる道は「富士見通り」と呼ばれます。旭通りにそろえて四五度にしなかったのは、名称が示すように富士山が見える方角に向かって敷設されたからです。

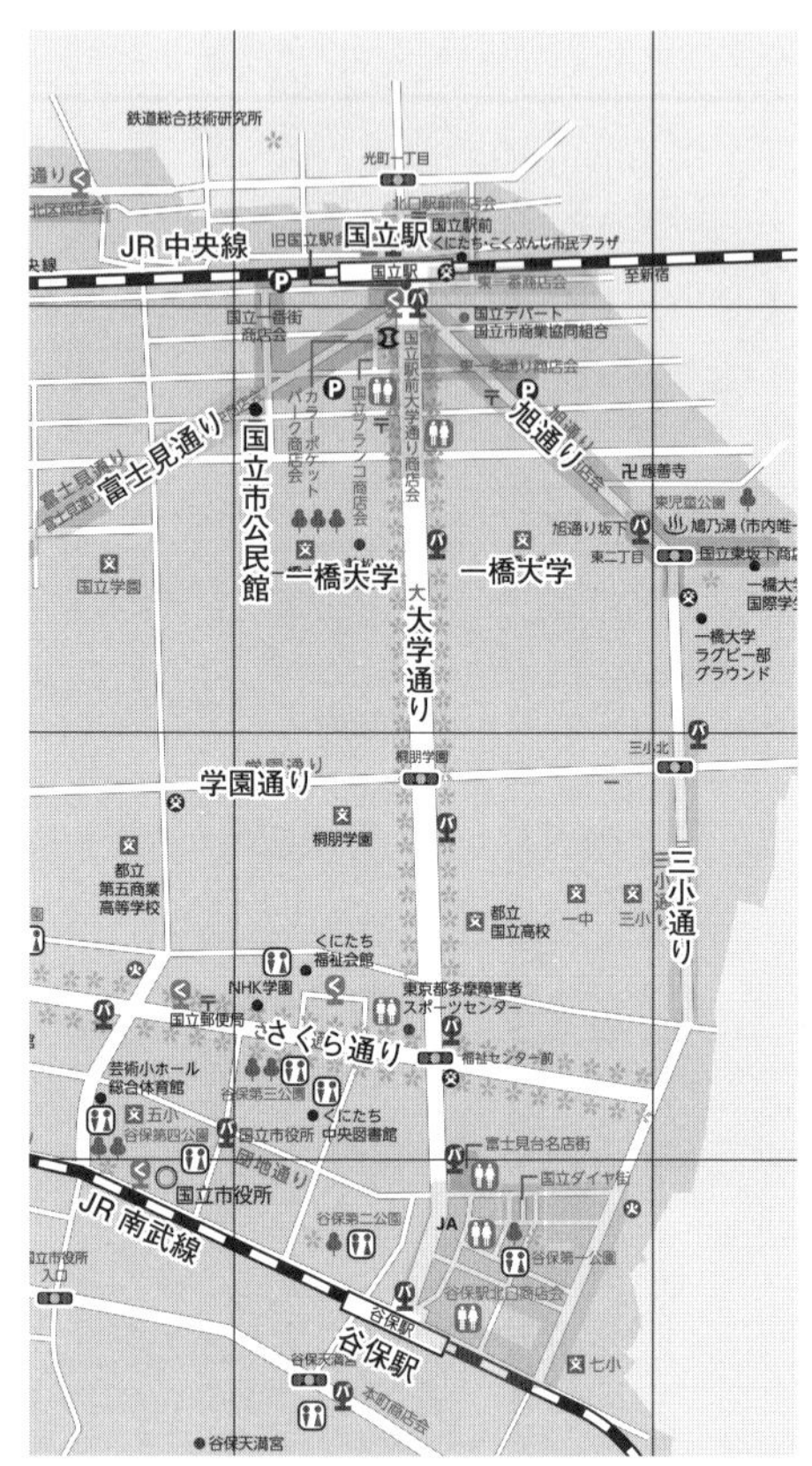

図12-2　国立市街図〔国立市観光ガイドブックをもとに改変〕

富士見通り沿いには、後に触れる国立市公民館や、堤康次郎が創設した国立学園小学校があります。この小学校に通った康次郎の次男、辻井喬（たかし）（堤清二。一九二七～二〇一三）は、「小学校に行く道は、富士見通りといって、伐り拓かれた雑木林の向うに富士山が見えた」（『彷徨の季節の中で』、新潮社、一九六九年）と述べています。

　大学通りの西側には、一九五四（昭和二九）年創業の「ロージナ茶房」や五五年創業の「白十字」など、国立市民に長年愛されてきた喫茶店や、四七年創業の「増田書店」や同年創業の

「銀杏書房」など、国立文化の顔として親しまれてきた書店が並んでいます。さらに大学通りを進むと、一橋大学のキャンパスが通りをはさんだ両側に広がっています。通りの西側が西キャンパス、東側が東キャンパスと呼ばれています。西キャンパスでひときわ目を引くのが、二七年に創建されたロマネスク様式の講堂「兼松講堂」です。

箱根土地株式会社を設立した堤康次郎は、東京西郊の大泉、小平、国立の三カ所に大学を誘致し、その周辺を住宅地にする学園都市をつくろうとしました。しかし実際には、大学がつくられたのは国立だけでした。昭和になると、関東大震災により建物の大半を失った東京商科大学が神田区（現・千代田区）一ツ橋から移転してきました。これが現在の一橋大学です。

大学の周辺には、学園都市の名にふさわしく、整然とした住宅地が広がっています。ここに昭和初期から住み始めたのが、陸軍大臣や朝鮮総督、外務大臣などを歴任し、一九三八（昭和一三）年に政界を引退した宇垣一成（かずしげ）（一八六八〜一九五七）でした。

当時はまだ北多摩郡谷保村で、村全体に武蔵野の面影が残っていました。宇垣は日記に、「国立の新緑実に言ふに云はれぬ風趣あり」（四一年五月五日）、「久方に帰りて見れば武蔵野の木々の梢も色づきそめぬ」（四二年一〇月一四日）などと印象を記しています（『宇垣一成日記3　昭和14年3月―昭和24年7月』、みすず書房、一九七一年）。こうした自然は、いまなお四季を彩る大学通りの街路樹に保存されています。南口の緑地帯には、宇垣の筆で「国威発揚」と刻まれた国旗掲揚塔が立っています。

本章で国立を取り上げるのは、この町が日本でも珍しい大学都市であり、戦後に女性を主体とする下からの民主主義が育まれた事例として注目に値するからです。長い歴史をもつ町とは異なり、計画的に学校や通りがつくられた国立では、近代的な「作為」の論理が根付きやすい条件に恵まれていました。都市が人間によってつくられたように、政治もまた住民によって変えることができるという考え方が根付きやすかったのです。

さらに住民の政治に対する関心を高めたのが、米軍基地の存在でした。反米的な政治風土は、国立だけでなく、米軍基地に燃料を輸送する貨物列車が走っていた中央線の沿線全体に通じるものがあります。本章では中央線の空間政治学を探るために、一九六〇年代後半に「政治の季節」の中心地となった新宿にも触れたいと思います。

2. 浄化運動と文教地区指定

一九二六年に国立駅が開業したとき、現在の国立市は東京府北多摩郡谷保村に属していました。この村が住民自治の空間として浮上するきっかけとなったのは、一九五〇(昭和二五)年六月に勃発した朝鮮戦争でした。

隣町の立川市には、敗戦直後から陸軍の飛行場を接収した米軍基地が置かれました。朝鮮戦争の勃発により多数の米兵が進駐すると、米兵用の飲食店やホテルが立ち並び、市街地には米兵の相手をする日本人女性が現れるなど、風紀が乱れました。ある女子中学生は、「私は、『どこにお住いですか?』と聞かれても、すぐ『立川です』と出てきません。立川に住んでいることが恥ずかしいように思えます」と記しています(『東京百年史』第六巻、東京都、一九七二年)。それほどまでに立川の名は全国に響き渡っていたということです。

一九五一(昭和二六)年四月一日、北多摩郡谷保村は町制を施行して国立町になりましたが、このころには国立にも米兵相手の旅館や飲食店が出現するようになりました。危機を感じた町民は、同年五月九日に「国立町浄化運動期成同志会」を結成します。町の風紀の乱れを是正しようとする浄化運動は、一九五〇年一二月に公布された東京都文教地区建築条例にもとづき、東京都で初めての文教地区指定を目指す運動へと発展しました。

この運動は、町内にあった一橋大学や、五〇年二月に新制大学として認可されたばかりの国立音楽大学（現在は立川市に移転）にも広がり、両校の教職員や学生が連名でパンフレットを作成しました。そこには「これは決してイデオロギーや政治運動では毛頭ありません。（中略）たとへ思想や信仰を異にするとも人間の良識と高き知性と文化を愛し不正と嘘偽と陰謀を憎む皆様、団結しませう」とあるように、無党派の市民運動であることが強調されていました（『国立市史』下巻、国立市、一九九〇年）。五一年五月一八日には、教職員や学生を中心に「国立町浄化大学学校連合会」も結成されています。同志会と連合会は、後に国立町（市）内で盛んにつくられる市民団体の嚆矢となりました。

ところが町民のなかには、浄化運動自体には賛成しても、文教地区の指定を受けると制限を受けるため町の発展が阻害され、商売も成り立たなくなるとして反対するホテル業者などの関係者もいました。国立町議会の本会議では賛成派と反対派に分かれて傍聴席が埋めつくされるなど、文字どおり町を二分する問題に発展したのです。

五月二四日の本会議では、いったん文教地区指定が可決されました。しかし七月四日の本会議では、逆に反対の請願が採択されました。この状況に危機感を抱いて結成されたのが、大学生の結集を目的とした「土曜会」でした。

八月六日に開かれた反対請願特別委員会で町長が「文教地区に指定されても財政的な不安はない」と明言したことが再び流れを変え、八月九日の特別委員会では反対請願は却下され、文教地区指定が本決まりとなりました。同志会のメンバーで、女性で初めて谷保村議、次いで国立町議となった松岡きくは、こう回想しています。

昭和二十六年は、ほぼ半年にわたって激しくも厳しい闘争の明け暮れでしたが、この文教都市指定問題をめぐって、婦人が団結するといかに大きな力となるかを学ばされました。まさに岩をもうがつダイナマイト的な威力が発揮されたわけです。(『ちまたにはひかりあふれて』、らむぷ舎、一九八六年)

こうして五二年一月六日、国立文教地区は建設大臣の正式決定を受けました。しかし女性たちの活動は、文教地区指定を勝ち取るだけで終わりませんでした。五一年八月一〇日には、松岡ら三〇〇人あまりの女性が国立学園に集まり、婦人会の設立発起人を募集しました。これが国立で初めての女性団体「国立婦人の会」の結成につながります。

このほかにも、国立町では文教地区指定をきっかけとして、さまざまな団体が設立されました。最大のものは、五四年一〇月に結成された国立町政懇話会でした。懇話会には、保守から革新まで含んだ多くの町民が結集しました。「国立町の運動は終始一貫して、共産党から保守派支持者までを含んだ統一行動を母体としている」(赤松宏一「国立町における町政刷新運動」、『都政』一九六一年三月号所収)と評価される政治風土が生まれたのです。五五年四月の国立町長選では、国立町政懇話会の公認を受けた候補が当選しています。

3. 国立と女性

国立町では住民運動が盛んになっても、誰もが使用できる集会所がありませんでした。国立婦人の会や土曜会などが中心となり、公民館を設立しようとする運動が起こったのは、まさにこのためでした。一九五四年一二月には、土曜会が町長と町議会と教育委員会に対して、設立請願書を提出しています

（前掲『国立市史』下巻）。

こうした動きを背景として、五五年一一月三日の「文化の日」に国立町公民館が開館しました。これ以降、国立では公民館が住民運動の重要な拠点となってゆきました。この点に関しては、同じ中央線沿線の荻窪に五三年一一月に開館し、五四年から始まる原水禁運動の拠点となった杉並区立公民館とよく似ていました。

五七年製作の岩波映画「町の政治～べんきょうするお母さん」（時枝俊江監督）は、毎週火曜日の夜に国立町の母親たちが公民館に集まり、町予算がどのように使われているかをともに勉強し、教育への適切な配分につき、町に異議申し立てや提言を行う過程を記録した三〇分あまりのドキュメンタリーでした。映画では、鉛筆を走らせたり、そろばんをはじいたり、ガリ版で資料を刷ったりして町の教育費や土木費について議論を重ねる母親たちの様子が生き生きととらえられています。このような映画が製作されること自体、女性を主体とする国立の地方自治がいかに注目されていたかを物語っています。

同年八月からは、「私たちが団体やサークルの中で活動し、運動しようとする場合に大変重要なことは、一つの団体やサークルにとらわれない大きな視野をもち、全体の見通しの中で自分の態度や行動をきめていくことではないでしょうか」という趣旨のもと、公民館が当代一流の講師陣をそろえた「現代教養講座」が始まりました。「忙が（ママ）しい時間をさいてこの講座に集った人は主婦が圧倒的に多く、全講座聴講の申込者が七十二名、単科聴講者も五十名を超えるという盛況さでした」（『くにたち公民館だより』一九五七年九月二〇日）。これは現在、全国の自治体が主催している「市民大学」の先駆けに当たります。

また六四年度からは、参加者を女性に限った「国立婦人教室」が始まりました。国立婦人教室は、翌六五年度から「若いミセスの教室」「はたらく女性教室」「南部婦人教室」の三つに分かれ、それぞれ月に二、三回開催されました。女性の年齢や住所、勤務状況などに応じたきめ細かなサービスが提供されていたわけです。

国立町から国立市へと移行した一九六七（昭和四二）年当時、市内には「百を下らない団体が活動を展開している」とされました（『くにたち公民館だより』六七年三月一日）。市制施行当時の人口は五万五六〇〇人あまりでしたから、団体に加入している市民の比率が高かったことがうかがえます。国立市の面積は八・一五平方キロメートルと、埼玉県蕨（わらび）市、東京都狛江（こまえ）市、京都府向日（むこう）市に次いで狭いことを考えると、いかに市民団体が多かったかがわかります。

フランスの思想家、トクヴィル（一八〇五～五九）は、『アメリカのデモクラシー』のなかで自らが滞在した米国東海岸のタウンにつき述べています。

> 政治の決定を下すためにときどき招集される選挙民を別にして、なんとさまざまな公職、なんといろいろな役人があることだろう。これらがみなそれぞれの権限の範囲内で強力な団体を代表し、その名において行動している。このようにして、どれほど多くの人々がタウンの力に与ることから自分の利益を引き出し、自分自身のためにタウンに関心を寄せることだろう。（『アメリカのデモクラシー』第一巻（上）、松本礼二訳、岩波文庫、二〇〇五年）

タウンで住民が選挙権を行使する以外にさまざまな団体をつくり、地方自治に関与しているというのは、国立町に似ています。しかし重要な相違点もあります。政治学者の松本礼二が「トクヴィルは政治的民主主義の実現においてははるかにヨーロッパに先んじているアメリカ社会が平等原理を男女の間に機械的に持ちこむことなく、むしろ男女の役割の相違を強調し、家庭における夫の主導権を疑わぬ点に注目し、これを民主主義の正当な理解に基づくものと高く評価している」（『トクヴィルで考える』、みすず書房、二〇一一年）と述べているように、タウンでは女性の政治参加が想定されていなかったのです。

前述した現代教養講座は、六五年に市民大学講座、六六年に市民大学セミナーに変わりました。七一年度のセミナーでは、二二歳から三九歳までの二五人の既婚女性が集まり、「私にとっての婦人問題」が話し合われました。子供たちはセミナーの間、公民館の付属保育室で保母たちに見守られていたので、安心して学習に励むことができました（『主婦とおんな　国立市公民館市民大学セミナーの記録』、未来社、一九七三年）。

冒頭に触れたように、国立駅前には喫茶店がありました。すでに閉店してしまった「邪宗門」のような老舗もありました。おそらく店内には一橋大学の学生もいれば主婦もいて、左翼的な用語を駆使して話す大学生のすぐそばで、主婦たちがセミナーの続きを話し合っていたに違いありません。それはまさに国立ならではの光景だったといえるでしょう。

4. 一九六〇年代後半の新宿

一九五九（昭和三四）年に刊行された松本清張の小説『ゼロの焦点』（新潮文庫、一九七一年）に、主人公の女性が立川を訪れる場面があります。

立川の駅におりたのは一時間ばかりのちであった。
禎子(ていこ)には初めての町だった。外国兵が広い通りを歩いていたが、赤い色彩をつけた日本の若い女が腕を組んでいた。すぐ頭の上を、びっくりするような音を弾かせて大きな軍用機が上昇した。歩いている人は慣れているのか、耳をおおいたいくらいの爆音でも、上を見る者もなかった。

この小説の時代設定は、一九五八年頃とされています。つまり国立町の文教地区指定から、すでに七年もたっているわけです。にもかかわらず立川には相変わらず米軍基地があり、立川駅前の光景もあまり変わっていなかったことがわかります。

五五年からは、米軍の飛行場を立川基地に隣接する北多摩郡砂川町（現・立川市）に拡張するという調達庁（現・防衛省）の通告に反対する砂川闘争が始まりました。この闘争は住民の勝利に終わり、米軍は立川基地の拡張を断念して北多摩郡福生町（現・福生市）や村山町（現・武蔵村山市）などにまたがる横田基地への移転を発表しました。しかし当面は、立川基地と横田基地の双方が利用される状態が続きました。立川基地が全面返還されたのは、七七（昭和五二）年一一月になってからのことでした。

米軍基地が立川や横田にある限り、京浜工業地帯に位置する浜川崎から立川まで、山手貨物線（現・JR湖南新宿ライン）や中央線などを経由して米軍機のジェット燃料が貨物列車で運ばれ続けました。六五年二月に米軍が北ベトナム領内への爆撃（北爆）を始めてからは、その燃料は北ベトナムに向かう米軍機のために使われることになりました。

一九六七（昭和四二）年八月八日未明、国鉄新宿駅構内の青梅街道ガード付近で貨物列車どうしが衝突する事故が起こりました。米軍燃料を輸送していた浜川崎発立川ゆきの貨物列車の側面に、石灰石を輸送していた氷川（現・奥多摩）発浜川崎ゆきの貨物列車が衝突し、前者のタンク車と後者の機関車が炎上して構内が火の海になったのです（『新宿駅100年のあゆみ』、日本国有鉄道新宿駅、一九八五年）。

この事故により、在日米軍が中央線の利用客や沿線の住民の安全を脅かしながら、ベトナム戦争の兵站として基地を利用しているという事実が、白日のもとにさらされました。すでに全国の大学では学生運動が盛んになりつつありましたが、後に東大全共闘の代表となる山本義隆ら「東大ベトナム反戦会議」が出したビラにも、「山手線で、中央線で年間七〇万トンのジェット燃料が運ばれるのを私たちが黙って見ていることは、とりもなおさず、私たちが被害者であるとともにより大きな加害者であることを意味する」という一節がありました（山本義隆『私の1960年代』、金曜日、二〇一五年）。

これ以降、「米タン（米軍タンク車）阻止」は新左翼系の大学生だけでなく、労働団体やべ平連（ベトナムに平和を！　市民連合）をはじめとする市民団体など、ベトナム戦争に反対する幅広い人々の合言葉となり、事故が起こった新宿がそうした人々にとっての一大政治空間として大きく浮上するようになったのです。

前年の六六年、国鉄新宿駅は国鉄池袋駅を抜いて、乗降客数が日本一となりました。その主な理由としては、東京西部の急速な宅地化が挙げられるでしょう。中央線のほかに小田急電鉄や京王帝都電鉄（現・京王電鉄）が郊外から乗り入れる新宿駅に、通勤客が集中しやすくなったのです。もう一つの理由としては、豊島区から目黒区にかけて、山手線のすぐ外側に木造賃貸アパート地帯が広がっていたことが挙げられます。大学に近いうえに家賃の安い木造賃貸アパートには、地方から上京してきた学生が多く住んでいました。大学進学率が一〇％を超える六〇年代になると、彼らが通学のために新宿駅を利用することが多くなりました。

当時の新宿駅には東口と西口の双方に広場がありましたが、六〇年代後半にはどちらも大規模な集会が開かれる政治空間として注目を浴びるようになりました（図12-3参照）。べ平連や国民文化会議など、約四〇の市民・文化団体は、六八年一〇月二〇日、新宿駅東口でデモ行進し、東口広場で街頭時局講演会を開きました。

毎日、この新宿を通って、日に四本の米タン列車が極東最大の空軍基地、横田・立川にジェット燃料を運んでいます。新宿経由以外のものも含めると一日に七本、百二十輌のタンク貨車が百三十万ガロンの「危険物」を運んでいるのです。ベトナムへ飛び立ってゆく爆撃機や戦闘機、輸送機の燃料が、庶民の街、若者の街、楽しい買物の街のド真中を毎日、定期的に通りすぎていく――アベックが通り、学生が通り、紳士と淑女が通るその脇を、戦争が毎日通っている――新宿は戦争加担の街、基地の街でもあるのです。(『べ平連ニュース』一九六八年一一月一日)

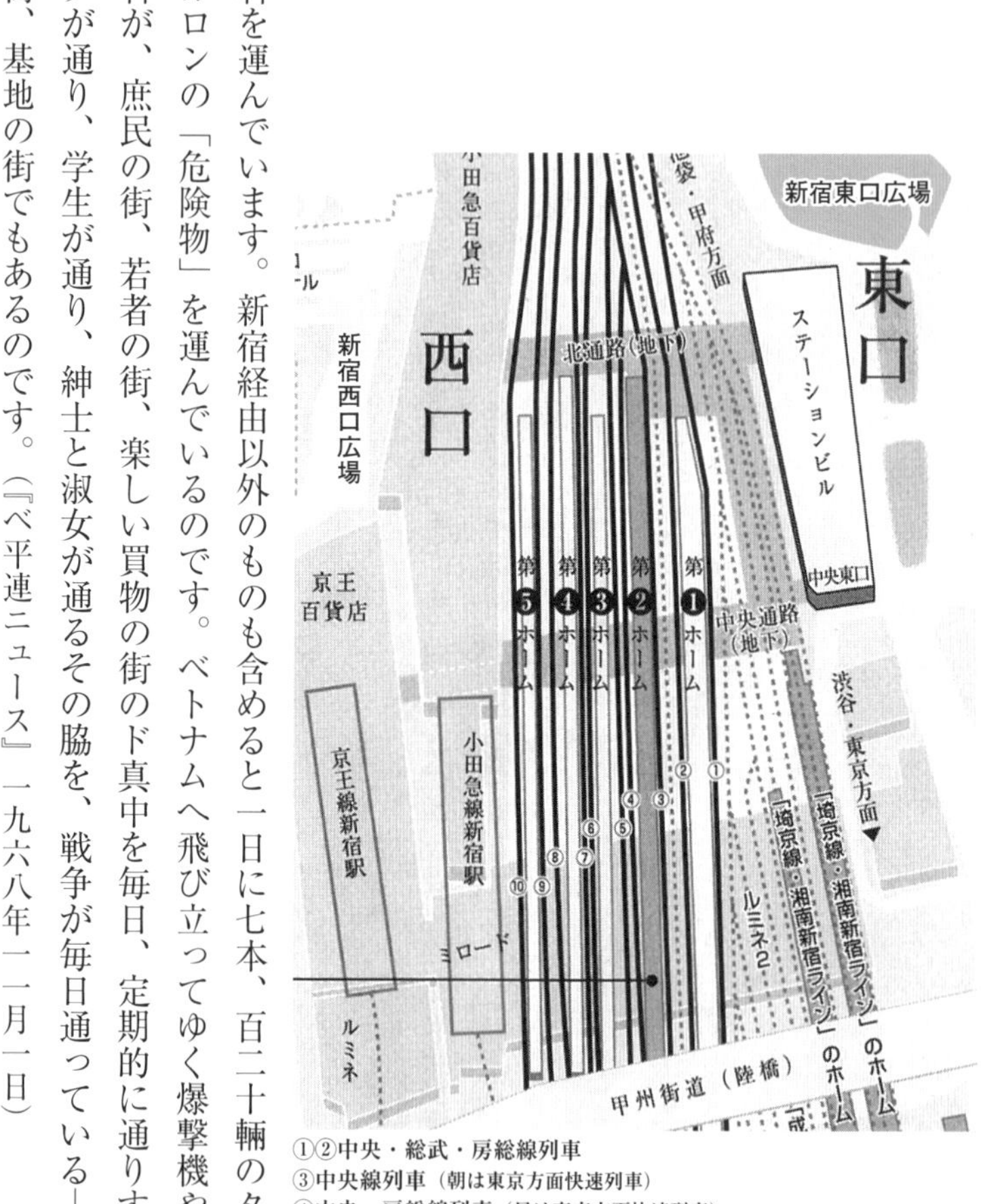

①②中央・総武・房総線列車
③中央線列車(朝は東京方面快速列車)
④中央・房総線列車(昼は東京方面快速列車)
⑤中央線列車
⑥中央線列車(高尾方面快速列車)
⑦中央・総武線(御茶ノ水・千葉方面各駅停車)
⑧山手線内回り(渋谷・品川方面)
⑨山手線外回り(池袋・上野方面)
⑩中央・総武線(荻窪方面各駅停車)
当時の路線を実線、現在の線路を点線で示した。

図12-3　1968年頃の新宿駅ホーム

東大ベトナム反戦会議にも通じるこうした認識のもと、あくまでも平和的な手段により抗議したのが、べ平連の小田実(おだまこと)(一九三二~二〇〇七)らでした。一方、革命を目指す新左翼は、より過激な手段を使って新宿駅構内に二度も侵入しました。

一回目は六八年一〇月八日。この日は、首相の佐藤栄作（一九〇一〜七五）の南ベトナム訪問阻止を図った新左翼と機動隊が衝突した羽田闘争からちょうど一年に当たりました。それを記念する集会に参加した新左翼の学生ら約三五〇〇人が駅構内に侵入し、線路上でジグザグデモを繰り返したため、電車や貨物列車が立ち往生しました。夜一〇時、国鉄は機動隊の出動を要請し、線路の石を投げて抵抗した学生一四四名が逮捕されました。

二回目は同年一〇月二一日。ベトナム反戦にちなむ「国際反戦デー」のこの日、新左翼の学生が東口、南口から駅構内に侵入し、電車や機関車に投石し、構内の各所に放火しました。さらに二万人ともいわれる群衆が加わったため、国電の運転は不可能になりました。「新宿騒乱」と呼ばれるこの事件で警視庁は騒乱罪（騒擾罪）の適用に踏み切り、七三四人が逮捕されました。破壊された運転事務室、石つぶてに埋まったホームなど、あたかも革命前夜を思わせるような光景が現れたのです（「若い力が演じた新宿ハプニング」、『朝日ジャーナル』六八年一一月三日号所収。『新宿駅一〇〇年のあゆみ』、日本国有鉄道、一九八五年）。

しかし佐藤栄作は、全くそうは見ていませんでした。六八年一〇月九日と一〇月二一日の日記には、それぞれ「昨夜の三派全学連（新左翼の中核派、社学同、社青同解放派を指す——引用者注）の新宿駅構内のさわぎは面白くないので、強い態度で臨むことを指示する。ほんとに困りもの」「学生連中の反戦デモ一寸あれる」としか記していないからです（『佐藤榮作日記』第三巻、朝日新聞社、一九九八年）。佐藤に言わせれば、自民党が与党として過半数を占めている状況で革命が起こることなど、絶対にあり得ませんでした。佐藤が新左翼よりも恐れていたのは、総選挙のたびに議席数を増やしていた公明党や日本共産党だったのです。

3章で触れたように、作家の三島由紀夫は翌年の国際反戦デーに当たる六九年一〇月二一日、新左翼の活動に対抗して自衛隊が治安維持のために出動し、それをきっかけとして自らも楯の会を率いて皇居に侵入することを考えていました。三島はこの日、ヘルメットをかぶり、前年の騒乱事件の舞台となった新宿駅が見える地点でデモを取材しました。

一九六八年の一〇・二一と比べると新宿東口の規制は激しく、東口のまわりにおそろしいモッブを形成した群集の影も形もなかった。閉ざされた商店街、シャッターを降ろしたビルにかこまれた不気味なノー・マンズ・ランドが東口の周辺に広がっていた。それは機動隊が自分らの背後にしょっている不気味な虚無的な空間であった。そこへ出入りすることは大した困難ではないのだが、少なくともゲリラ的行動をする者で、その機動隊の背後の空間にしのび込んで、背後から機動隊を襲おうとする人たちはいなかった。(『行動学入門』、文春文庫、一九七四年)

三島の目の前に現れたのは、一年前とは全く異なる、「不気味なノー・マンズ・ランドが東口の周辺に広が」る光景でした。学生たちの叛乱は機動隊によって鎮圧され、群衆の姿も見いだせなかったからです。三島の計画が実行に移されることはありませんでした。

佐藤栄作は、この日の日記に「夜は外出せず、官邸にあってデモ対策並にその動向を見守る。準備が充分出来てるせいか、新宿以外は小ぜり合ひの程度。新宿駅も十時頃大した事はない。このまゝ終るか」(前掲『佐藤榮作日記』第三巻)と記しています。政府の対策は万全だったわけです。期待が裏切られた衝撃を、三島は自決した七〇年一一月二五日の陸上自衛隊市ケ谷駐屯地での演説で「去年の十月二十一日にはだ、新宿で、反戦デーのデモが行われて、これが完全に警察力で制圧されたんだ。俺はあれを見た日に、これはいかんぞ、これは憲法が改正されないと感じたんだ」と話しています(1)。

一方、当時の新宿駅西口一帯は、再開発を待つ淀橋浄水場の跡地が広がっているだけでしたが、六六年には駅に隣接して西口広場が完成しました。西口広場は、政治空間として使われることを想定していませんでしたが、六九年二月になると「フォークゲリラ」と呼ばれるベトナム戦争に反対するべ平連系の集会が始まります。

この集会が従来と異なっていたのは、「フォーク」という名称からもわかるように、演説の代わりにフォークソングを持ち込んだことでした。当時二〇歳で、中心メンバーのなかで紅一点の存在だった大木（旧姓山本）晴子は、「西口広場で歌いながら、わたしは頭のなかで、こんなに広いし、ここを通るわたしと同年齢の女性、勤め帰りのサラリーマン、学生、ビラを配ってもなかなか読んでもらえない人びとに、フォークソングで訴えてみよう。戦争について、社会の矛盾についていっしょに考えていけるような気がした」と回想しています（大木晴子、鈴木一誌編『１９６９　新宿西口地下広場』、新宿書房、二〇一四年）。

大木のねらいは見事に当たりました。新宿駅を利用する一般客も立ち寄るようになり、七月一二日には最大となる七〇〇〇人もの人々が集まったからです。大木は、「あの地下広場は人で埋まりました。各出口の階段も人でびっしりでした」（同）と述べています。フォークソングがそれだけ大きな力をもっていた時代だったともいえます(2)。

集会の広がりを危惧した警視庁は、機動隊を導入し、排除に乗り出します。七月二六日以降、西口広場での集会は不可能になりました。西口広場は地下通路となり、そこに立ち止まって何らかの行為をすること自体が道路交通法違反と見なされたのです。これ以降、都心の広場がここまでの政治空間となることはありませんでした。

5. 中央線の空間政治学

学生運動が盛んになる一九六八年から六九年にかけては、一橋大学を市内に擁する国立でもそれに対する関心が高まりました。六九年二月には、「いま東大をはじめ全国で大学のありかたをめぐって、さまざまな動きを見せていますが、これは学生や教授だけの問題ではなく、広く学問や思想そして教育全体の問題であり、国民のひとりひとりがそれぞれの立場で考え、発信しなければならない問題でありましょう」という趣旨のもと、公民館ホールで「母親のための教育問題講座」が開かれました（『くにたち公民館だより』六九年一月五日）。

続いて同年五月一七日には、「大学問題を考える主婦の会」が、当時学生運動を支援していたマルクス主義歴史学者の羽仁五郎（一九〇一～八三）を一橋大学の兼松講堂に招き、約一三〇〇人の市民や学生が参加する講演会を開催しました（前掲『国立市史』別巻）。同日、一橋大学本館は反共産党系の全学闘委員会の学生によって封鎖されています（海老坂武『かくも激しき希望の歳月　1968～1972』、岩波書店、二〇〇四年）。

けれども新宿とは異なり、国立ではデモや集会が大学キャンパスの外にまで大きく広がることはありませんでした。国立の住民運動に加わったのは、地元の大学に通う学生を除けば、新宿に集まった人々とは年齢層も男女比も異なる人々でした。女性たちは政治的なスローガンを掲げるよりも、公民館で学習することのほうにエネルギーを注ぎました(3)。新宿の政治空間が主に「室外」だったとすれば、国立のそれは主に「室内」だったわけです。

このような相違点がある一方、国立も新宿も中央線の沿線にあるという点は共通しています。一九二七（昭和二）年に大正天皇の陵（多摩陵）が南多摩郡横山村（現・八王子市）にできると、八王子―高尾間に東浅川仮乗降場（現在は廃止）がつくられ、天皇や皇族が参拝のため中央線を利用するようになりました。その後は貞明皇后、昭和天皇、香淳皇后の陵も多摩陵の近くに造営され、合わせて武蔵陵墓地と呼ばれています。また占領期には皇太子明仁の住まいである東宮御仮寓所が沿線の北多摩郡小金井町（現・小金井市）に置かれていたこともあります。中央線の起点が東京であり、皇居に面した東京駅丸の内口に最も近い1、2番線ホームから発車することを踏まえると、皇室との関係は深いといえるかもしれません。

しかし他方、戦後には立川飛行場や横田飛行場が米軍基地になり、米軍燃料を運ぶ貨物列車が中央線を通るようになると、敗戦とともに民主主義をもたらしたはずの米国に対抗する運動が、沿線の地域全体に拡大しました。朝鮮戦争を契機とする国立の浄化運動、ビキニ環礁での米国の水爆実験を契機とする杉並の原水禁運動、立川基地の砂川町への拡張発表を契機とする砂川闘争、米軍の北爆を契機とする新宿のベトナム反戦運動。これらはすべて、そうした運動に位置付けることができます。

米国に対抗するという理念には、日本の自主防衛を掲げる右翼も、米国の覇権主義や帝国主義を批判する左翼も含まれます。この沿線に特有の無党派的な政治風土が、多くの一般市民の参加を可能にしたという見方もできるでしょう。[4] 一九七四（昭和四九）年の参院選で東京地方区から無所属で立候補した紀平悌子（一九二八～二〇一五）の応援のため都内を回った作家の有吉佐和子（一九三一～八四）は、「中央線沿線は感度良好で、演説しても反応があるし、拍手が起ることもあってやり甲斐がある」と述べています（『複合汚染』、新潮文庫、一九七九年）。

地図で見るとわかるように、中央線の線路は東中野から立川にかけて、二〇キロ以上にわたってほぼ東西に一直線に敷かれています。中央線は明治中期に私鉄の甲武鉄道として開業しましたが、もともと沿線に江戸時代の街道や宿場町のような「障害物」がなく、武蔵野の原野を切り開き、効率的に敷設することができたからです。つまり線形自体が、ほかの線と異なり、近代的な「作為」の論理を体現していたわけです。この点で国立という街は、二重の意味で「作為」の論理に貫かれた、日本でも希有の街とはいえないでしょうか。

注

（1）三島を研究する佐藤秀明は、実際には一九六九年の夏頃には警察が新左翼の実力を分析し、それを制圧する計画も練り上げていたのであり、三島もそれを知っていたのではないかとしています（『三島由紀夫　悲劇への欲動』、岩波新書、二〇二〇年）。そうだとすれば、新宿駅周辺に行ったのも、自衛隊の治安出動に期待していたからではなく、ただ騒乱状態を見に行っただけだったということになります。

（2）ただ実際に戦争を体験した世代のなかには、違和感を抱いた人たちもいました。作家の平林たい子（一九〇五～七二）は、「私にいわせれば、むしろ、日本人にとってあれほど深刻だった戦争が、あのような集会でお祭りさわぎの材料に使われているのが気になる。（中略）人の心に食入るべき反戦思想というものは、ああしたふん囲気でギターの音と一緒に奏鳴せられるべきものではない」（『朝日新聞』一九六九年八月二六日）と述べています。

（3）この点に関しては、中央線に並行する西武沿線の政治風土とは対照的です。14章を参照。

（4）近年では東日本大震災に伴う原発事故直後に当たる二〇一一年四月に中央線沿線の高円寺で始まった反原発デモが挙げられます。

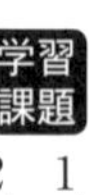

1．戦後の国立と民主主義の関係について考えてみよう。
2．一九六〇年代後半の新宿駅およびその周辺で起こった政治運動についてまとめてみよう。
3．国立と新宿に共通する中央線沿線の政治空間について考えてみよう。

参考文献

『国立市史』下巻（国立市、一九九〇年）
松岡きく『ちまたにはひかりあふれて』（らむぷ舎、一九八六年）
トクヴィル『アメリカのデモクラシー』第一巻（上）（松本礼二訳、岩波文庫、二〇〇五年）
『主婦とおんな　国立市公民館市民大学セミナーの記録』（未来社、一九七三年）
原武史『団地の空間政治学』（ＮＨＫブックス、二〇一二年）
原武史『「鉄学」概論』（新潮文庫、二〇一一年）
『新宿駅一〇〇年のあゆみ』（日本国有鉄道、一九八五年）
三島由紀夫『行動学入門』（文春文庫、一九七四年）
大木晴子、鈴木一誌編『１９６９　新宿西口地下広場』（新宿書房、二〇一四年）
原武史「中央線の空間政治学」（大澤真幸他編『一九七〇年転換期における『展望』を読む　思想が現実だった頃』、筑摩書房、二〇一〇年所収）

13 香里団地

《目標&ポイント》大阪府枚方(ひらかた)市に建設された香里(こうり)団地で六〇年安保闘争の後に結成された「香里ケ丘文化会議」の動きに注目し、団地という空間と民主主義の関係につき考察します。団地とニュータウンの違いについても検討を加えます。

《キーワード》香里ケ丘文化会議、香里めざまし新聞、ロック、ルソー、日本共産党、新日本婦人の会、千里ニュータウン

1. 香里団地を歩く

JR大阪駅から大阪環状線外回りに乗り、三駅目の京橋で降りると、京阪電鉄本線・鴨東(おうとう)線に乗り換えることができます。二つの線は一体になっていて、大阪の淀屋橋と京都の出町柳(でまちやなぎ)の間を結んでいます。京橋から上りの特急出町柳ゆきに乗ると、次は枚方市に停まります。その名のとおり、京都府に接した大阪府枚方市の中心駅です。

京阪電鉄本線・鴨東(おうとう)線は、大阪湾に注ぐ淀川や鴨川におおむね沿っています。その沿線は、大阪から見て北東に当たります。陰陽道では、北東は艮(うしとら)と呼ばれる鬼門とされ、日本では忌み嫌われる方位として定着しました。このため、京阪の沿線は大阪の国鉄やほかの私鉄の沿線と比べて開発が遅れまし

た。都市計画家の玉置豊次郎（一八九九〜一九八四）は、「阪神・阪急の業績を見て、他の電鉄も一斉に住宅地経営に乗り出してきた。ただし、京阪電鉄に限って、その沿線は大阪から見れば表鬼門、京都からは裏鬼門、それでこの沿線だけは敬遠されたのである」（『大阪建設史夜話』、大阪都市協会、一九八〇年）と回想しています。

昭和初期に京阪が沿線の香里（現・香里園）に成田山別院を設置するよう千葉県の成田山新勝寺に申し入れたのも、「鬼門の忌避という居住地選択の不利な条件を、寺院を作ることによって解消する」ためでした（中川理（おさむ）「郊外住宅地開発に見られた方位観と寺院の誘致」、『近代日本の空間編成史』、思文閣出版、二〇一七年所収）。京阪の電車には、いまでも車内の壁面に成田山不動尊のお札が掲げられています。

香里団地に行くには、枚方市駅南口から京阪香里園ゆきか枚方公園駅前ゆきの京阪バスに乗ります。市の南東部へと至る緩やかな上りの道路を走ること約一〇分。香里橋のバス停を過ぎるといよいよ団地エリアに入り、左手に「E地区」と呼ばれる住棟が、右手に「けやき東街」と呼ばれる住棟が見えてきます。藤田川という交差点で右折すると、団地のメインストリートである「けやき通り」に入ります。通りの左右には、市役所の支所、保育所、郵便局、銀行、ショッピングセンター、ピーコックストア香里ケ丘店などが見えてきます。かつての団地の中心だった新香里にはバスロータリーがあります（図13－1参照）。

戦前にはここに、日本一と呼ばれる火薬庫がありました。一九三九（昭和一四）年に建てられた宇治火薬製造所香里工場（四二年に東京第二陸軍造兵廠香里製造所と改称）です。戦後は米軍が一時接収してから、大蔵省近畿財務局が管理していましたが、五五年に発足した日本住宅公団（現・UR都市機構）が跡地全体を買い上げました。ここに五八年から六二年にかけて造成されたのが、総戸数四九〇三戸の香里団地だったのです。

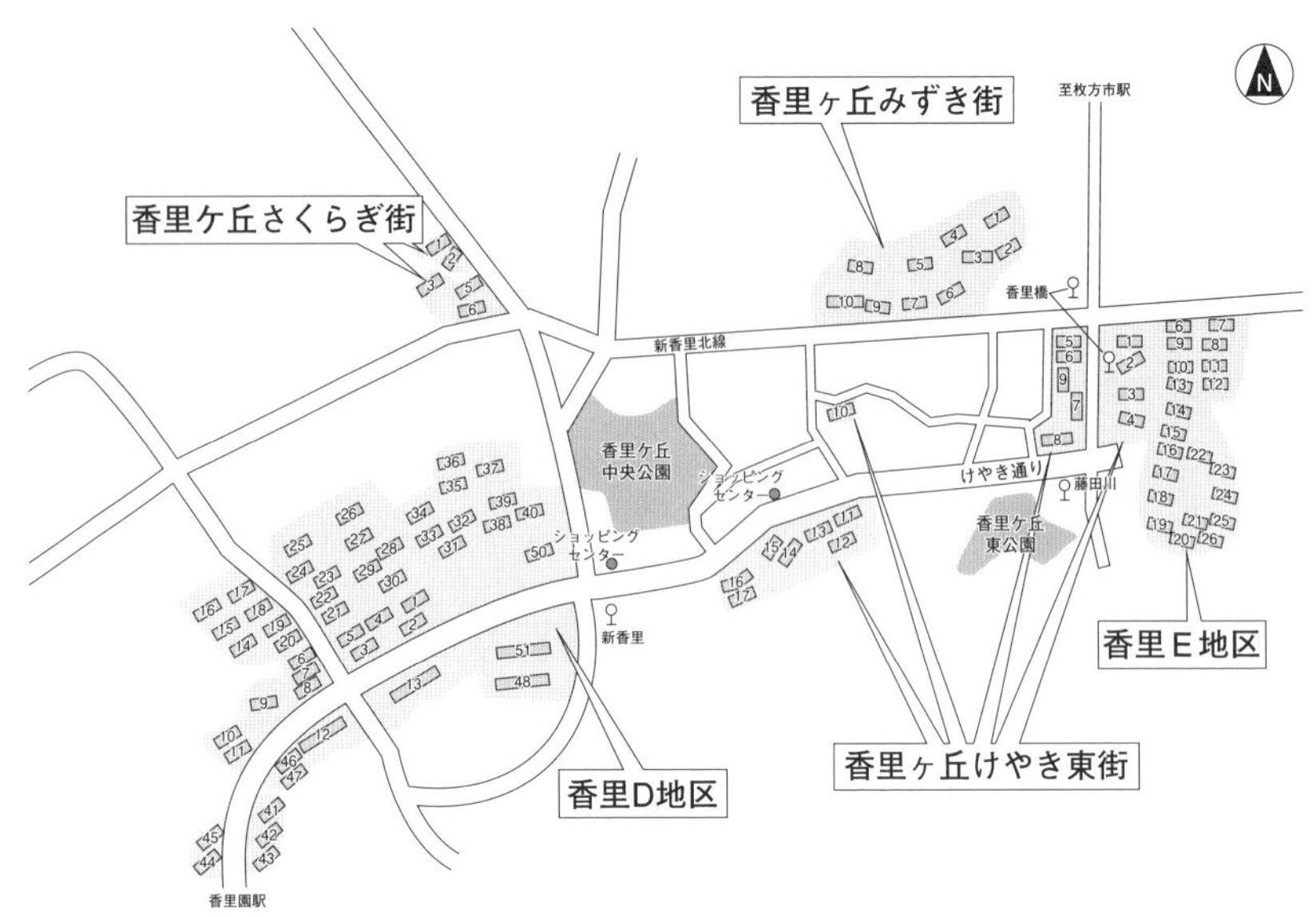

図13-1　香里団地の現在図

造成された当時、香里団地は規模の大きさから、「東洋一の団地」と呼ばれました。それはほかの沿線に比べて開発が遅れた京阪沿線のイメージを払拭するどころか、最もモダンな郊外住宅地が大阪の鬼門に当たる方角に誕生したことを意味しました。

団地は、「A地区」から「E地区」まで分かれていました。全体の九九・六%が賃貸で、団地の基本タイプとなる四階建や五階建の中層フラット型住棟のほか、上から見るとY字形をしたスターハウス、メゾネットタイプで庭付きのテラスハウス、高層のV字型住宅など、多様な住宅群がなだらかな丘陵地帯に配置されていました。しかし間取りでいえば2Kと2DKが全体の六〇%を占め、1DKを合わせると七二%に達しました。

現在、「A地区」「B地区」「C地区」はそれぞれ「香里ケ丘けやき東街」「香里ケ丘みずき街」「香里ケ丘さくらぎ街」と呼ばれるマンションタイプの高層住棟に建て替えられています。一方、「D地区」と「E地区」は公団時代の多様な住棟がほぼそっくり残り、芝生や赤松も手入れがされるなど、団地らしい風景が保たれています。「D地区」のスターハウスは、公団初期の建築様式をいまに伝える貴重な文化遺産になっています（図13-2参照）。

2．香里ケ丘文化会議の形成

そもそも団地というのは、住宅や工場などが計画的に集団をなして建っている土地を意味します。つまり住宅の場合、集合住宅ということです。関東大震災の復興支援のために設立された同潤会（後の住宅営団）が大正末期から昭和初期にかけて東京や横浜に建てた「同潤会アパート」のように、集合住宅自体は戦前からありました。

図13-2　香里団地D地区のスターハウス。著者撮影

しかし、太平洋戦争末期の空襲で生じた住宅不足は、関東大震災の比ではありませんでした。GHQにより解体させられた住宅営団に代わり、一九五五（昭和三〇）年七月に日本住宅公団が設立されると、東京や大阪など大都市の郊外に大団地が建設されるようになります。香里団地もその一つにほかなりません。

公団が設立される以前にも、都営や府営など公営の団地はありました。これらの団地との違いにつき、nDKという団地の間取りにも影響を与えた建築学者の西山夘三（うぞう）（一九一一～九四）は、こう述べています。

> 昭和三十年に日本住宅公団がつくられたとき、果して公団ア

パートに人が入ってくれるかどうか、大変な心配があった。それまでの公営アパートにくらべて国庫補助がないし、民間の利率の高い資金もつかうので、同じアパートをつくっても公営よりはぐっと割高になる。そこでどうしたら空家をつくらないようにやっていけるか、大いそぎで研究がおこなわれた。その結果、府県市町の住宅供給ではできない「大団地」をつくり、公営アパートでも当然必要なものであるがあまりできていない児童遊び場、公園、ショッピングセンター、集会場、学校などをとりそろえ、団地としての「風格」をたかめ、これによって公団アパートを公営よりも一段高いものだとみせかける。また個々の住宅には、必ずフロ場をつける。ステンレスの流しをつけ、食事室をダイニングキチンとしてモダンなスタイルにする——といった特殊上等な商品とみせかける苦心がおこなわれた。(「生活革新のヴィジョン」、『展望』一九六六年一一月号所収)

公団の団地には、公営にはなかったさまざまな付加価値をつけたわけです。当初の心配とは裏腹に団地の人気は徐々に高まり、五八年には「団地族」という言葉も生まれました。同年にB地区のテラスハウスに入居した仏文学者の多田道太郎(一九二四〜二〇〇七)は、「このテラスハウスというのに入って、先ず目を射たのは白陶器の神々しい水洗トイレだった。これは決定的に新しい生活スタイルを暗示していた」(「時代の気分変化」、『多田道太郎著作集』2、筑摩書房、一九九四年所収)と記しています。

しかし公団は、いわば住民のためのパッケージを用意しただけで、いざ住民が入居したあとにどういう問題が起きるかまでは想定していませんでした。このため五九年八月には、全国の大団地で二番目となる自治会「香里団地自治会」ができています。任意加入制で、会費は月に二〇円でした(『香里団地新聞』六八年一一月一日)。団地住民により自治会がつくられること自体は、ほかの団地にも共通して見られました。

香里団地がほかの団地と違っていたのは、自治会のほかに「婦人会」と「香里ケ丘文化会議」が結成されたことでした。婦人会は各地区ごとにつくられ、その名のとおり女性だけが加入できました。一方、香里ケ丘文化会議は団地在住の知識人を主体とした組織で、自治会の新聞とは別に、機関紙『香里めざまし新聞』を発行しました。一九六〇年九月四日に創刊された同新聞の1号には、以下のような設立宣言が掲載されました。

この組織は、団地における生活を、たんに寝るためだけの生活にせず、もっと文化的に意義あるものとするための、自主的・民主的な組織であって、つぎのような設立趣旨により文化活動を行うものである。（中略）

私たちはコンクリートの壁にへだてられて、ともすれば、バラバラになりがちです。私たちの考えていること、感じていることを交流する、自主的な話しあいの場をつくり、生活の向上を期したいと思います。そのために民主主義的なやり方で、つぎのような文化活動を行います。

一、会員懇談会　　二、研究会
三、同好会　　四、講演会
五、映画会　　六、その他

香里ケ丘文化会議を旗揚げしたのは、多田のほか、大淵和夫（一九二七〜七七）や樋口謹一（一九二四〜二〇〇四）ら、京都大学を出て「思想の科学研究会」[1]の会員になっていた知識人が中心で、多田と樋口は京大人文科学研究所の同僚でした。九月四日の発会式は、彼らが住んでいた「B地区」の中央集会所で開かれました。

自治会も香里ケ丘文化会議も、公団が付加価値をつけるためにつくった集会所を積極的に活用しました。前章で触れた国立の公民館同様、「室内」が政治空間になるわけです。

1章で触れたハンナ・アレントは、古代ギリシアにおける空間と政治の関係につき、「自由人の生活は他人の存在を必要としたのである。したがって自由そのものには、人びとの集まる場所すなわち集会所、市場、都市国家など固有の政治的空間が必要であった」（前掲『革命について』）と述べています。アレントの言葉を借りれば、香里ケ丘文化会議は集会所を活用することで、団地のなかに「自由」を確立させようとしたわけです。

3. 団地における民主主義の追求

一九六〇年という年は、首相の岸信介（一八九六～一九八七）が進める安保改定に反対する運動が高まった「六〇年安保闘争」の年に当たっていました。多田、大淵、樋口らは当初、「団地で安保反対のデモを」を合言葉に、「市民主義の団地における実践」「真なる民主主義の実現」を目指す「市民会議」をつくろうとしました。けれども九月四日には、すでに新安保条約が自然成立し、岸信介内閣が退陣して池田勇人内閣に交代していました。このため、市民の行動委員会としてのグループよりも、文化サークルとしてのイメージを追う空気が強まり、「市民会議」ではなく「文化会議」を会の名称とすることになったのです。

会員数は当初五〇名に満たず、会の規約もつくられませんでした。最も熱心に活動していたのは、サラリーマンよりも時間の都合がつきやすい多田や樋口ら、数人の大学関係者だけでした。それでも団地全体に影響力を及ぼすことができたのは、『香里めざまし新聞』という活字印刷の新聞を定期的に発行したからでした。この新聞は広告収入により、団地全戸に毎月無料で配布されました。新聞の編集や発行は主婦の会員が担当しました。

名称こそ「文化会議」になったとはいえ、会員たちは民主主義に対する関心をもち続け、香里団地をその拠点にしようとしました。多田道太郎は、「わたしたちは、この団地から、この小さな一地域から『民主的』とは何か、何が『ほんとうの』民主かということを、わたしたちの眼と手でたしかめてゆきたいと思っています。政党や宗教団体の意志によるのではない、わたしたち一人ひとりの自由な意志から、自由な連合、自由な運動をつくりあげてゆきたいのです」（『香里めざまし新聞』六五年九月二五日）と述べています。「政党や宗教団体の意志によるのではない」としているところに、当時台頭しつつあった日本共産党や創価学会のような組織ではない、無党派の市民を基盤とする民主主義を追求する姿勢がうかがえます。

しかし民主主義の具体的中身に関しては、会員の間に違いが見られました。大淵和夫は、イギリスの思想家ジョン・ロック（一六三二〜一七〇四）が『統治二論』のなかで唱えた「反抗権」（抵抗権）に言及しつつ、こう述べています。

> 市民運動とは、その基礎に「反抗権をもっている人間回復」の社会的行動ということではないだろうか。政府体制としての民主主義が、その基礎に「反抗権」（為政者が為政者としての義務をはたさないとき、それに対して人民は反抗する権利義務がある、という考え）をもたねば、それは必らず堕落の道をたどるであろうことは、ジョン・ロックの言をまたずとも古今東西多くの史実の教えるところである。（『香里めざまし新聞』六六年二月二五日）

大淵は、代議制による民主主義を前提としつつ、国民によって選ばれた為政者が主権者である国民からの信託に反した場合には市民として反抗しなければならず、その権利を行使しなければ民主主義は堕落するとしているのです。

一方、京大人文科学研究所でフランス革命に影響を与えたとされる思想家ジャン・ジャック・ルソーを研究していた樋口謹一は、明らかにルソーの『社会契約論』から影響を受けつつ、次のように述べています。

現代は、国内的には集団の時代、国際的には大国の、さらには超大国の時代である。すべての次元における「政治体」を、ことにその「自尊心」的ナショナリズムのみに着目し、役割分担（＝分業）と代表ないし代行（＝指導・服従＝支配・服従＝不平等）による間接民主主義の原理のみに執着するならば、民主主義の形骸化をふせぎとめるすべはあるまい。それだけに、これらの全否定たる、ルソー的直接民主主義の理念に、わたしたちもあくまで固執すべきではあるまいか。（中略）たとえ実現は不可能にもせよ、無限の近接につとむべき目標として、固執すべきではなかろうか。（中略）

コミューンの確立、そしてコミューン連合への不断の努力によってのみ、「市民社会」における権力の〝強制〟ないし〝管理〟〝操作〟に抵抗して、「欲しないことを行なわない」自由＝幸福は守りうるであろう。（「ルソーのパトリオチスム」、桑原武夫編『ルソー論集』、岩波書店、一九七〇年所収）

樋口は大淵とは異なり、代議制民主主義ではなく直接民主主義の重要性を訴えています。香里団地が「コミューン」になり、国家権力から独立することを、「たとえ実現は不可能にもせよ、無限の近接につとむべき目標」として挙げているのです。

こうした相異なる理想を同時に掲げつつ、香里ケ丘文化会議が現実の課題としてまず取り組んだのが、保育所の開設でした。第一回講演会に『私は赤ちゃん』（岩波新書、一九六〇年）を出したばかりの小児科医、松田道雄（一九〇八〜九八）を呼んだのも、そのような関心からでした。文化会議は、枚方市議会に保育所の設置を二回にわたり請願したほか、団地全戸に対してアンケート調査を三回行った結果、六〇年一二月の市議会で請願が採択されました。六二年七月には枚方市立香里団地保育所が開所し、九月には乳児教育も始まりました（原武史『団地の空間政治学』、NHKブックス、二〇一二年）。

一九六六（昭和四一）年一〇月、多田道太郎に案内され、世界的に有名なフランス人夫妻が団地に現れました。哲学者のジャン＝ポール・サルトル（一九〇五〜八〇）とシモーヌ・ド・ボーヴォワール（一九〇八〜八六）です。ボーヴォワールは、「一般的に、日本人は劣悪な住居に住んでいる。大阪近郊の公団住宅に、ある教授のアパルトマンを訪ねたとき、私はその狭苦しさと醜悪さにびっくりした」と回想しています（朝吹三吉、二宮フサ訳『決算のとき―ある女の回想―』下、紀伊國屋書店、一九七四年）。

二人が団地を訪れたのは、保育所を見学したかったからでした。「一つ一つの部屋をていねいに見て歩き、〝何時から何時まで預かるのか〟〝何才からか〟〝六千世帯以上もあって、たった百人くらいで足りるのか〟などと熱心に質問するボーボワール女史の脳裡には、今見てきた生ま生ましい団地の部屋に閉じこめられねばならない多くの女性の姿があったのかもしれない」（『香里めざまし新聞』六六年一〇月二三日）。

実際の二人の目には、保育所はどう映ったでしょうか。「フランスから来たふたりの哲学者にとっては『不足』ばかりが目立つ施設にすぎず、香里団地と同じく香里団地保育所においても、『私たちは、日本が金持ちだとしても、日本人は貧乏なのだ、ということを確認した』（ボーヴォワール『決算のとき』）だけであった」（内藤寿子「サルトルとボーヴォワール、保育所へ行く」、『未来』四八二号、二〇〇六年所収)。

サルトルとボーヴォワールとは対照的に、京大人文科学研究所の加藤秀俊に案内されて六一年一〇月一七日に香里団地を訪れた米国人社会学者のデイヴィッド・リースマン（一九〇九〜二〇〇二）は、「大阪近郊でもっとも見事な計画的コミュニティの実例」をこの団地に見いだしています。それだけではありません。「この団地のショッピング・センターはアメリカの似かよった施設と一つの重要な点で違っていた。そこには大きな書店があって大衆的な雑誌や子供の本その他と並んで英語の本もあったし、英国、ドイツ、フランスなどの作家の翻訳や日本の高級な読み物などが並べられていたのである」（加藤秀俊、鶴見良行訳『日本日記』、みすず書房、一九六九年）と記しているように、リースマンはショッピングセンター内の書店に団地住民の知的レベルの高さを実感したのです。

4．団地自治会と日本共産党

一九六一（昭和三六）年四月、自治会は全団地を一本化して組織を拡充し、「日本一の自治会」になりました。六二年二月には、米大統領だったジョン・F・ケネディ（一九一七〜六三）の弟で司法長官のロバート・ケネディ（一九二五〜六八）が妻とともに団地を訪れ、婦人会の代表と懇談し、団地の児童が通っていた枚方市立開成小学校を訪れています（『香里団地自治会新聞』六二年二月二一日）。これほど外国から大物知識人や大物政治家が次々と視察に訪れた団地は、東京にもありませんでした。

ケネディ夫妻が訪れた直後、香里団地では自治会と婦人会が統合され、同年三月には完全公選制による自治会の役員選挙が行われました。その結果、全役員のうち、女性がなんと九割を占めました。保育所が開設されたとはいえ、当時は共稼ぎよりも団地に一日中いる専業主婦の方が圧倒的に多く、洗濯機や掃除機、炊飯器など、家電製品の普及によって家事労働から解放され、保育所に子どもを預けることで昼間の時間を自由に使えた女性も多かったせいでしょう。彼女らは決して、「団地の部屋に閉じこめられねばならない」わけではありませんでした。

香里団地自治会は、女性が活動の主体になったという点で、男性主体の香里ケ丘文化会議と違っていました。当時の政党のなかで、最も熱心に女性の組織票を取り込もうとしていたのは、日本共産党でした。六一年七月に開かれた同党の第八回大会で、議長の野坂参三（一八九二～一九九三）はこう述べています。

婦人運動の活動家たちとともに反帝反独占の民族民主統一戦線の一翼をになう婦人戦線の統一をつよめるための組織的問題を提起すべきときが熟しつつある。その方向は、すべての民主的婦人団体や婦人が全国的に統一してゆくための、単一の大衆的な全国的婦人組織の確立である。
（「日本共産党第八回大会中央委員会の政治報告」、『前衛』六一年九月臨時増刊号所収）

一九六二（昭和三七）年一〇月一九日には、「単一の大衆的な全国的婦人組織」に当たる「新日本婦人の会」が結成されました。五五年の第六回全国協議会（六全協）で武装闘争を否定し、議会を通じて支持を得られる政党への転換をはかった日本共産党のイメージは、男性主体の党組織とは別にくらしや地域に根差した女性主体の組織ができることで、さらにソフトなものになってゆきました。

これに伴い、全国各地に新日本婦人の会の本部や支部、さらにその下部組織である班ができました。香里団地にも香里班ができています。香里班が熱心に取り組んだのが、市立幼稚園づくりでした。班長の加藤恵子はこう回想しています。

当時、枚方市の人口一三万人に対して市立幼稚園が一園しかなく、香里団地内の私立幼稚園では入園手続きに夜明けから行列、入園テストで選別を受け、あげくに幼稚園浪人が出るとか、経済的にも負担は重い等々、親子とも深刻な入園地獄にあえいでいました。

こうした状況をなんとかしたいと新婦人香里班は「市民幼稚園づくり」を呼びかけました。

一九六六（昭和四一）年一月二五日、よびかけのチラシを持った九四名の子どもづれのお母さん達が中央集会所につめました。「市立幼稚園新設をすすめる会」が発足（その後会員四〇〇人に）、黒田まさ子さんが会長に、私は事務局を引き受けることになりました。チラシの全戸配布、会議や陳情の通知、緊急の陳情や傍聴に対応することもしばしば。電話の普及がなかった当時は、子どもを寝かしつけたあと各地区の世話人さんに配って歩きます。受け取った世話人さんは会員さんにとどけるという連絡体制です。（「諸田さんから学んで飛躍した私」、諸田達男追悼集編集委員会『葉は落ちてもやがて緑はぐくむ――諸田達男追悼集』、せせらぎ出版、一九九七年所収）

四〇〇人の会員のなかには、自治会の女性も含まれていました。運動は実を結び、六六年一二月には枚方市議会で、市立幼稚園二カ所の新設予算が可決されました。六〇年に香里ケ丘文化会議が主体となって市立保育所を開設させた運動は、六〇年当時にはなかった新日本婦人の会香里班が積極的に関わり、市立幼稚園を開設させる運動に継承されたのです。

このことは、香里団地のなかで日本共産党の影響力が強まったことを意味しました。六七年の枚方市議選では、香里ケ丘文化会議の会員だった諸田達男が同党から立候補し、トップ当選しました。七一年の枚方市議選でも、団地在住の山本まゆみが同党から立候補して当選しています。「なんといっても共産党と新婦人（新日本婦人の会）の組織票が強力」（『香里団地新聞』七一年五月一日）だったのです。

諸田達男が立候補に際して文化会議を脱退したことは、メンバーの間に波紋を呼びおこしました。「文化会議は政治に関与しないたてまえだから、事前に文化会議を脱退することになるが、反対派が、『だから文化会議はアカだ』と宣伝することはみえすいている。それぞれの思想をもった文化会議の知識人たちにしてみれば、共産党の折伏活動などは意味のないことだろうが、それでも、文化会議の設立者の多田道太郎氏（京大助教授）は『こちらは、人民戦線的な考え方だったが、共産党はこの組織でトクをしたといえる』と、ぶ然たる面持ちである」（「新市民層の意識」、『朝日ジャーナル』一九六六年一二月四日号所収）。

文化会議では六六年以降、会費の徴収が断たれたものの、新聞の発行は続きました。しかし中心メンバーだった多田や大淵和夫が団地を去ってゆき、七一年八月にはついに新聞も休刊しました。七二年一〇月、大淵はこう述べています。「六〇年安保よりすでに十数年、文化会議は《解散していない》から、なお「存続」はしている。だがかつての活動力はもはや完全に失われた。一時は、新しい活動方向を模索する状況もあったが、その力も及ばず、今や活動は完全に停止している」（「香里ケ丘文化会議」、思想の科学研究会編『共同研究　転向』、平凡社、一九七六年所収）。団地を拠点として民主主義を追求しようとした知識人の無党派的な運動は、六〇年代に台頭した政党の組織の力に十分に対抗することができなかった。

5．団地からニュータウンへ

香里団地が「東洋一の団地」として注目を浴びる時代は、大阪でも長くは続きませんでした。一九六二（昭和三七）年から七一年にかけて、大阪市北部に接した大阪府吹田市と豊中市にまたがる千里丘陵を舞台に、日本住宅公団、大阪府、大阪府住宅供給公社などが日本で初めての本格的なニュータウンとなる「千里ニュータウン」の開発を進めたからです。年々古くなる香里団地から、「規模の大きさでは香里の五倍、自動車で廻っても一時間半はかかる」（『香里めざまし新聞』六四年三月一五日）千里ニュータウンに転居する住民も相次ぎました。

ニュータウンというのは、戦後のイギリスでロンドンの都市機能分散のために建設された都市群を指した言葉で、これらの都市はロンドンに通勤するための住宅地ではなく、自立した産業経済をもつものとして構想されました。一方、日本語化したニュータウンのほうは、計画理念として複合的な機能をもつことがうたわれたとしても、実際には大都市や地方中核都市の住宅地でした（若林幹夫『郊外の社会学』、ちくま新書、二〇〇七年）。この点に関しては団地と変わらず、千里ニュータウンの実態は「千里竹見台」「千里青山台」「新千里西町」などと名付けられた団地の集合体にほかなりませんでした。

それでも、ニュータウンという響きには特別なものがありました。香里団地を訪れたのは外国の知識人や政治家だったのに対して、千里ニュータウンを訪れたのは天皇や皇族でした。一九六六（昭和四一）年四月二三日には、昭和天皇と香淳皇后が大阪府を訪問し、開発途上のニュータウンを視察しています。

> 吹田市の千里ニュータウン南地区センターに御到着になり、二階奏上室において吹田市長村田静夫・同市議会議長井藤勇・豊中市長職務代理者助役竹内義浩・同市議会議長村岡一三の拝謁を受けられる。ついで大阪府知事左藤義詮（ぎせん）より吹田市及び豊中市に跨（また）がる千里ニュータウンの概要を、同府企業局長湯川宏より同ニュータウンの開発計画をそれぞれ御聴取になる。続いて二階ロビーにおいて左藤知事の説明により千里ニュータウンの模型を御覧になり、それより豊中市の展望所に向かわれ、車中からニュータウン内を御展望になる。（『昭和天皇実録』第十四、東京書籍、二〇一七年）

千里ニュータウンは、竹林や農地が広がる丘陵地帯を人工的に開発したという点で、火薬庫の跡地を再利用した香里団地とは異なっていました。しかし天皇が大阪で人々が暮らす住宅群を展望したことは、『日本書紀』によれば現在の大阪市中心部に当たる難波高津宮に皇居を置いた仁徳天皇が、高台に上がって竈（かまど）から煙が立っているかどうかを眺め、人々（百姓）の生活の具合を判断したという逸話を思い出させます。[2] 香里団地とは異なり、千里ニュータウンには開発当初から国家の影がまとわりついていたのです。

天皇夫妻に続いて、皇太子（現上皇）夫妻、高松宮夫妻、常陸宮夫妻も次々と視察に訪れました。七〇年には吹田市の千里丘陵で、「人類の進歩と調和」をテーマに掲げた日本万国博覧会が開かれ、再び天皇や皇族が頻繁に訪れました。万博会場に隣接する千里ニュータウンには、香里団地にはない未来都市としてのイメージが生まれたのです。[3]

しかし千里ニュータウンには、香里団地の集会所に当たる全体の中核施設がありませんでした。香里ケ丘文化会議のような団体や、『香里めざまし新聞』のような新聞もつくられませんでした。社会学者の内田隆三は、東京都の多摩市、稲城市、八王子市、町田市にまたがる多摩丘陵に開発された多摩ニュータウンにつき、こう述べています。

> 多摩ニュータウンにおける問題は、そこに出現している「不連続性」がもっと深い地帯に及んでいることから生じている。そこでは異質なものたちが文脈を欠いたまま出会うべきテーブル、つまり「共通の場」の存在そのものが十分に信じられていないからである。たしかに多摩ニュータウンという同一性はあるが、そこにはさまざまな断層線や切断線が走っている。しかも、それは開発の時期々々による変遷がつくりだしたものだけではない。むしろ一九九〇年前後に、バブルと消費社会

の表現としてニュータウンがそれ自身の都市化を果たしていく過程で、土地を基盤とする「共通の場」が見えない深淵に沈んでいったのである。（『国土論』、筑摩書房、二〇〇二年）

引用文中の「多摩」を「千里」に変えれば、この文章は千里ニュータウンにも当てはまります。香里ケ丘文化会議が打破しようとしたコンクリートの壁は当たり前になって団地をコミュニティの場に変えてゆこうとする発想は後退し、代わって密室における個人の欲望が増大していったのです（前掲『団地の空間政治学』）。

一九七三（昭和四八）年に第四次中東戦争をきっかけとして石油危機が起きると、トイレットペーパーの買い占め騒動が起こりました。多田道太郎は、「隣りとのつながり、施設とのつながり――これは人と人とのつながりではない。トイレというわが家の核心装置は、パイプによって隣りの装置とつながり、そしてトイレットペーパーという白い帯によって商業施設とつながっていたのである。モノとモノとのつながり、そのつながりのシステムのなかに人間ははめこまれていたのである」（前掲「時代の気分変化」）と述べています。この騒動が同年一〇月三一日に千里ニュータウンのスーパー、千里大丸プラザ（現・ピーコックストア千里中央店）から始まり、全国に拡大したことは、まことに象徴的でした。

注

（1）思想の科学研究会は雑誌『思想の科学』が創刊された一九四六（昭和二一）年にその同人である鶴見俊輔や丸山眞男ら七人によって事実上つくられ、四九年に正式に発足しました。鶴見に代表される京都の知識人と丸山に代表される東京の知識人が集結し、戦後思想に一定の影響力を及ぼし続けました。
（2）『日本書紀』の仁徳天皇四年の二月己未条には「朕、高台に登りて、遠に望むに、烟気、城の中に起たず」、同七年の四月辛未条には「天皇、台の上に居しまして、遠に望みたまふに、烟気多に起つ」とあります（『日本書紀』二、岩波文庫、一九九四年）。
（3）千里ニュータウンの下車駅として六七年三月一日に開業した阪急千里線の終点、北千里駅は七〇年には万博会場の下車駅にもなりましたが、開業と同時に日本で初めて自動改札機が導入されました。

1．なぜ香里団地で民主主義を追求する動きが出てきたのかについて考えてみよう。
2．香里ケ丘文化会議と新日本婦人の会の共通点と相違点について考えてみよう。
3．空間と政治という観点から、団地とニュータウンの違いについてまとめてみよう。

参考文献

原武史『団地の空間政治学』（NHKブックス、二〇一二年）
中川理「郊外住宅地開発に見られた方位観と寺院の誘致」（中川理編『近代日本の空間編成史』、思文閣出版、二〇一七年所収）
西山夘三「生活革新のヴィジョン」（『展望』一九六六年一一月号所収）
多田道太郎「時代の気分変化」（『多田道太郎著作集２　複製のある社会』、筑摩書房、一九九四年所収）
樋口謹一「ルソーのパトリオティズム」（桑原武夫編『ルソー論集』、岩波書店、一九七〇年所収）
ボーヴォワール『決算のとき―ある女の回想』下（朝吹三吉、二宮フサ訳、紀伊國屋書店、一九七四年）
リースマン『日本日記』（加藤秀俊、鶴見良行訳、みすず書房、一九六九年）
内田隆三『国土論』（筑摩書房、二〇〇二年）

14 清瀬／ひばりが丘団地／滝山団地

《目標＆ポイント》 西武池袋線と西武新宿線にはさまれた西東京市から清瀬市にかけて点在する病院や団地では，敗戦直後から七〇年代にかけて日本共産党の活動が盛んになりました。なぜそうなったのかを空間と政治の観点から考えます。

《キーワード》 日本共産党，結核療養所，「赤い病院」，不破哲三，ひばりケ丘民主主義を守る会，ひばりケ丘団地自治会，西武運賃値上げ反対運動，滝山団地自治会

1．西武沿線の病院と団地

東京西部には，12章で触れた国立や新宿を通るＪＲ中央線の北部に並行して，西武新宿と本川越を結ぶ西武新宿線と，池袋と埼玉県の吾野（あがの）を結ぶ西武池袋線が走っています。吾野から先に当たる吾野―西武秩父間は西武秩父線と呼ばれていますが，吾野ゆきの電車はなく，池袋線と秩父線は事実上一つの線になっています。

もともと西武池袋線は武蔵野鉄道，西武新宿線は西武鉄道（現在の西武鉄道と区別して旧西武鉄道と呼ばれる）でしたが，箱根土地株式会社の社長で，昭和になると武蔵野鉄道の経営権を握った堤康次郎により両社は一九四五（昭和二〇）年九月に合併し，西武農業鉄道となりました。これが現在の西武鉄

道です。

新宿線と池袋線にはさまれた、東西に長く延びる地域――行政区分で言えば大部分が東京都で、一部埼玉県の新座市と所沢市も入ります――というのは、どこに行くにしても西武鉄道に乗らなければならない場合が多く、住民の生活に占める西武の割合が高い地域に当たります。

とりわけ東京都の西東京市から東村山市にかけての一帯は、バス路線網も西武バスが独占しています。もともとは武蔵野の雑木林が広がっていただけの一帯に、明治末期から戦後の六〇年代にかけて、ハンセン病療養所や結核療養所、そして日本住宅公団（現・UR都市機構）や都営、東京都住宅供給公社の団地が次々に建設されてゆきました。

具体的に言えば、東村山市には国立ハンセン病療養所の多磨全生園（もとの第一区府県立全生病院）が、清瀬市にはもともと結核の療養所だった病院群や都営の清瀬竹丘団地が、西東京市と東久留米市には公団のひばりが丘団地（現・ひばりが丘パークヒルズ）が、東久留米市には公団の滝山団地や公社の久留米西団地が建てられました。ハンセン病や結核の療養所では、同じ病気にかかった患者どうしが集団で生活するのに対して、団地ではたまたま抽選に当たっただけで、地縁も血縁もない人たちが移り住んでいるうえ、各世帯のプライバシーも保障されています。しかしながら、同じ地域に多くの人々がまとまって生活している点は共通しています。

12章で触れたように、箱根土地株式会社の堤康次郎は、国立、大泉、小平の三カ所に学園都市を建設する構想をもっていました。しかし実際に成功したのは国立だけで、現在の西武沿線に当たる大泉と小平は失敗しました。戦後に西武グループの総帥となる堤は、8章で触れた小林一三や東急の五島慶太とは異なり、自らの沿線に計画的な住宅地をつくることはなく、鉄道会社に代わって日本住宅公団が住宅地の開発に乗り出したのです。このことが、中央線沿線と西武沿線の政治風土を大きく分けることになりました。

石川達三（一九〇五〜八五）の小説『傷だらけの山河』では、堤をモデルとする西北グループ会長の有馬勝平が、こう述べています。

ここに高速電車を通して置けば、途中に乗りかえは一つ出来るが、新宿まで四十分乃至一時間二十分ですむから、立派な通勤区域になる。したがってこの沿線に団地をつくることは非常に有望だ。空気はいいし、日光はよく当るし、生活環境としては申分ない。そして団地ができれば乗客は急増する。中心になる駅にはスーパーマーケットを造る。（中略）

是を要するに、私の言いたいのは、この沿線一帯の綜合開発ということだよ。ひとたび電車に乗った乗客はひとり残らず、その人がどこへ行こうと、何を食べようと、何をして遊ぼうと、すべて吾々の関係事業から外へは出さないということだ。団地に住むこと、野球を見ること、猿山を見物すること、農園で花を買うこと、マーケットで食糧を買うこと、…その人が何をしても、そのかねはことごとく吾々の会社にはいって来るという、そういう綜合計画が必要だということなんだ。

（『傷だらけの山河』、新潮文庫、一九六九年）

こうした堤康次郎の経営戦略は成功したかに見えましたが、沿線の住民が親米反ソを信条とし、教育勅語を持ち上げる堤と思想を同じくしていたわけではありません。戦後の西武沿線には、早くから日本共産党が進出したからです。その勢力は敗戦直後に結核療養所から広がり、六〇年代になると団地に移ってゆきました。このため西武沿線には、並行する中央線沿線とは異なる、社会主義により親和的な政治空間が形成され、住民が西武の運賃値上げに反対するようになります。本章ではなぜそうなったの

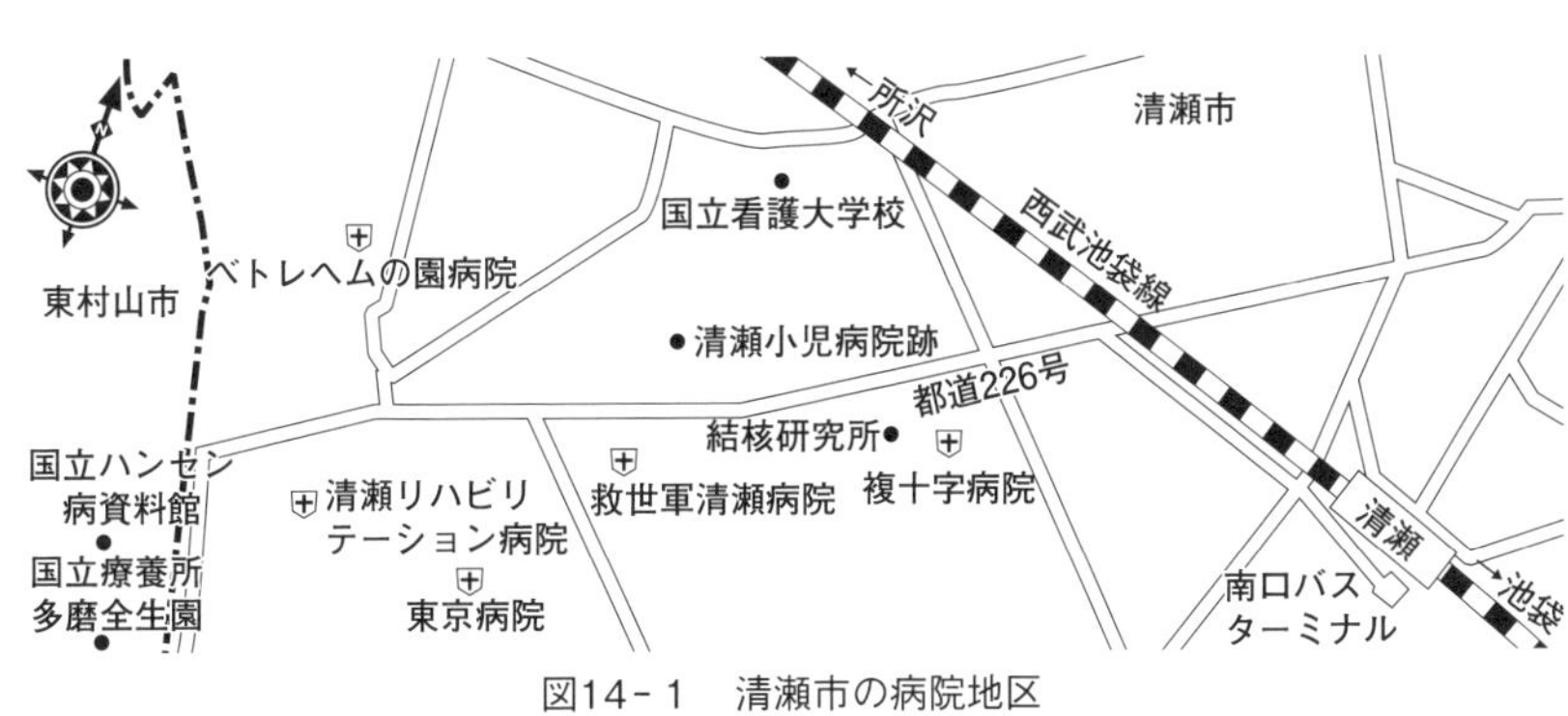

図14－1　清瀬市の病院地区

かを探りたいと思います。

2．清瀬と「赤い病院」

東西にまっすぐに線路が敷かれ、駅の北口や南口に広大なバスターミナルがある中央線とは異なり、西武池袋線や西武新宿線の駅前はもともと狭く、バスターミナルが少し離れていたり、駅前にあっても窮屈な構造になっていたりすることが少なくありません。西武池袋線の清瀬駅南口にあるバスターミナルもその一つです。

南口から西武新宿線の久米川駅ゆきの西武バスが出ています。バスは清瀬―秋津間の線路に並行する道を少し走ってから、左折して「病院通り」と呼ばれる都道226号に入ります。すると視界が大きく変わり、道の両側に武蔵野の面影を残す雑木林が現れます。あたかも林に囲まれるようにして、右に国立看護大学校、清瀬小児病院跡、ベトレヘムの園病院などが、左に複十字病院、結核予防会結核研究所、救世軍清瀬病院、国立病院機構東京病院などが次々に見えてきます。国立看護大学校は、一九六二（昭和三七）年まであった国立療養所清瀬病院の跡地に建っています（図14-1参照）。

バス停の名称も、「複十字病院」「東京病院北」のように病院にちなむものが目立ちます。行政区分でいえば清瀬市の松山、梅園、竹丘に当たります。市町村別に見た場合、清瀬市は人口一〇〇〇人あたりのベッド数が日本一多い自治体なのです。

病院通りの突き当たりで左折すると、こんどは右手に国立療養所多磨全生園や国立ハンセン病資料館が見えてきます。「ハンセン病資料館」「全生園南」「全生園前」「全生園角」とバス停が連続することからも、多磨全生園の規模の大きさがうかがえます。資料館も全生園も清瀬市ではなく、東村山市青葉町に位置しています。

最も早く生まれた療養所は、多磨全生園の前身に当たる全生病院でした。公立（連合府県立）の療養所として、一九〇九（明治四二）年九月に北多摩郡東村山村に創設されました。昭和になると、隣接する同郡清瀬村に結核療養所が相次いで創設されます。具体的に言えば三一（昭和六）年に東京府立清瀬病院（四三年に日本医療団に移管、四七年に国立療養所清瀬病院と改称。六二年に国立東京医療所と統合）、三二年に療養農園ベトレヘムの園（現・ベトレヘムの園病院）、三九年に救世軍清瀬療養園（現・救世軍清瀬病院）と傷病軍人東京療養所（四五年に国立東京療養所、六二年に国立療養所東京病院と改称。現・国立病院機構東京病院）、四三年に結核予防会結核研究所などが次々に建てられました。複十字病院もまた結核研究所の病棟として開設されました。

国立東京療養所に勤めていた作家の窪田精（一九二一〜二〇〇四）は、五三年に「いま清瀬村には、（中略）公私立十一の結核療養所が立ち並び、村の総人口一万五千余の五十％をしめる尨大な医療地区を形づくり、やく四千名ちかい患者が療養生活をつづけている」と述べています（「清瀬村」、『新日本文学』一九五三年十月号所収）。当時の清瀬では、「やく四千名ちかい患者」、職員まで含めれば七〇〇〇人以上もの人々が病院地区で暮らしていたというのです。

敗戦直後から、ＧＨＱによって合法化されたばかりの日本共産党が、病院地区に浸透します。その中心となったのが日本医療団（国立療養所）清瀬病院でした。同院では、一九四六（昭和二一）年に結成された労働組合に当たる従業員組合が共産党系になったばかりか、患者自治会の「清風会」も共産党員が多数を占めるようになったからです。ここで同年五月、「五月事件」と呼ばれる事件が起こりました。

事件のきっかけは、患者用に配給された米類を、一部の炊事職員たちが長期にわたって不正流用していたと清風会が指摘したことでした。清風会の追及に従業員組合も同調したため、病院長、事務長、医長、婦長および炊夫ら一〇人を超える職員が退職に追い込まれました（同窓会記念誌編集委員会編『雑木林　清瀬病院の憶い出』、国立療養所清瀬病院同窓会、一九八四年）。病院の幹部が不在となった約一カ月間にわたり、従業員組合と清風会が病院の経営権を握ったのです。

同年六月には、清風会と従業員組合の推薦により、島村喜久治（一九一三〜九七）が病院長になりました。島村自身、「清瀬病院は、府立以来の施療病院型で、貧困患者が九割を占めると来ている。貧困と結核が同居すると、よほど上手な政治が行われない限り、思想は先鋭化する」（『院長日記』、筑摩書房、一九五三年）と述べているように、患者が医師や看護師を政治的に糾弾することも珍しくありませんでした。

患者の一人はその深層心理を、「医者を信頼し看護婦さんや従業員にいつも感謝の念を抱いて療養生活をつゞけることの出来る患者はしあわせだ、しかし長い斗病生活の疲れとそして又回復の望みない暗い心にふとうつるあの事、この事、あの言葉この言葉が私たちを不信と虚無へつき落すこともあるのだ」（『七ツノ星』四九年六月一二日）と説明しています。[1] 結核は当時、日本人の死亡原因の第一位であり、「不治の病」と呼ばれていたのです。

一九四七（昭和二二）年一一月から五三年三月まで国立東京療養所で療養生活を送った作家、福永武彦（一九一八〜七九）の日記には、四九年五月から六月にかけて、次のような記述がしばしば出てきます（『福永武彦新生日記』、新潮社、二〇一二年）。

中島氏の問題で（昨日また看ゴフをどなつたので）医官が来て同氏と話をする。今井・谷崎両君も強硬になつて医官に転寮を願ひに行く。（五月四日）

予定が繰上つて医師の方から、懇談会を申出られる。看護室に二、三十人あつまる。（五月十七日）

沼田先生に十箇条の条件は賛成の文書を渡す。（五月二十六日）

齊藤医官が自分の立場を釈明したいといふので、懇談会を開く。（五月二十八日）

所長に呼ばれ、沼田先生と二人を前に齊藤医官のことを種々説明する。（六月十八日）

誰が日本共産党の党員だったかは書かれていませんが、清瀬病院と似たような空気が伝わってきます。患者は医師の診察をただ受けるだけの客体ではなく、医師に対して主体的に意見を言う対等の関係であり、話し合いの場までもたれていたのです。

四九年一月の衆議院議員総選挙で、日本共産党は四議席から三五議席に躍進しました。清瀬村では、投票に行った三六六九人のうち、共産党の候補者に投票したのは九六六人で、全候補者中最も多く、得票率は二七・一％に達しました。東京都全体の共産党候補者への得票率を市区町村別で見ると、この数字は最も高く、清瀬の政治風土が見事に反映されました（『第二十四回衆議院議員総選挙一覧』、衆議院事務局、一九四九年）。

しかし同年一〇月には中国共産党が中華人民共和国の建国を宣言するなど、東アジアの国際情勢が変化したのに伴い、ＧＨＱは方針転換を行い、民主主義勢力の一環と見なしていた日本共産党に対する規制を強化します（いわゆる「逆コース」）。清瀬病院でも、同年九月に共産党員の医師や看護師、事務官、組合専従者ら一一人に対して、国家公務員法による退去勧告がなされました。これはレッドパージの先駆けと言ってよいものでした。

この首切り勧告には、病院長の島村喜久治も反対しました。ところが五〇年一月、ソ連が各国共産党連携のために組織したコミンフォルムが日本共産党を批判したのを機に、党内が「所感派」と「国際派」に分裂しました。そして前者が実権を握ると、極左的な武装闘争路線が採用され、清風会もまた急進化しました。

島村は当時の清風会をこう述べています。

昔、平医員だつたころ、一しようけんめい、かばつてやつた患者自治会は、押しつめられた施療患者の人間性を、必死になつてまもつていた。今の自治会は、のびのびに伸びた人間性の上に、運営権や、大臣命令の拒否権まで要求する。昔は、療養まで阻まれる『格子なき牢獄』であつた。今は、療養を通りすぎた政治の過剰である。世評高い『赤い病院』の院長であつてみれば、これをそのままみのがしてはいられない。引きしめようとすると、〈反動！〉と来る。（前掲『院長日記』）

島村は病院長というだけで、「当局反動」「国際独占資本の手先」とののしられました。しかし武装闘争路線の破綻は、五二年一〇月の衆議院議員総選挙によって明らかになります。この選挙で日本共産党は前回の得票総数の七〇％を失い、三五議席から一気にゼロ議席となったからです。結局、五五年に所感派と国際派が和解し、同年七月の第六回全国協議会（六全協）で武装闘争路線が「極左冒険主義」として否定されたのを機に、共産党はマルクス・レーニン主義を堅持しつつ、選挙による議会進出を目指すことになりました。

五四年から清瀬町（同年から清瀬村から昇格）に住み始めた党員に、『マルクス＝エンゲルス全集』や『レーニン全集』などの翻訳に従事した石堂清倫（きよとも）（一九〇四～二〇〇一）がいます。石堂は活動の一環として病院地区を回りましたが、「病院ごとに患者自治会があり、それぞれの学習会に出かけることが多かった」と回想しています（『わが異端の昭和史』下、平凡社ライブラリー、二〇〇一年）。しかし六〇年安保闘争に対する党の態度に不満をもち、六一年に離党します。石堂は離党しても、マルクス・レーニン主義者として清瀬に住み続けることになります。

3．ひばりが丘団地と六〇年安保闘争

北多摩郡清瀬町に隣接する久留米、保谷、田無の三町（現在の東久留米市と西東京市）にまたがる一帯には、敗戦まで戦闘機のエンジン部品を製造していた中島航空金属田無製造所がありました。一九五五（昭和三〇）年に発足した日本住宅公団が五九年から六〇年にかけてこの軍需工場の跡地に建設したのが、ひばりが丘団地でした[2]。現在はほぼすべて建て替えられ、「ひばりが丘パークヒルズ」と呼ばれる高層の集合住宅になっています。

ひばりが丘団地もまた、清瀬の病院地区同様、西武池袋線と西武新宿線にはさまれた区域にありました。池袋線のひばりケ丘駅南口から武蔵境駅ゆきか三鷹駅ゆきの西武バスに乗ると、いまでも「ひばりが丘団地」というバス停があります。

13章で触れた大阪府枚方市の香里団地に比べると、ひばりが丘団地の入居開始時期は五カ月遅く、総戸数も香里団地の四九〇三戸に比べると二七一四戸と少なくなっています。しかし公団が満を持して建設した団地だったことは、次の宣伝文に明らかでしょう。

昭和30年住宅公団ができてから、つくり出された団地は大小とりまぜて何百にもなります。あちこちに特長のある団地が次々と生まれ、そこには多くのダンチ族の豊かな生活が営まれてお

ります。

　しかし、同じダンチと言ってもその内容はまちまちです。その位置、環境はもとより、規模、構造、共同設備から細部の設計に至るまで、千差万別と申してもよいでしょう。

　このひばりケ丘団地は、そのような多くの団地の中にあって、最高の環境と最高の内容とを誇るトップクラスの大団地です。（『公団の住宅』一一五号、一九五九年）

図14-2　ひばりが丘団地配置図〔木下庸子，植田実編『いえ　団地　まち　公団住宅　設計計画史』ラトルズ，2014年〕

　ひばりが丘団地は全戸賃貸で、四階建のフラットタイプ、二階建のテラスハウス、四階建のスターハウスからなっていました（図14-2参照）。このうち一棟のスターハウスがいまなお保存されています。間取り別に見ると、２ＤＫがほぼ半数に当たる一三四四世帯を占め、次いで３Ｋの九〇二世帯、１ＤＫの四四八世帯の順になっていました。

　入居が始まった直後の五九年五月には、西武池袋線の清瀬よりも二駅ほど池袋寄りにあった田無町がひばりケ丘に改称されています。西武鉄道が団地にちなんだ駅名を付けたのは、同年二月に新宿線の北所沢を新所沢団地の名称である新所沢に改称したのに続いて二度目でした。阪急や東急のように沿線の住宅地を自前で開発するのではなく、公団に大団地を建設させることで沿線のイメージをあげようとしたのです。

ひばりが丘団地でも香里団地と同様、六〇年安保闘争に遭遇しました。西武池袋線の沿線では、石神井公園に住んでいた哲学者の久野収を中心として、「むさしの線市民の会」が結成されました。「むさしの線」は現在のJR武蔵野線ではなく、西武池袋線の前身に当たる武蔵野鉄道ないし西武武蔵野線を指しています。しかしその主要メンバーが住んでいたのは、西武池袋線でいえば石神井公園のほか富士見台や大泉学園といった練馬区内の駅ばかりで、ひばりが丘団地ではありませんでした。

彼らは、ひばりが丘団地で講演会を開催しています。中央線沿線の吉祥寺に住んでいながら「むさしの線市民の会」に加わった竹内好は、六〇年六月一〇日の日記に「武蔵野線沿線の市民の会の宣伝第二班に属し、団地をまわる。総指揮は久野収」と記しています（『竹内好全集』第一六巻、筑摩書房、一九八一年）。

このときの講演を聴いていた団地住民の一人が、日本共産党の党員で、後に同党の書記局長や党幹部会委員長となる不破哲三（本名・上田健二郎。一九三〇〜）でした。不破らは「むさし野線市民の会」には加わらず、団地住民だけを対象として安保問題を考える「ひばりケ丘民主主義を守る会」を立ち上げました。中心となったのは、不破をはじめとする日本共産党系の住民でした。これとは別に、日本社会党系の住民により「ひばりケ丘市民会議」がつくられましたが、六一年一月には「ひばりケ丘民主主義を守る会」に合流しています。

同会の会員としては、不破のほかに弁護士で七四年に日本社会党の代議士となる矢田部理（一九三二〜）、一橋大助教授で社会主義経済が専門の宮鍋幟（一九二七〜二〇一四）、日本共産党の党員でアカハタ（現・しんぶん赤旗）記者の巌名（岩名）泰得（一九三一〜）、『クロポトキン全集』を翻訳した能智修弥（一九〇〇〜八五）らがいました。不破を含めて三〇歳前後の男性が主体だったわけです。[13]

章で触れた「香里ケ丘文化会議」と比べると、イデオロギー色や政党色が強かったといえます。

一九六一年五月には、親睦会を母体として「ひばりケ丘団地自治会」が結成されました。各棟から選ばれた運営委員からなる運営委員会が最高議決機関となり、総会で会長、副会長、事務局長や、文化部、厚生部、運動部、婦人対策部、広報部の各部長など一三人の役員が選ばれました。ひばりケ丘民主主義を守る会は「自治会民主化」のため、自治会に会員を多数送り込みましたが、不破哲三は広報部長兼自治会協議会（自治協）常任委員になっています。不破夫人の上田七加子（一九二九～二〇二〇）は、「この自治会の組織や規約づくりには、不破もいろいろと協力をしました」と回想しています（『道ひとすじ』、中央公論新社、二〇一二年）。自治会も民主主義を守る会も、団地内に二つあった集会所（北集会所と南集会所）を活用しました。

ただし六一年になると、安保改定は既成事実となり、「政治の季節」は終わっていました。この年に自治会や民主主義を守る会が最も熱心に取り組んだのは、住民にとって不可欠の足だった西武鉄道の運賃値上げに反対する運動でした。

4．ひばりが丘団地と日本共産党

西武鉄道は六一年五月、ほかの大手私鉄とともに運賃の値上げを決議しました。このニュースが伝わると西武沿線の住民からは反発の声が上がり、練馬区に住んでいた歴史学者の阿部行蔵（一九〇七～八一）を座長とする「西武運賃値上げ反対連絡会」が結成されました。阿部が運輸大臣に提出した質問書には、次のような一節がありました。

西武鉄道の場合、電車、バスのほか、デパート、ホテル、遊園地、不動産、広告業等を直営または間接に経営して、多大の収益をあげています。このような総合企業においては、個々の企業（たとえば鉄道やバス）をきりはなして、それだけの経営改善のために値上げをおこなうことは近代企業の常識に反すると思われますがいかがでしょうか。（『西武運賃値上げ反対連絡会ニュース』第二号）

この『西武運賃値上げ反対連絡会ニュース』は、ひばりが丘団地内に配布されました。六〇年安保闘争で沿線に広がった市民運動が、大きな反対運動を可能にしたのです。西武という巨大独占資本に搾取されてきた沿線住民が、ついにその横暴を告発するという、マルクス主義に親和的な構図が透けて見えるようです。こうした運動は国鉄中央線の沿線に起こるはずがなく、他の私鉄でも西武沿線ほどの反対運動は起こりませんでした。

13章で触れたように、一九六二（昭和三七）年に「新日本婦人の会」が結成されると、上田七加子は久留米支部長と三多摩総支部の常任委員になりました。会員たちの団地での勉強会の模様は、次の回想からもうかがえます。

私は社会科学研究会で、マルクスやエンゲルスの古典をあらためて勉強しました。この勉強会は意外と好評でした。とくに三〇代の主婦が多く、みんなまじめで勉強熱心でした。会では二週間に一度、チューターの当番を決めて研究発表をし、討論もします。私はほかにもいろいろ活動していたので、二週間に一度というのは案外たいへんでしたが、立場上、手を抜くわけにもいかず頑張りました。

レーニンの帝国主義論をやるときには、私に「帝国主義って、なあに？」と聞いていた方なども、学習が進んでいくと「今度は資本論をやりましょう」などと提案してくれました。（前掲『道ひとすじ』）

ひばりが丘団地では、女性たちが集まってマルクス、エンゲルス、レーニンの古典を読んでいたのです。香里団地で大淵和夫や樋口謹一ら男性たちがロックやルソーを手掛かりとして民主主義を追求したのとは全く異なる光景が見られたわけです。

六〇年代後半になると、ひばりケ丘民主主義を守る会の活動が事実上終息する一方、香里団地と同様、ひばりケ丘団地自治会にも女性が進出しました。六八年度の自治会では、「活動の主体を婦人におくという方針」のもと、役員二〇人のうち女性が一二人を占めました。通勤に時間をとられる男性と比べて、専業主婦は家電製品の普及に伴い、家事の時間が大幅に短縮されたからです。1章で触れたように、古代ギリシアのポリスでは成年男子が直接民主主義の主体として活動する一方、女性は奴隷とともにオイコス（家）で労働に従事するものとされましたが、ひばりが丘団地では活動と労働の担い手がポリスとは正反対になったといえます。

当時の日本共産党は、団地を重視していました。中央委員会幹部委員の米原昶（いたる）（一九〇九～八二）は、「日本の住宅習慣そのものが長い封建的な風習を残し、反動勢力が地域に根をはり、居住のなかまで支配していたのが、団地から破られていくのではないでしょうか。これら団地の経験はいままでの居住地にも持ちこまれてきています。そういう意味でこんごの共産党がのびていくためにも団地は非常に重要なところではないかと思います」（『赤旗』六八年四月九日）と述べています。

しかし同党の影響力が強まるにつれ、団地住民からは自治会に対する不満の声が出てくるようになりました。自治会会報誌『ひばり』の六八年四月二七日には、「自治会はみんなのもの　特定政党とは無関係」と題する以下の問答集が掲載されています。

〈問〉自治会役員で特定の政治活動をしている人が多いんじゃないですか。

〈答〉多いか少ないかの判断は別として、自治会役員といえども国民の基本的権利として政治活動をする自由はもっていますから、どんどんやってかまわないのではないですか。問題は自己の政治活動のために自治会を利用することがあってはならないということです。

〈問〉しかし実際には利用している人がいるのではないですか。

〈答〉利用しようと思っている人がいるかどうかはしりませんが、ここの自治会はそれを許さない伝統があります。たとえば会の規約にはありませんが、選挙に立候補しようとする人は事前に役職を止めてもらうという習慣さえあります。また会として特定候補者を応援したことは一度もありません。

〈問〉ある党に属する議員が自治会の役員になることは問題ではないですか。

〈答〉自治会役員は居住者なら誰でもなる資格があります。議員でも○○党員でも××党員でも、また○○党を支持する人もしない人も、それは各個人の自由であって、自治会そのものとは関係はありませんし、自治会役員の権利と義務はすべて平等です。

〈問〉現実にはいまの自治会がある政党に利用されていると思っている人がいますが。

〈答〉それは多分、役員の中に○○党が多いとか××党がいないとかの判断からそう思うのでしょうが、結論的にいうとそういう考え方の方が偏見といえます。（以下略）

たとえ市議選や町議選に立候補する前に役員を辞めても、当選して役員に復帰することはできたわけです。自治会の役員に党の市議や町議が含まれていること自体は問題でなく、役員が「特定の政治活動」を行うのは、政治活動のために自治会を利用することがない限り、「どんどんやってかまわない」

と言うのです。

こうなると、ひばりが丘団地はかつての清瀬の病院地区と似てきます。しかし団地の人口は、六九年をピークに減り続け、自治会の活動もしだいに下火になりました。ずっと団地に住んできた文芸評論家の秋山駿（しゅん）（一九三〇～二〇一三）は、七九年に「この団地もいやに静かになったものだ。もう二十年住んでいるが、これほど静かになるとは思わなかった」と述べています（「静かな日常の幻想」、『週刊読書人』七九年二月二六日）。

5．滝山団地という政治空間

一九六八（昭和四三）年一二月、清瀬町に隣接する久留米町に建設された公団の滝山団地への入居が始まりました。この団地もまた西武池袋線と西武新宿線にはさまれた区域にあり、最寄り駅である新宿線の花小金井からでも西武バスで一〇分あまりかかりました。

団地の総戸数は三一八〇戸で、ひばりが丘団地より四〇〇戸あまり多く、賃貸が一〇六〇戸に対して分譲は二一二〇戸と、3ＤＫや3ＬＤＫの分譲が主体である点も全戸賃貸のひばりが丘団地とは違っていました。最大の違いは、軍需工場の跡地に建設されたひばりが丘団地とは異なり、無居住の雑木林を開発して造成されたため、区画が直線状で、すべての棟が五階建のフラットタイプで統一されたことでした。武蔵野台地の平坦な土地に棟と棟、街区と街区の区別がつかない同質的な風景が広がることになったのです。

このような住宅の風景は、一戸建や高層のアパート群が大都市の郊外に広がる米国や中国、韓国などよりも、旧社会主義国であるロシアや東欧の大都市の郊外によく見られます。別掲したのは滝山団地の六丁目1街区の写真とポーランドの首都ワルシャワ郊外のモコトフ地区の団地の写真を並べたものです

図14－3　滝山団地六丁目１街区

図14－4　ワルシャワ・モコトフ地区の団地

が、非常によく似ているのがわかるでしょう（図14－3および図14－4）。

なお分譲というのは、一時的な仮の住まいでなく、持ち家として買うことを意味しますので、賃貸と比べて住民の移動が少なくなります。日本共産党が党勢拡大のため滝山団地を重視し、入居開始直後から自治会をつくらせたゆえんです。西武バスで滝山団地を訪れた作家の松田解子（一九〇五～二〇〇四）は、こう述べています。

この団地の党員の大部分は、入居前は二十三区内の手ぜまいアパートに住んでいた職場の活動家で、したがって党籍も大部分職場にあり、わずかな数の主婦党員と特殊な仕事をもつ男子の党員が転籍した。

いっぽう地区では、団地入居がはじまると同時に、いっせいに「赤旗」宣伝紙をいれ、入居党員をたずねて連絡をとり、入居党員はまたいち早く、地区の協力をもとめて団地自治会の結成にとりかかった。（「こんなちっちゃな子を連れて……」、『月刊学習』一九七四年一二月号所収）

滝山団地では、自治会に続いて日本共産党の居住支部もできました。滝山団地自治会は、下火になりつつあったひばりが丘団地の自治会の活動を受け継ぐようにして、西武鉄道の運賃値上げ反対運動に熱心に取り組みました。七〇年七月二八日には、自治会の会員が運輸省（現・国土交通省）を訪れ、運輸大臣に反対署名二〇万五六九人分を添えて、陳情書を提出しました。運動の主体は女性会員でした（『たきやま』七〇年九月一五日）。

これを12章で取り上げた中央線沿線の国立の主婦たちと比較してみると、両者の違いがはっきりします。一方には、西武沿線の駅頭でタスキをかけ、署名を集め、運輸省まで値上げ反対の陳情に押しかける主婦がいました。そして他方には、公民館や大学の講堂に大学教授やオピニオン・リーダーを呼び、彼らの一言一句を聞き漏らすまいとペンを走らせる主婦がいました。全く対照的な光景が、並行する鉄道の沿線で同時に存在していたのです。

香里団地やひばりが丘団地よりも広い３ＤＫや３ＬＤＫという間取りは、子供二人の四人家族を想定していました。その子供たちの大部分は、滝山団地とほぼ同時に開校した地元の公立小学校に通っていました。滝山には国立のような公民館はなく、ＰＴＡ活動を通して主婦たちがしばしば集まる小学校が、それに代わる役割を果たすようになります。

実は筆者自身が、一九六九（昭和四四）年から七五年まで滝山団地に住み、地元の公立小学校（東久留米市立第七小学校）に通っていました。この小学校では、ソ連の教育者、アントン・マカレンコ（一八八八～一九三九）の影響を受けた全国生活指導研究協議会（全生研）の唱える集団主義教育が盛んになり、七四年には一種の「コミューン」が成立します。分譲、賃貸を問わず、すべての棟が五階建のフラットタイプで統一された、まるでモスクワやワルシャワの郊外を思わせるような団地の外観が、「みんな平等」という意識を強め、社会主義や集団主義が浸透しやすい面があったことは否定できません(3)。

敗戦直後に清瀬の結核療養所で始まった日本共産党の政治活動は、一九六〇年代にはひばりが丘団地、そして七〇年代には滝山団地という具合に、時代が下るにつれ西武沿線のほかの地域へとその主力が移っていったわけです。同じように東京西部へと延びる鉄道の沿線でも、中央線沿線とは異なる空間と政治の関係を見いだすことができるのです。その政治風土は、日本共産党の影響力が弱まった今日もなお消えてはいません。

注

（1）『七ツノ星』は日本共産党清瀬病院細胞の機関紙で、ペンシルベニア大学プランゲ文庫に所蔵されていましたが、いまでは国立国会図書館憲政資料室で閲覧できます。

（2）この団地は当初、「ひばりケ丘団地」と表記しましたが、六〇年代後半以降、「ひばりが丘団地」に改められました。本章では「ひばりが丘団地」に表記を統一しています。

（3）この点につき詳しくは、原武史『滝山コミューン一九七四』（講談社文庫、二〇一〇年）を参照。

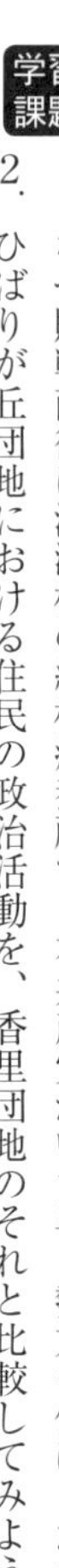

学習課題

1. なぜ敗戦直後に清瀬村の結核療養所で日本共産党がいち早く勢力を伸ばしたのかについて考えてみよう。
2. ひばりが丘団地における住民の政治活動を、香里団地のそれと比較してみよう。
3. 空間と政治という観点から見たひばりが丘団地と滝山団地の共通点と相違点をまとめてみよう。

参考文献

原武史『レッドアローとスターハウス　もうひとつの戦後思想史　増補新版』（新潮選書、二〇一九年）
島村喜久治『院長日記』（筑摩書房、一九五三年）

福永武彦『福永武彦新生日記』（新潮社、二〇一二年）
石堂清倫『わが異端の昭和史』下（平凡社ライブラリー、二〇〇一年）
原武史『団地の空間政治学』（ＮＨＫブックス、二〇一二年）
不破哲三『不破哲三　時代の証言』（中央公論新社、二〇一一年）
上田七加子『道ひとすじ』（中央公論新社、二〇一二年）
原武史『滝山コミューン一九七四』（講談社文庫、二〇一〇年）

15 「平成」の空間

《目標&ポイント》 皇太子明仁（現上皇）・美智子（現上皇后）夫妻が結婚直後の一九六一年から始めた地方訪問の途上に現れた「平成」の空間に注目し、その空間が天皇・皇后になる八九年以降の行幸啓にどう受け継がれたのかを、さまざまな資料を通して考えます。

《キーワード》「昭和」の空間、「平成」の空間、「室外」、「室内」、懇談会、被災地、東日本大震災、「国体」のミクロ化

1.「『昭和』の空間」と「『平成』の空間」

9章で述べたように、東京の日比谷公園では皇太子裕仁（後の昭和天皇）がヨーロッパから帰国した一九二一（大正一〇）年九月に市民奉祝会が開かれました。また昭和になると、宮城（現・皇居）前広場で天皇を主体とする親閲式や記念式典、戦勝祝賀式などの行事が開催されました。いずれも万単位の臣民が集まり、万歳三唱や君が代斉唱、分列行進などを通して皇太子や天皇と一体になることで、「君民一体」を視覚化する政治空間となったわけです。

このとき、臣民は台座や二重橋（正門鉄橋）の上に立つ昭和天皇を見ていましたが、天皇は個別の臣民を見てはいませんでした。昭和天皇の目に映っていたのはあくまでも抽象的な臣民であり、一人一人

の顔をはっきりと見てはいなかったのです。昭和天皇が肉声を発することはあっても、具体的な個人に

向かって声をかけることはありませんでした。天皇と臣民は対等の関係ではなく、台座や二重橋によって空間的にも上下の関係が保たれていました。

こうした空間は、昭和天皇が大正から昭和にかけて地方を訪問することで、しだいに全国に広がりました。地方では、練兵場や飛行場、グラウンドなどの「空き地」が、東京の宮城前広場に相当する政治空間に早変わりし、親閲式や奉迎会が行われたのです。それらの「空き地」は、太平洋戦争末期の空襲で全国が焦土と化しても残ったため、一九四六（昭和二一）年二月から始まった戦後巡幸でも同じような空間が奉迎場になり、人々が県庁のバルコニーや台座などの「お立ち台」に上がった天皇に向かって万歳を叫ぶ光景が再現されました。

昭和天皇は、四六年二月に神奈川県を訪れたとき、川崎市の昭和電工川崎工場で初めて一般国民との対話を試みました。しかし対話に慣れていない天皇は、「ああ、そう」を繰り返しました（保阪正康『天皇が十九人いた　さまざまなる戦後』、角川文庫、二〇〇一年）。結局、それよりも戦前以来のスタイルのほうが定着したのです。

戦後の巡幸や行幸では、香淳皇后が同行することが多くなりました。皇室用語では、天皇の外出を「行幸」、天皇と皇后の外出を「行幸啓」と言いますが、「お立ち台」に上がるスタイル自体は踏襲されました。例えば福島県では、六〇年五月一二日に昭和天皇と香淳皇后が福島県庁を訪れ、「二階バルコニーにお立ちになり、参集の県民に帽子を振ってお応え」になっています（『昭和天皇実録』第十三、東京書籍、二〇一七年）。このとき、二万五〇〇〇人が県庁前広場に集まって日の丸の小旗を振り、万歳を叫び、君が代を斉唱しました（『福島民報』六〇年五月一二日夕刊）。また七〇年五月二〇日にも、天皇と皇后が郡山市役所二階の正面バルコニーに立ち、三〇〇〇人が万歳を叫んでいます（同、同日夕刊）。戦

前との連続性は明らかでしょう。

昭和天皇の場合、一度に多くの人々と相対するための「空き地」が必要でした。それはある程度の面積をもった「室外」でなければなりませんでした。本章ではこの「室外」を「『昭和』の空間」と呼んでみたいと思います。

一方、皇太子明仁（現上皇）は、一九五九（昭和三四）年四月に正田美智子（現上皇后）と結婚し、六一年から二人で本格的に全国を回り始めました。皇室用語では、皇太子の外出も皇太子と皇太子妃の外出も「行啓」と言います。

皇太子夫妻は行啓の途上、昭和天皇と香淳皇后のスタイルを踏襲する一方、福祉施設や宿泊施設などでは高齢者や若者らに近づき、一人一人と積極的に対話するなど、明らかに違うスタイルを築いてゆきました。つまり人々と相対する空間が「室外」から「室内」へと大きく変わったのです。本章ではこの「室内」を「『平成』の空間」と呼び、空間と政治の観点から象徴天皇制の変容につき考察したいと思います。

2．「昭和」のなかに胚胎する「平成」

戦後の象徴天皇制のもとで、天皇皇后の行幸啓と皇太子夫妻の行啓がしだいに定例化します。前者は四月ないし五月の全国植樹祭と一〇月の国民体育大会秋季大会、後者は七月ないし八月の全国高校総合体育大会、七月ないし九月ないし一〇月の全国豊かな海づくり大会、九月の国民体育大会夏季大会、一〇月ないし一一月の全国身体障害者スポーツ大会と全国育樹祭などの出席に合わせて、それらが開催される地方を訪れるようになりました(1)。

行幸啓と行啓には、共通点がありました。どちらの地方訪問でも、「お立ち台」が設定されたことです。例えば前述した福島県では、皇太子夫妻も六一年五月三一日と六八年七月三一日に福島県庁二階バルコニーに立ったほか、六一年八月三日には郡山市役所二階のバルコニーに立っています。こうした点を見る限り、皇太子夫妻は天皇と国民が決して同じ目の高さに立たない「昭和」のスタイルを継承しているように見えます。

しかし他方、重大な相違点もあります。それを一言でいえば、顔の見えない不特定多数が集まる「室外」よりも、顔の見える少人数が集まる「室内」のほうを重視し、彼らの顔を見ながら対話しようとしたことです。

皇太子夫妻は、結婚翌年の六〇年九月六日、前章で述べたひばりが丘団地を訪れています。確かに大正天皇も皇太子時代に旧友の自宅を訪れたことはありましたが、それはあくまでも予定外の行動でした（原武史『大正天皇』、朝日文庫、二〇一五年）。今回は計画されたものであり、九月二二日からの訪米を控え、米国のライフスタイルをいち早く日本で実現させた（と思われていた）団地で暮らす若い夫婦と対話するという目的がありました。この時点で早くも、「室内」に対する関心を見いだすことができます。

図15-1　安曇寮を訪れた皇太子夫妻〔©朝日新聞社提供〕

翌六一年から皇太子夫妻の本格的な地方訪問が始まりました。最初に訪れたのは長野県で、目的は第三回ホルスタイン供進会、日本赤十字社水防災害救助演習、産業文化博覧会の視察でした。三月二七日、二人は穂高町（現・安曇野市）の高齢者施設「安曇寮」を訪れました（図15-1参照）。これが初めての二人による福祉施設への訪問でした。

南安曇郡穂高町の安曇寮にお着きになったお二人は、寮内の各へや（十五室）に正座してお迎えした老人たちを三十分にわたりなぐさめられた。〝百合の間〟では、お二人そろってへやにはいられ、美智子さまは、タタミにヒザをおろし、室内の鈴木まさえさん（六八）中村たつさん（七三）らと顔をよせるようにして「ここへきて何年になります。町へもときどきは出かけますか」などご質問。耳の遠い老人たちがぽつぽつお答えすることばに、やさしくうなずいておられた。かたわらから皇太子さまが「寒くはない？……」と質問されると「おかげ様で、不自由なく暮らしています」と老人たちはすっかり感激。（『信濃毎日新聞』六一年三月二八日）

皇太子妃が「タタミにヒザをおろし」「顔をよせるようにして」声をかけていたのがわかります。一人一人の老人に同じ目の高さで語りかけたわけです。新聞に掲載された写真を見ても、皇太子は立っていたのに対して、皇太子妃はひざまずいていています。

立ったままで、せいぜい短い言葉を発するだけの皇太子の姿勢は、昭和天皇や香淳皇后の行幸啓を踏襲していました。一方、ひざまずいて丁寧に言葉をかける皇太子妃の姿勢には、幼少期から慣れ親しんできたカトリックが影響していたように思われます。こうした皇太子妃の姿勢に、皇太子もしだいに感化されてゆくのです。

翌六二年には、皇太子夫妻は赤十字奉仕団九州連合大会に出席するため、宮崎県と鹿児島県と熊本県を訪れました。このときにも、昭和天皇と香淳皇后の行幸啓にはなかった重要な変化がありました。五月三日に皇太子夫妻が宿泊した宮崎市の施設「青島寮」で、地元の農村に住む青年男女を集め、初めての「懇談会」が開かれたからです。

この懇談会は、東宮侍従の戸田康英（一九一一〜七七）が「両殿下は年輩者にとりまかれ、青年と話す機会に恵まれないので、健全な若い人々と話合う機会を作って欲しい」と依頼したことで実現されました（森暢平「香淳皇后と美智子妃の連続と断絶」、森暢平・河西秀哉編『皇后四代の歴史　昭憲皇太后から美智子皇后まで』、吉川弘文館、二〇一八年所収）。テーマは「日本の農政を現地に聞く」で、一九歳から三〇歳までの青年男女一一人（男性八人、女性三人）が出席し、二時間にわたってやりとりが交わされました。

殿下　生活改善はどのような点にねらいがありますか。
用皆好子　のんびりした農村の因習や台所の欠点をなおすことに重点をおいています。
妃殿下　仕事の分業とは？……。
用皆　父はシイタケ、私と母は田畑、妹が精米所とそれぞれ仕事を分けて所得を上げています。
妃殿下　青年学級の内容を聞かせてください。
用皆　一般教養、洋裁、それから生産研究など新しい農村の主婦になる勉強をしています。
妃殿下　生活改良普及員はご苦労が多いことでしょう。
高橋芳子　まだ若いので、話がうまくできない面があります。農村のリーダーを個別に育てる仕事なので集金取りとよく間違われます。
妃殿下　ひとりの受け持ちはどのくらいですか。農村の主婦は家計簿を持っていますか。
高橋　千二百戸で、三年間に二百戸の目標でやっています。農家はしゅうとめも田畑を持っているし、サイフを嫁に持たせない家が多い。また祖父母までサイフを持っていますので、家計簿生活

はまだまだ先のことです。(『宮崎日日新聞』六二年五月七日)

用皆好子は一九歳で荘内町(現・都城市)に住み、農業を営んでいました。高橋芳子は二三歳で日南市に住み、生活改良普及員をしていました。生活改良普及員というのは、農山漁村の生活改善を指導する地方公務員のことです。

二時間という時間は、当初の緊張感を和らげ、出席者が思ったことを率直に皇太子夫妻に向かって伝えるには十分でした。皇太子と若い男性とのやりとり以上に、二七歳の皇太子妃とそれよりも若い女性とのやりとりが大きく掲載されているのも注目すべきでしょう。当時は地方議会に女性議員がほとんどいなかったことを踏まえると、こうしたやりとりが新聞に掲載されること自体が画期的でした。家計簿すらもたされず、家計の主導権を姑や祖父母に握られている農村の若い女性の本音を皇太子妃がすくい上げ、生活改善運動を後押しする役割を果たしていたことが浮かび上がってきます。

宮崎県に続き、鹿児島県や熊本県でも皇太子夫妻が宿泊した施設で青年代表を集めて懇談会が開かれました。前者は一〇人の男女と二時間半にわたり、また後者は一一人の男女と一時間半にわたり、皇太子夫妻が対話を続けています。鹿児島市の旅館で開かれた懇談会では、皇太子と鹿児島大学の学生の間でやりとりが交わされましたが、「憲法におくわしい殿下は身をのり出すようにして話題は憲法問題に集中」し、「つっこんだ意見の交換をした」と報道されています(『南日本新聞』六二年五月八日夕刊)。天皇であれば発言を禁じられているはずの政治的な話題も忌避しなかった様子が伝わってきます。

六三年に皇太子妃は第二子を流産し、しばらく葉山御用邸にひきこもりました。皇太子妃にとって、これは一つの精神的な危機でした。しかし同年九月には、国民体育大会夏季大会開会式に出席するため皇太子とともに山口県を訪れ、宿泊したホテルで保健婦や栄養士ら三人の女性と単独で二時間近くにわたって懇談したほか、小郡町（現・山口市）の農協会館では皇太子ともども農村青年代表二三人の男女と四〇分にわたって懇談しました。皇太子妃は、東京を離れて地方の青年男女と話し合い、どうしたら農村に嫁として女性を迎えられるかを忌憚なく話す男性の意見に「声を立ててお笑いになる」（『防長新聞』六三年九月一八日）ことで、危機を見事に乗り越えたのです。

皇太子夫妻と青年代表や辺地勤務者がともに着席し、一〜二時間かけて話し合う懇談会は、少なくとも二人が青森県を訪れた七七年九月まで、行啓のたびに全国各地で続けられました（原武史『平成の終焉 退位と天皇・皇后』、岩波新書、二〇一九年）。皇太子夫妻が出会ったのは抽象的な「国民」ではなく、顔の見える一人一人の個人でした。地元の有力者でない、無名の青年や勤務者たちとの度重なる懇談会を通して、皇太子夫妻は東京と地方の格差、地方ごとの気候や風土や民俗の違い、東京と地方の人々の生き方の違いなどを実感してゆきました。

もちろん皇太子夫妻は政治家と違いますので、懇談会で表出した各地の問題を解決できたわけではありません。しかし二人が試みたのは、権力をもたないとされたことを除けば、政治家が地域住民と非公式に直接会い、住民の生活に関わる事項について対等に話し合う対話型集会「タウンミーティング」に近かったものと思われます。

12〜14章で触れたように、六〇年代の東京や大阪の郊外では、公民館や団地の集会所、小学校などに住民が集まり、民主主義とは何かを考えつつ地域の問題を話し合おうとする動きが見られました。一方、同時代の地方では、皇太子夫妻が積極的に懇談会を開くことで、中央の政治はもちろん、地方の政治ですら反映されることの少ない一人一人の声が公のものになりました。政治学者の齋藤純一は、マジョリティによって無視され、黙殺されてきた人々の言葉が他者に受けとめられ、応答される公共圏を「対抗的な公共圏」と呼び、民主主義の原理に合致するものとしていますが（『公共性』、岩波書店、二〇

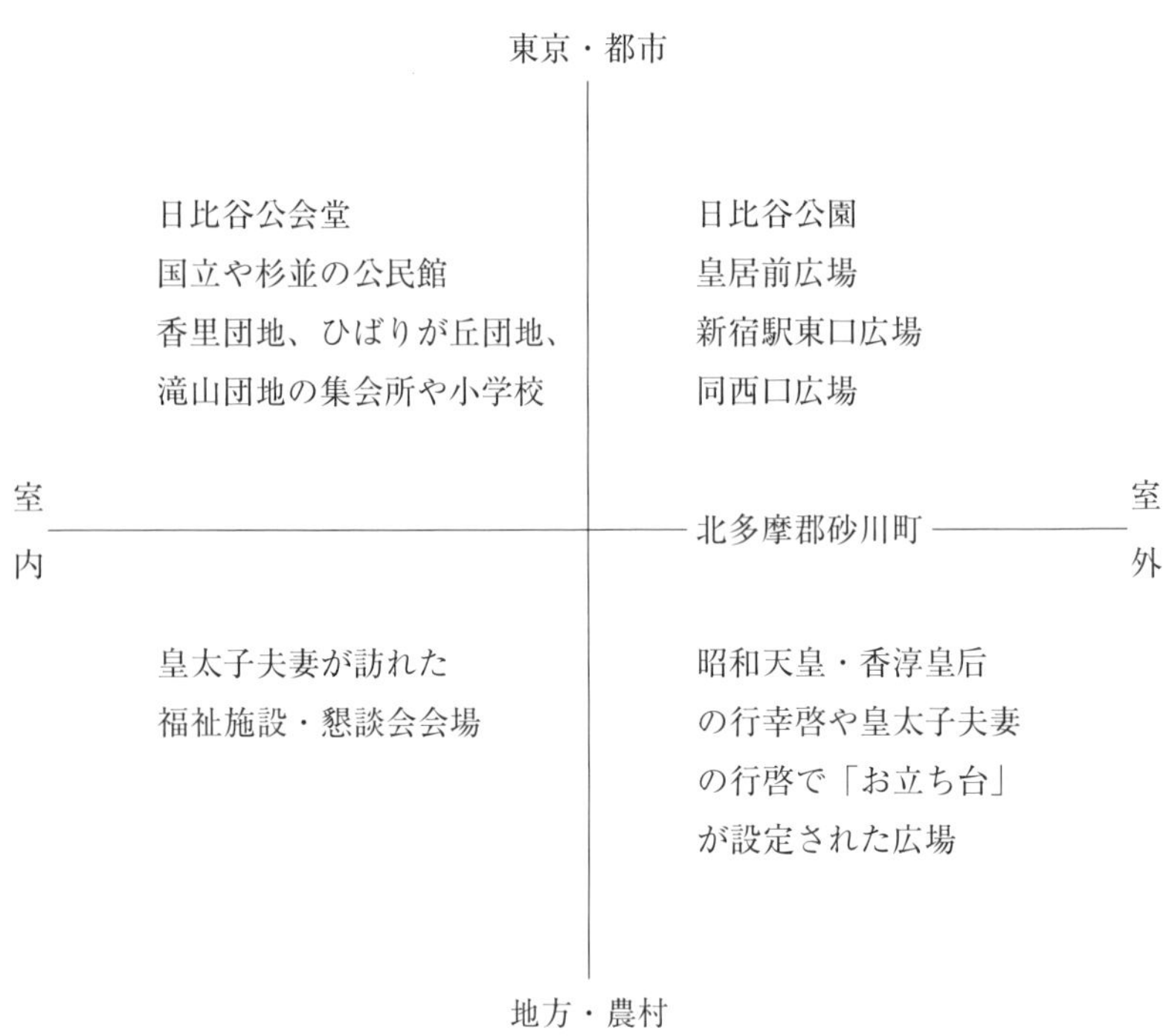

図15-2　本書で言及した戦後の政治空間

〇〇年）、皇太子夫妻が他方で築こうとしたのもこうした公共圏だったといえるかもしれません。

国会や地方議会が存在し、自分たちの意見を間接的にしか反映させられない戦後の代議制民主主義のもとで、二人は直接民主制的な対話を各地で続けました。そしてその内容が地方紙に大きく掲載されることで、必ずしも明らかでなかった地域のさまざまな問題が可視化されたのです。それは同時に、公民館や団地の集会所などと同様、皇太子夫妻と青年男女が相対する「室内」が政治空間になったことを意味しました。

戦後の政治空間のうち、本書で言及したものをわかりやすく図式化したのが、別図（図15-2）に掲げた座標です。縦軸のプラスに東京ないし都市、縦軸のマイナスに地方ないし農村、横軸のプラスに室外、横軸のマイナスに室内を配置させると、四つの象限が現れます。第一象限は日比谷公園や皇居前広場、新宿駅東口広場や西口広場が、第二象限は日比谷公会堂や国立や杉並の公民館や団地の集会所や小学校が、第三象限は皇太子夫妻が訪れた福祉施設や懇談会の会場が、第四象限は昭和天皇と香淳皇后の行幸啓や皇太子夫妻の行啓で「お立ち台」が設定された広場が、それぞれ相当します。砂川闘争の舞台となった北多摩郡砂川町（現・立川市）は、東京都でありながら農村でもあったので、第一象限と第四象限の境界に位置します。「室内」に当たる第二象限と第三象限が政治空間として台頭してくるのが六〇年代の特徴といえます。

なお、昭和天皇と香淳皇后とは全く異なる皇太子夫妻のスタイルに対しては、保守派からの批判もありました。元学友の藤島泰輔（たいすけ）（一九三三～九七）は、「元首の一家が民間のレベルまで降りてくるという考え方は、共和国の考え方であります」と述べています（『天皇・青年・死　三島由紀夫をめぐって』、日本教文社、一九七三年）。また政治的な話題が出ることもあった懇談会自体、天皇は「国政に関する権能を有しない」とする憲法第四条の規定に抵触する要素をはらんでいました。七八年以降、懇談会は皇太子夫妻と地元青年の双方が立ちながらの「懇談」にスタイルが変わり、彼ら一人一人の声をすくい上げることは難しくなりました。

3．「昭和」への揺り戻しと「平成」の継続

八〇年代になると、「日本を守る県民会議」や「日本を守る国民会議」に代表されるような、天皇の権威を復活させるための右派団体が次々に結成されます。そして昭和天皇が在位して六〇年に当たる八六（昭和六一）年一一月一〇日には、「天皇陛下御在位六十年奉祝委員会」が主催する提灯行列が行われました。『昭和天皇実録』同日条に「夕刻より提灯行列が開催される。その後、これらの参加者が皇

居前広場に多数参集につき、午後七時半頃より約十分間、皇居正門鉄橋（二重橋）にお出ましになり、橋上より手を振ってお応えになる」とあるように、皇居前広場では戦後初めて天皇を対象とした提灯奉迎も行われています。10章で触れましたが、これは皇居前広場が戦前同様の政治空間として復活したことを意味しました。

八七年五月二二日には、昭和天皇が全国植樹祭に合わせて佐賀県を訪れた際、宿泊したホテルの前で「天皇陛下を奉迎する県民の会」が企画した提灯奉迎が行われました。天皇は部屋の灯を消して約一〇分間提灯を振り、ホテルの前に集まって提灯を振り上げる人々にこたえたのです。天皇と人々が空間的に上下の関係にあり、不特定多数の人々が「室外」で一度に集まる「『昭和』の空間」が再現されているわけです。

こうした揺り戻しは、皇太子夫妻の行啓のスタイルにも波及しました。昭和天皇は八七年九月にガンの手術を受けて以降、地方行幸ができなくなりましたが、八八年五月に二人が天皇の名代として全国植樹祭に出席するため香川県を訪れた際には、宿泊したホテルの前で提灯行列が行われました。天皇同様、皇太子夫妻もまたホテルの窓から紅白の提灯を振ったわけです。皇太子夫妻の行啓で提灯奉迎が行われたのは、これが初めてでした。

八九（昭和六四）年一月七日、昭和天皇がついに亡くなり、元号は平成になって明仁と美智子は天皇と皇后になりました。提灯奉迎が平成に受け継がれたことは、同年九月に二人が国民体育大会秋季大会に臨席するため宿泊した札幌市のホテルの前や、九〇（平成二）年四月に「国際花と緑の博覧会」の視察のため宿泊した大阪市のホテルの前などでそれが行われたことからもわかります。同年一一月に皇居前広場で行われた「天皇陛下御即位祝賀式」には、約五万五〇〇〇人が提灯をもって広場に集まり、天皇と皇后が提灯をもって二重橋に立っています。

しかし他方、二人は天皇と皇后になっても、地方訪問に合わせて福祉施設への訪問を続けています。平成初の本格的な行幸啓に当たる八九年五月の徳島県行幸啓では、全国植樹祭に臨席する前日に板野町の県立板野養護学校を訪れ、子どもたちに話しかけたり、重症の子どもたちの前でひざまずいて激励したりしています（『徳島新聞』八九年五月二一日）。懇談会が行われなくなっても、「『平成』の空間」自体がなくなったわけではなかったのです。

九一（平成三）年六月三日、長崎県の雲仙普賢岳で大火砕流が発生し、四〇人が死亡、三人が行方不明になりました。天皇と皇后は、七月一〇日に長崎県島原市、布津町（現・南島原市）、深江町（同）を日帰りで訪れ、被災者を直接励ましました。

被災地への行幸啓は、定例の行事への出席とは異なり、天皇の強い意思が反映していました。二人は被災者が収容されている体育館に入ると、二手に分かれ、被災者の前で膝をつき、彼らと同じ目の高さで話しかけました。

この場面はテレビで繰り返し放映され、「昭和」とは異なる「平成」の幕開けを告げる出来事となりましたが、六一年に初めて二人で福祉施設を訪れて以来の「室内」重視のスタイルを忠実に踏襲していました。それまではせいぜい地方紙でしか取り上げられなかったスタイルが大々的に取り上げられたことで、広く知られるようになったのです。

平成になって顕著になる右派の天皇権威化を求める動きは、皇太子妃時代からずっと明仁と一緒に行動し、明仁を上回る人気を集めてきた皇后美智子に対するバッシングと連動しました。九三年には、週刊誌や月刊誌で反皇后キャンペーンが展開されます。「天皇、皇后両陛下のお暮らしぶりには、いろいろと疑問や不安を感じさせられることが多いと言ったが、その原因の最たるものは、皇后陛下のお力が増大してしまったことだと感じられてならないのである」（大内紀「皇室の危機」、『宝島30』一九九三年八月号所収）。宮内庁に勤務するという この仮名の人物がこう述べた背景には、美智子妃が主導してきたスタイルが平成になってもなお続いていることに対するいらだちがあったのかもしれません。

衝撃を受けた皇后は、九三年一〇月二〇日の誕生日に失声症になりました。それでも皇后が引きこもることはなく、一一月には天皇とともに愛媛県と高知県を訪問しています。そして松山市の愛媛県身体障害者福祉センターでは、手話で対話しています（『愛媛新聞』九三年一一月七日）。六三年の流産のときと同様、このときもまた地方の人々と手話を交えた対話を重ねることで、失声症という危機から回復してゆくのです。

4．東日本大震災と「平成」の完成

一九九五（平成七）年一月一七日には阪神・淡路大震災が発生しました。天皇と皇后は、二週間後に当たる一月三一日に兵庫県の被災地を訪れ、再び「室内」でひざまずいて一人一人に話しかけました。ちょうどこのとき、文芸評論家の江藤淳（一九三二～九九）が天皇と皇后のあるべき態度につき、こう述べています(2)。

即刻苦しんでいる人々の側近くに寄って、彼らを励ますことこそ皇族の義務なのではないでしょうか。と言って、何もひざまずく必要はない。被災者と同じ目線である必要もない。現行憲法上も特別な地位に立っておられる方々であってみれば、立ったままで構わない。馬上であろうと車上であろうと良いのです。国民に愛されようとする必要も一切ない。国民の気持をあれこれ忖度されることすら要らない。（「皇室にあえて問う」、『文藝春秋』一九九五年三月号所収）

江藤は、昭和末期以来の提灯奉迎を推進してきた「日本を守る国民会議」の代表委員を務めていました。つまりこの批判は、昭和天皇と同様の権威を天皇明仁にも求めようとする右派の本音を代表していたのです。

しかし天皇と皇后は、これ以降も被災地での振る舞いを変えようとはしませんでした。その背景には、平成の幕開け以来強まりつつあった「昭和」への揺り戻し、より正確に言えば「戦前」への逆流に抗して、昭和のなかに胚胎していた「平成」をより鮮明にするための、強い意思があったのかもしれません。

二〇一一（平成二三）年三月一一日には、東日本大震災が起こっています。天皇は三月一六日午後三時に「東北地方太平洋沖地震に関する天皇陛下のおことば」をテレビカメラの前で読み上げました。この映像は、同日午後四時三五分からＮＨＫとテレビ東京系列を除く民放でいっせいに放送され、夕方以降のニュースでも繰り返し流されました。天皇がテレビを通して一般国民に直接メッセージを伝えたのは、これが初めてでした。

一九四五（昭和二〇）年八月一五日には、正午からラジオで昭和天皇が終戦の詔書を読み上げる肉声が放送されました。この玉音放送は、戦争を直ちにやめさせるうえで巨大な影響力を発揮しました。二〇一一年三月一六日のテレビ放送もまた、津波や原発事故で動揺していた人心を落ち着かせるうえで同様の影響力を発揮しました。憲法が改正されて象徴になっても、天皇には政治家をはるかに上回る「力」があることが証明されたのです。

天皇と皇后は、三月三〇日から五月一一日まで、七週連続で被災者を励ますために日帰りの行幸啓を続けました。東京都、埼玉県、千葉県、茨城県、宮城県、岩手県、福島県の一都六県におよんだこの行幸啓を通して、天皇と皇后が「室内」で二手に分かれて被災者にひざまずき、一人一人に語りかける姿が、毎週テレビや新聞に大きく報道されたのです。このときほど「『平成』の空間」がクローズアップされたことはありませんでした。

行幸啓のたびに天皇と皇后の宿泊施設の前で開催された右派による提灯奉迎は、平成になってずっと続きました。しかし、被災地や避難所への行幸啓は、東日本大震災のときを含めて日帰りで行われるため、提灯奉迎をしたくてもできませんでした。また定例の行幸啓で提灯奉迎が行われても、その模様がテレビなどで大きく報道されることはありませんでした。天皇と皇后が提灯奉迎にこたえる「『昭和』の空間」よりも、天皇と皇后が被災地で一般国民と同じ目の高さで対話する「『平成』の空間」のほうが、はるかに深く国民の間に知られていったのです。

NHKが五年おきに行っている「日本人の意識」調査で、「あなたは天皇に対して、現在、どのような感じをもっていますか」という質問に対する反応が、二〇〇八年と一三年では大きく変化しています。「尊敬の念をもっている」と答えた人々が二五%から三四%に増えたのに対して、「特に何とも感じていない」と答えた人々が三九%から二八%に減ったからです。その原因として東日本大震災の影響を読み取ることもできるでしょう（河西秀哉『平成の天皇と戦後日本』、人文書院、二〇一九年）。

ただ注意すべきは、「『昭和』の空間」で確立された「国体」が消えたわけではないことです。福祉施設や被災地などでは、天皇と皇后が政府や国会、地方議会を飛び越え、国民と一対一で相対して対話しました。「『昭和』の空間」では昭和天皇が広場や練兵場などの「室外」で万単位の臣民や国民と一体になりましたが、「『平成』の空間」では天皇明仁・皇后美智子夫妻がそれよりも狭い「室内」で一人一人と一体になりました。これを「国体」のミクロ化と呼ぶこともできるでしょう。「国体」はミクロ化することで、戦後の民主主義とのあからさまな対立を避けることができたのです。

5. 「平成」から「令和」へ

天皇明仁は、二〇一一年三月一六日に続き、一六（平成二八）年八月八日に二度目のテレビ出演を行い、「象徴としてのお務めについての天皇陛下のおことば」を読み上げました。退位を強くにじませたこの「おことば」のなかには、次のような一節がありました。

天皇が象徴であると共に、国民統合の象徴としての役割を果たすためには、天皇が国民に、天皇という象徴の立場への理解を求めると共に、天皇もまた、自らのありように深く心し、国民に対する理解を深め、常に国民と共にある自覚を自らの内に育てる必要を感じて来ました。こうした意味において、日本の各地、とりわけ遠隔の地や島々への旅も、私は天皇の象徴的行為として、大切なものと感じて来ました。皇太子の時代も含め、これまで私が皇后と共に行って来たほぼ全国に及ぶ旅は、国内のどこにおいても、その地域を愛し、その共同体を地道に支える市井の人々のあることを私に認識させ、私がこの認識をもって、天皇として大切な、国民を思い、国民のために祈るという務めを、人々への深い信頼と敬愛をもってなし得たことは、幸せなことでした。
（宮内庁ホームページ）

「おことば」のなかで天皇は、象徴天皇の務めを二つ定義づけています。その一つは、「国民の安寧と幸せを祈ること」すなわち宮中祭祀であり、もう一つは「人々の傍らに立ち、その声に耳を傾け、思いに寄り添うこと」すなわち行幸ないし行幸啓です。この一節は後者について、より詳しく説明した箇所に当たります。

ここからも、天皇が「『昭和』の空間」とは異なる「『平成』の空間」を、いかに重視していたかが浮かび上がってきます。注目すべきは、「その地域を愛し、その共同体を地道に支える市井の人々」という言い回しです。「国家」ではなく「地域」、「臣民」や「国民」ではなく「市井の人々」という言葉には、天皇が皇太子時代から全国の各都道府県を少なくとも三回以上回り、そこに住む人々と出会うなかで、国家や国民に一元化されない地域ごとの気候や生活、風俗習慣、文化などの細かな差異をいかによくわかっていたかがうかがえます。

前回の「おことば」同様、今回もまた「おことば」の影響力は絶大でした。退位を支持する圧倒的な民意が形成されたからです。この「おことば」以降も、天皇と皇后は二人そろっての行幸啓をやめることはありませんでした。二人の地方視察や被災地訪問は、退位する前年の二〇一八年一一月まで続きました（宮内庁ホームページ）。

約六〇年間にわたって全国を回り続けた政治家は、言うまでもなくいません。この間に明仁・美智子夫妻は、北は北海道の宗谷岬から西は沖縄県の与那国島まで全国をくまなく回りました。それとともに、ミクロ化した「国体」が累積し、象徴天皇制はより盤石なものになっていったのです。このことを思うと、二人が果たした政治的役割の大きさを思わずにはいられません。

米国の女性政治学者、ジョアン・C・トロントは、ケアを核とする新しい民主主義を唱えています。ケアというのは、他者の必要を満たすための活動全般を意味しますが、トロントはそこに必ず権力が介在することを述べています。

ケアは、患者の命を助けたり、学生が「目を見開く」覚醒の瞬間に立ち会ったり、愛するひとから感謝の愛撫を受け取ったりするといった、幸せなときばかりに満ちたものではありません。ケアはまた、骨折り仕事、すなわち、困難で、葛藤を引き起こすような仕事でもあるのです。ケア活動という観点からみれば、権力者であるとは、ケアをめぐる嫌な部分を他者に押し付け、自分にとって価値があると考えるケアの義務だけを引き受けられることを意味します。（『ケアするのは誰か？新しい民主主義のかたちへ』、岡野八代（やよ）訳、白澤社、二〇二〇年）

明仁・美智子夫妻が福祉施設や被災地を訪れることは、高齢者や身障者や被災者が励まされ、ときに涙を流す瞬間に立ち会うという意味で、トロントの言うケア活動に当たります。しかしもちろん、彼ら彼女らの身の回りを手伝うような「骨折り仕事」に関わることはありません。それは二人が一般市民にはない権力をもっているからだということになります。約六〇年間にわたる活動を通して、権力が強化されたともいえるわけです[3]。

二〇一九年四月三〇日、天皇明仁は退位し、五月一日には新天皇徳仁（なるひと）が即位しました。明仁は上皇、美智子は上皇后となり、皇太子徳仁と皇太子妃雅子が天皇と皇后になり、元号は「平成」から「令和」に変わりました。

新天皇と新皇后は、即位するや「平成」を受け継ぐ姿勢を打ち出しました。六月に愛知県で開かれた全国植樹祭や、九月に新潟県で開かれた国民文化祭および全国障害者芸術・文化祭では福祉施設を訪れ、二人は屈み込みながら一人一人と対話しました。令和になっても提灯奉迎は続けられましたが、「『平成』の空間」は令和になっても受け継がれたわけです。一二月には台風の被害を受けた宮城県丸森町と福島県本宮市の被災地を日帰りで訪れました。

しかし二〇（令和二）年になると、状況が大きく変わりました。世界的に流行した新型コロナウイルスが、日本でも猛威を振るったからです。

天皇と皇后は、皇居を除いて外出がほぼ不可能になり、毎年恒例の御用邸での滞在もなくなりました。[4] 一六年八月に天皇明仁が象徴天皇の務めの一つとして挙げた行幸ないし行幸啓ができなくなったことで、「『平成』の空間」は消滅したのです。天皇が赤坂御所にこもっている状況は、まるで天皇が事実上京都御所に幽閉されていた江戸時代を思わせました。

もちろんこの間、天皇と皇后が何もしていなかったわけではありません。赤坂御所のなかでマスクをした二人が並んで座り、テーブルをはさんで関係者と対話する映像や写真はたびたび公開されました。二〇年一一月からは、天皇と皇后が医療現場や高齢者施設、障害者関連施設、豪雨や震災の被災地などをオンラインで視察する新たな試みも始まりました。

天皇と皇后が高齢者や身障者や被災者に声をかけているところを見ると、一見「『平成』の空間」が再現されているようにも見えます。しかしもちろん、天皇と皇后が屈み込んだり、一人一人と直接触れ合ったりすることはできません。宮内庁ホームページでは、オンラインによる視察もすべて「ご訪問」としていますが、オンラインというのはあくまでもバーチャルな空間であり、天皇と皇后は画面の向こうにいるという意味では遠い存在でもあります。[5]

二一年一月一日には、恒例の一般参賀が中止になる代わりに、天皇と皇后がテレビを通して新年の祝詞に当たるビデオメッセージを発表しました。前述のように、天皇がテレビに出演すること自体は平成時代に二度ありましたが、今回はコロナ禍に伴い多くの人々が外出を控えるなか、宮内庁が提供する動画の一部がテレビのニュースに流れたわけです。

かつて民俗学者の折口信夫（一八八七～一九五三）は、新年の祝詞について「天子が祝詞を下される。すると世の中が一転して元の世の中に戻り、何もかも初めの世界に返つて了ふ。此が古代人の考へ方であつた」（「上世日本の文学」、『折口信夫全集第一二巻　国文学篇6』、中央公論社、一九八六年所収）と述べ、祝詞が時間の再生を保障するとしました。現天皇と現皇后の新年ビデオメッセージは、折口のこの言葉の正しさを証明したでしょうか。

注

（1）これらの行事は毎年一回持ち回りで全国の都道府県で開催されますので、毎年出席するだけですべての都道府県を一巡できることになります。

（2）江藤がこの文章を書いたときにはまだ天皇と皇后が被災地を訪れていませんでしたが、江藤は震災の発生に伴う天皇と皇后の行動を予測して書いたと思われます。『文藝春秋』の発売は二月一〇日でしたから、結果的に予測が当たったわけです。

（3）この点で「『平成』の空間」は、潜在的に民主主義と対立する要素をはらんでいます。トロントは、不平等なケアに対する責任を平等に配分することが民主主義にとっては必要だとしています。

（4）新型コロナウイルスの感染が広がってから天皇と皇后が皇居以外に外出したのは、二〇二〇年では八月一五日の日本武道館と、一〇月二八日の明治神宮、一一月二九日の国会議事堂、一二月一四日のザ・キャピトルホテル東急だけでした。いずれも都心に当たります。

（5）二〇一一年にニューヨークやアラブ諸国で起こった一連の社会運動を分析したアントニオ・ネグリとマイケル・ハートも、「フェイスブック、ツイッター、インターネット、その他のコミュニケーションのメカニズムはたしかに役に立つが、これらのメディアはどれも、身体的に一緒にいることや、現場で交わされる身体的なコミュニケーションに取って代わることはできない。そして、こうしたコミュニケーションこそが、集合的な政治的知性と行動の基盤なのである」（『叛逆　マルチチュードの民主主義宣言』、水嶋一憲、清水知子訳、ＮＨＫブックス、二〇一三年）と述べています。

学習課題

1. 「『昭和』の空間」と「『平成』の空間」の違いについてまとめてみよう。
2. 「『平成』の空間」が確立されるうえで美智子妃が果たした役割について考えてみよう。
3. 「『平成』の空間」は「令和」に受け継がれるか否かについて考えてみよう。

参考文献

原武史『平成の終焉』（岩波新書、二〇一九年）
森暢平・河西秀哉編『皇后四代の歴史』（吉川弘文館、二〇一八年）
齋藤純一『公共性』（岩波書店、二〇〇〇年）
大内紀「皇室の危機」（『宝島30』一九九三年八月号所収）
江藤淳「皇室にあえて問う」（『文藝春秋』一九九五年三月号所収）
「象徴としてのお務めについての天皇陛下のおことば」（宮内庁ホームページ）
ジョアン・C・トロント『ケアするのは誰か？　新しい民主主義のかたちへ』（岡野八代訳、白澤社、二〇二〇年）

●や　行

●ら　行

●わ　行

●ま　行

●な　行

●は　行

●た　行

●か 行

●さ 行

人名索引

●配列は五十音順。

●あ　行

著者紹介

原　武史（はら・たけし）

一九六二年　東京都に生まれる
一九八六年　早稲田大学政経学部卒業
一九九二年　東京大学大学院法学政治学研究科博士課程中退
現　在　放送大学教授、明治学院大学名誉教授
主な著書　『昭和天皇』（岩波書店）
『増補版　可視化された帝国』（みすず書房）
『皇后考』（講談社）
『レッドアローとスターハウス』（新潮社）
『大正天皇』（朝日新聞出版）
『平成の終焉』（岩波書店）
『〈女帝〉の日本史』（NHK出版）
『歴史のダイヤグラム』（朝日新聞出版）

放送大学教材　1930095-1-2211（テレビ）

空間と政治

発　行　　2022年３月20日　第１刷
著　者　　原　武史
発行所　　一般財団法人　放送大学教育振興会
〒105-0001　東京都港区虎ノ門1-14-1　郵政福祉琴平ビル
電話　03（3502）2750

市販用は放送大学教材と同じ内容です。定価はカバーに表示してあります。
落丁本・乱丁本はお取り替えいたします。

Printed in Japan　ISBN978-4-595-32341-6　C1331